Litora

Lehrgang für den spät beginnenden Lateinunterricht

Von Ursula Blank-Sangmeister und Hubert Müller

Unter Mitarbeit von Anke und Günter Laser

Vandenhoeck & Ruprecht

Bibliografische Information Der Deutschen Bibliothek

Die Deutsche Bibliothek verzeichnet diese Publikation in der
Deutschen Nationalbibliografie; detaillierte bibliografische Daten sind
im Internet über <http://dnb.ddb.de> abrufbar.

ISBN 3-525-71750-4

© 2005, 2004, Vandenhoeck & Ruprecht GmbH & Co. KG, Göttingen / www.v-r.de
Alle Rechte vorbehalten. Das Werk und seine Teile sind urheberrechtlich geschützt.
Jede Verwertung in anderen als den gesetzlich zugelassenen Fällen bedarf der vorherigen schriftlichen Einwilligung des Verlages. Hinweis zu § 52a UrhG: Weder das
Werk noch seine Teile dürfen ohne vorherige schriftliche Einwilligung des Verlages
öffentlich zugänglich gemacht werden. Dies gilt auch bei einer entsprechenden
Nutzung für Lehr- und Unterrichtszwecke. Printed in Germany.

Redaktion: Jutta Schweigert, Göttingen
Konzept und Gestaltung: Markus Eidt, Göttingen
Einbandgestaltung: Groothuis, Lohfert, Consorten, Hamburg
Satz: Dörlemann, Lemförde
Druck und Bindung: Hubert & Co., Göttingen

Gedruckt auf chlorfrei gebleichtem Papier.

Zur Einführung

Litora führt Schülerinnen und Schüler, die Latein als dritte oder vierte Fremdsprache lernen, sowie Studierende, die das Latinum an der Universität erwerben, in 28 Lektionen in die lateinische Sprache, das römische Leben sowie die antike Kultur und deren Weiterwirken ein. Ziel des Lehrgangs ist es, rasch zur Lektürefähigkeit zu gelangen. Kompetenzen, die durch das Erlernen moderner Fremdsprachen zuvor erworben wurden, helfen dieses Ziel zu erreichen. Im Lehrwerk werden immer wieder Bezüge zu anderen Fremdsprachen hergestellt, um bereits vorhandene Kenntnisse für den Lernprozess fruchtbar zu machen. Latein wird dadurch als Fundament der europäischen Sprachen und Kulturen erkennbar.

Die grammatischen Erscheinungen werden in zusammenhängenden Texten dargeboten, die in Kunstlatein verfasst sind, aber auf antike Vorlagen zurückgreifen. Mit fortschreitendem Lehrgang nähern sich die Texte immer mehr den Originalen an. Zu den Textsorten gehören: Erzählende Texte, Dialoge, Briefe, innere Monologe, Rechtsfälle, Berichte, Reden und Sentenzen. Thematisch abgerundet werden die Lektionen durch deutsche Informationstexte. Die Abbildungen bieten weitere Aspekte zur Auseinandersetzung mit dem Lektionsthema und sind fester Bestandteil der Interpretationsarbeit; die Fragen zu ihnen liefern Impulse hierzu. Die Übungen beginnen stets mit texterschließenden Aufgaben, trainieren den grammatischen Lernstoff und schließen mit thematisch weiterführenden Fragen oder mit einer eher spielerischen Aufgabe; der oder die Unterrichtende wird aus dem reichhaltigen Angebot das für die jeweilige Lerngruppe angemessene Material auswählen.

Das Grammatikpensum beschränkt sich auf lektürerelevante Phänomene. Darbietung und Einführung orientieren sich an der lateinisch-deutschen Methode. Die Syntax hat Vorrang vor der Morphologie.

Die ca. 1150 Lernvokabeln sind im separaten Vokabelheft lektionsweise nach der Reihenfolge ihres Vorkommens aufgeführt; eine alphabetische Zusammenstellung findet sich am Ende dieses Buches. Eigennamen stehen jeweils über den Lernvokabeln der Lektion, in der sie vorkommen. Eine Begleitgrammatik bietet den Grammatikstoff einer Lektion so dar, dass er auch im Selbststudium nachgearbeitet werden kann. Zum Lehrwerk gehören ferner Arbeitsheft, Lernsoftware auf CD-ROM (Vokabel-, Formen-, Satzbautrainer), Lehrerheft und eine Audio-CD, die über das Hörverstehen weitere Zugangsmöglichkeiten zu den Texten des Buches eröffnet.

Inhalt

	Texte und Sachtexte	Syntax und STILMITTEL	Formenlehre	Seite
1–6	Römischer Alltag			
1	In der Schule Bildung und Ausbildung	Satzglieder/-stellen: Subjekt, Prädikat, Akkusativobjekt, Attribut, Prädikatsnomen, adverbiale Bestimmung	a-, e-, i-, konsonantische Konjugation; esse: 3. Person Singular, Infinitiv; Nominativ und Akkusativ Singular d. Substantive d. a-, o-Deklination auf -us, d. konsonantischen Deklination auf -or; Adjektive d. a-, o-Deklination auf -us	10
2	Gäste kommen Essen und Trinken	Wortart – Wortform – Satzglied	3. Person Plural d. a-, e-, i-, konsonantischen Konjugation; Nominativ u. Akkusativ Plural d. Substantive d. a-, o-Deklination auf -us, d. konsonantischen Deklination auf -or u. d. Adjektive der a-, o-Deklination auf -us; Präpositionen m. Akkusativ	15
3	In der Großstadt Rom Die Stadt Rom	Fragesätze	1., 2. Person Singular u. Plural u. Imperativ d. a-, e-, i-, konsonantischen Konjugation; Präsens von esse, posse, ire; Personalpronomen: Nominativ, Akkusativ; o-Deklination auf (e)r; Vokativ d. a-, o-, konsonantischen Deklination	20
4	Auf einem Landgut Sklaven	Genitiv: Attribut; genitivus possessivus 1; Dativ: Dativobjekt; dativus commodi; dativus possessivus; Apposition	Neutrum der o-Deklination; Genitiv d. a-, o-, konsonantischen Deklination; Dativ d. a-, o-, konsonantischen Deklination	25

Inhalt

Texte und Sachtexte	Syntax und STILMITTEL	Formenlehre	Seite
5 In den Thermen Thermen und Wasserversorgung	aci; genitivus partitivus; Akkusativ d. Ausdehnung; reflexives Possessivpronomen	konsonantische Konjugation m. i-Erweiterung; e-Deklination; esse als Vollverb	32
6 Kämpfe im Amphitheater Freizeit und Vergnügen in der römischen Kaiserzeit	ablativus loci, causae, temporis, modi, instrumenti, sociativus; in m. Akkusativ/Ablativ	Ablativ d. a-, o-, e-, konsonantischen Deklination; Übersicht Deklinationen: a-, o-, e-, konsonantische Deklination	39
7–10 Griechische Sagen			
7 Orpheus und Eurydike Die Musen und die Musik	reflexive u. nichtreflexive Besitzverhältnisse; Prädikativum; ablativus separativus, mensurae; Substantivierung d. Adjektivs	is, ea, id; Reflexivpronomen; Wortbildung: Kompositum	46
8 Tantalus Die Religion der Griechen und Römer	Funktionen d. Relativsatzes; relativischer Anschluss RHETORISCHE FRAGE; TRIKOLON	Relativpronomen; Neutrum d. konsonantischen Deklination; Dativ d. Personalpronomens	55
9 Helena und Paris Troja und Homer	Funktion d. Perfekts; Zeitverhältnisse im aci; Ortsangaben bei Städtenamen (1)	-v-, -u-, -s-, Dehnungsperfekt; Infinitiv der Vorzeitigkeit Aktiv/Infinitiv Perfekt Aktiv; Akkusativ d. Ausrufs; Ablativ d. Personalpronomens	62
10 Im Bauch des Pferdes Geografie und Seefahrt	Aktionsarten d. Imperfekts und Perfekts; dativus finalis ANAPHER; KLIMAX; ALLITERATION; CHIASMUS	Imperfekt Aktiv; Reduplikationsperfekt	70

Texte und Sachtexte	Syntax und STILMITTEL	Formenlehre	Seite
11–12 Römische Sagen			
11 Dido und Aeneas Römisches Selbstverständnis und Sendungsbewusstsein	genitivus subiectivus u. obiectivus; Ortsangaben bei Städtenamen (2); adverbiale Gliedsätze (Indikativ) PARALLELISMUS; KOMBINIERTE VERWENDUNG V. STILMITTELN	u-Deklination; Stammperfekt	78
12 Die Gründung der Stadt Rom Romulus und die Frühgeschichte Roms	Funktion des Plusquamperfekts; genitivus explicativus; Neutrum Plural d. Demonstrativpronomens	ille; iste; hic; Plusquamperfekt Aktiv	86
13–17 Staat und Politik			
13 Ein unerbittlicher Gläubiger Patrizier und Plebejer	ablativus pretii ANTITHESE	gemischte Deklination; Passiv: Präsens, Imperfekt; ipse	93
14 Briefe aus Gallien: T. Aurelius Scaurus D. Aurelio Scauro salutem dicit Aus dem Brief eines Legionssoldaten Gaius Iulius Caesar	Partizip der Vorzeitigkeit/ Partizip Perfekt Passiv (PPP): participium coniunctum, Attribut; Substantivierung d. Possessivpronomens	quidam; Passiv: Perfekt, Plusquamperfekt; Partizip der Vorzeitigkeit/ Partizip Perfekt Passiv (PPP); Infinitiv der Vorzeitgkeit Passiv/Infinitiv Perfekt Passiv	100

	Texte und Sachtexte	Syntax und STILMITTEL	Formenlehre	Seite
15	Cicero greift Verres scharf an Provinzverwaltung – Marcus Tullius Cicero	ablativus absolutus; nominaler ablativus absolutus IRONIE	ferre; aliqui; aliquis	108
16	Tiberius Gracchus spricht Die römische Republik		Futur 1 Aktiv u. Passiv; Infinitiv Futur Aktiv/Infinitiv d. Nachzeitigkeit; Adjektive d. i-Deklination	116
17	De Sabina Poppaea Das Zeitalter des Augustus und die Rolle der Frau	Konjunktiv Präsens/Konjunktiv I d. Gleichzeitigkeit: Optativ; finale Objekt- u. Adverbialsätze ELLIPSE; LITOTES; HENDIADYOIN	Konjunktiv Präsens/Konjunktiv I d. Gleichzeitigkeit	123

18–22 Philosophie, Recht, Technik, Medizin

	Texte und Sachtexte	Syntax und STILMITTEL	Formenlehre	Seite
18	Seneca: Äußerungen Senecas über den Tod Senecas Ende Römische Philosophie	Konjunktiv Präsens/Konjunktiv I d. Gleichzeitigkeit: Deliberativ/Dubitativ, Adhortativ, Iussiv; Konsekutivsätze		131
19	Soll man sich politisch betätigen? Stoiker und Epikureer	Konjunktiv Imperfekt/Konjunktiv II d. Gleichzeitigkeit: Konsekutiv-, Finalsätze; cum m. Indikativ/Konjunktiv; genitivus possessivus (2)	Konjunktiv Imperfekt/Konjunktiv II d. Gleichzeitigkeit	138

	Texte und Sachtexte	Syntax und STILMITTEL	Formenlehre	Seite
20	Tödliche Rasur Römisches Recht	Irrealis d. Gegenwart u. d. Vergangenheit; Ortsbestimmungen: Unterschiedliche Sichtweisen des Deutschen und Lateinischen	Konjunktiv Plusquamperfekt/ Konjunktiv II d. Vorzeitigkeit; idem	145
21	Die Einflüsse des Klimas Technik	indirekte Fragesätze; ablativus qualitatis		150
22	Antike Medizin: Der gesunde Mensch Alkohol Antike Medizin	Partizip Präsens Aktiv/Partizip d. Gleichzeitigkeit: Attribut, participium coniunctum, ablativus absolutus	Deponentien; Semideponentien; Partizip Präsens Aktiv (PPA)/Partizip d. Gleichzeitigkeit; prodesse	158

23–26 Rom und die Christen

	Texte und Sachtexte	Syntax und STILMITTEL	Formenlehre	Seite
23	Plinius und die Christen: C. Plinius Traiano imperatori Traianus Plinio Secundo Rom und die Christen	ablativus comparationis	Komparation d. Adjektivs; Bildeweise und Komparation d. Adverbs; fieri	164
24	Christen vor Gericht Das frühe Christentum	Gerundium	velle, nolle, malle; verneinter Imperativ; Gerundium	171

Texte und Sachtexte	Syntax und STILMITTEL	Formenlehre	Seite
25 Tertullian verteidigt die Christen Zeiten des Umbruchs	Gerundivum: Attribut, m. Präposition	Gerundivum; Adjektive d. konsonantischen Deklination; Pronominaladjektive (Zusammenfassung)	178
26 De regula Benedicti Klöster	Gerundivum: Prädikativum, Prädikatsnomen; Konjunktiv Perfekt/Konjunktiv I d. Vorzeitigkeit: Potentialis; Modi im Relativsatz	Konjunktiv Perfekt/Konjunktiv I d. Vorzeitigkeit	185
27–28 Latein lebt weiter			
27 De Antonio et Magdalia Humanismus und Renaissance	Prohibitiv; nci; Konditionalsätze (Zusammenfassung)		192
28 Ex Christophori Columbi epistula Ein historischer Bericht Latein heute	Zeitenfolge (consecutio temporum); oratio obliqua	Futur 2	199

Zeittafel 206

Alphabethisches Verzeichnis der Vokabeln 209

Bildnachweis 224

In der Schule 1

Schulszene. Relief auf einem in Neumagen gefundenen Grabmal, um 200 n. Chr. Rheinisches Landesmuseum Trier. Gipsabguss, Archäologisches Institut der Universität Göttingen.

Mārcus discipulus est. Tabellam tenet.
Scholam intrat, grammaticum salūtat.
Graecē et Latīnē scrībere et legere libenter discit.
Grammaticum autem timet.
5 Nam grammaticus saepe īrātus est.

Atticus grammaticus est. In sellā sedet.
Mārcum nōn salūtat, nam Lūcium audit.
Etiam Lūcius discipulus est. Fābulam Graecam legit.
Fābulam legere iuvat.
10 Fābula Mārcum nōn dēlectat,
nam Mārcus eam saepe audīre dēbet.
Atticus autem Lūcium laudat.

Quīntus discipulus libellum scrībere studet.
Scrībere saepe nōn placet, nam errāre nōn licet.
15 Atticus libellum legit et errōrem invenit.
Grammaticus īrātus est. Quīntum vituperat et valdē clāmat.

Nunc timor māgnus est, nunc Mārcus recitāre dēbet.
Mārcus nōn errat. Atticus nōn clāmat.
Fābulam autem legere nōn iam dēlectat.

■ Variātiō dēlectat.

■ Errāre hūmānum est.

tabella *f.*: Schreibtäfelchen
schola *f.*: Schule
grammaticus *m.*: Lehrer *einer weiterführenden Schule*
Graecē *Adv.*: auf Griechisch
Latīnē *Adv.*: auf Latein
in sellā: auf einem Stuhl

eam *Akk. Sg. f.*: sie

libellus *m.*: Aufsatz

variātiō *f.*: Abwechslung
hūmānum: menschlich

Lektion 1: **Aufgaben**

1 Schauen Sie sich die Abbildung an: Sie sehen ein Relief, das man in Neumagen bei Trier gefunden hat.
1. Lesen Sie den Informationstext: Welche Schulstufe ist wohl auf dem Relief dargestellt?
2. Benennen Sie Personen und Gegenstände mit dem Vokabular des Lektionstextes.

2 Stellen Sie aus dem Text alle Wörter, die die Sätze miteinander verknüpfen (Konnektoren), zusammen. Erläutern Sie ihre semantische Funktion (d.h. ihre inhaltliche Aussage).

Beispiel:
Z. 4: *autem* bezeichnet einen Gegensatz zum vorher Gesagten. Im vorigen Satz tut Marcus etwas gern *(libenter discit)*, im folgenden aber zeigt er Furcht *(timet)*.

3 1. Übersetzen Sie den Text und achten Sie besonders auf die Wahl des Artikels.

Mārcus discipulus scholam intrat et grammaticum salūtat. Grammaticus nōn salūtat; Lūcium audit. Nam Lūcius fābulam recitat. Fābula Mārcum nōn dēlectat.

schola *f.*: Schule – **grammaticus** *m.*: Lehrer *einer weiterführenden Schule*

2. In welchem Kontext (= inhaltlichen Zusammenhang) ist der bestimmte, in welchem der unbestimmte Artikel gebräuchlicher?

4 *Dēlectāre* hat die Grundbedeutung »erfreuen«; doch oft ist eine freiere Wiedergabe besser. Übersetzen Sie in möglichst gutes Deutsch:
Fābula Mārcum nōn dēlectat.
Suchen Sie im Text nach weiteren Beispielen, bei denen eine freie Übersetzung angemessen ist.

5 Ordnen Sie den links aufgelisteten Prädikaten passende Subjekte und – wenn möglich – Objekte aus der rechten Spalte zu; VORSICHT: Bei der Verwendung als Objekt müssen Sie die Wörter gegebenenfalls verändern! Bilden Sie mindestens zehn sinnvolle Sätze.

Prädikate	**Subjekte** (bzw. nach entsprechender Anpassung: **Objekte**)
intrat, salūtat, tenet, timet, scrībit, laudat, legit, amat, dēlectat, placet, discit, iuvat.	Mārcus, Quīntus, Lūcius, Atticus, grammaticus, discipulus, libellus, tabella, fābula, scrībere, legere, recitāre, clāmāre.

amāre: lieben, mögen – **grammaticus** *m.*: Lehrer *einer weiterführenden Schule* – **libellus** *m.*: Aufsatz – **tabella** *f.*: Schreibtäfelchen

6 Tragen Sie möglichst viele Begriffe zusammen, die sich auf Wörter aus dem römischen Schulalltag zurückführen lassen (Bsp.: Disziplin). Nennen Sie jeweils das lateinische Wort in der Grundform. (Dieses Verfahren eignet sich übrigens hervorragend als Merkhilfe beim Vokabellernen!)

7 Nennen Sie die lateinischen Wörter, aus denen die folgenden italienischen Begriffe hervorgegangen sind, und tragen Sie die Bedeutung der Vokabel in eine Liste nach folgendem Muster ein.

ital. Wort	lat. Ausgangswort	dt. Bedeutung
la scuọla	schola	die Schule

Weitere italienische Wörter: tenẹre, salutạre, errạre, ẹssere, scrịvere, lẹggere, non, dilettạre, chiamạre, piacẹre, l'errọre, entrạre.

Hinweise zur Aussprache: Das r wird im Italienischen stets gerollt; g vor e und i wird wie »dsch« gesprochen, c vor e und i wie »tsch«; gh bzw. ch spricht man hingegen wie g bzw. k. (Also wird *leggere* »lẹdschere« gesprochen, *chiamare* liest man »kiamạre« und *piacere* »piatschẹre«).

8 Auf den Wachstafeln und oft auch auf den Schriftrollen wurde in der Regel ohne Punkt und Komma durchgeschrieben, meist gab es auch keine Abstände zwischen den Wörtern. Versuchen Sie den folgenden Text zu entziffern und übersetzen Sie ihn.

**MARCVSDISCIPVLVSATTICVMSALVTATNVNCLVCIV-
SINTRATETSALVTATATTICVSAVTEMTACETNAMMARCVSLI
BELLVMRECITATATTICVSFABVLAMAVDITETMARCVMVAL
DELAVDATFABVLAENIMPLACET.**

tacēre: schweigen – **libellus** *m.*: Aufsatz – **enim**: nämlich

9 Hier war der Bücherwurm an der Arbeit. Stellen Sie den Text wieder her und übersetzen Sie.

Lūciu● discipulu● est. Tabell● tene●. Nam Atticum gramm●icum vīsit●. Eum salūta● et libellu● recita●. Atticus audi●, tum discipu● vitupe●. Lūci● iterum leg●, iterum recita● dēbet, iterum erra●. Et Attic● clāmat et clāmat et clāmat.

tabella *f.*: Schreibtäfelchen – **grammaticus** *m.*: Lehrer *einer weiterführenden Schule* – **vīsitāre**: besuchen – **eum**: ihn *Akk.* – **libellus** *m.*: Aufsatz – **tum**: dann – **iterum**: wiederum, noch einmal

Bildung und Ausbildung

Schulunterricht war in der römischen Welt das Vorrecht reicher Bürger. Eine Schulpflicht bestand nicht; Unterricht erhielt nur, wer sich einen Lehrer leisten konnte. Daher lernten etwa 90 Prozent aller Kinder das Lebensnotwendige dadurch, dass sie Eltern und Verwandten zuschauten, zuhörten und ihre Arbeitsweisen nachahmten. Von den zehn Prozent der Kinder, die Unterricht erhielten, waren die allermeisten Jungen. Nur wenn es die gesellschaftliche Position eines Mädchens erforderte, gestand ihr der Familienvater eine umfassende Ausbildung zu, damit sie am literarischen, künstlerischen und geistigen Leben der Oberschicht teilnehmen konnte. Üblicherweise bereitete die Mutter ihre Töchter auf ihre künftige Rolle als *matrona* (Vorsteherin des Haushalts und Erzieherin der Kinder) vor.

Ab dem siebten Lebensjahr lernten die Kinder in einer Grundschule (lat. *ludus*), in der Regel aber bei einem Hauslehrer, Lesen, Schreiben und Rechnen. Eine musische Ausbildung, wie sie griechische Jugendliche genossen, erhielten junge Römer nicht; Gymnastik beschränkte sich auf eine militärische Grundausbildung wie Reiten, Schwimmen und Fechten. Übungen, die aus dem römischen Unterricht erhalten sind, zeigen, dass der Lehrer (lat. *magister*) zuerst Buchstaben, später willkürliche Buchstabenkombinationen und schließlich Sentenzen wie: »Einem Jungen, der gut lernt, soll es auch gut ergehen« diktierte. Die Schüler schrieben die Texte mit einem Schreibgriffel *(stilus)* auf eine Holztafel *(tabula)*, die mit Wachs überzogen war. Bei Bedarf wurde der *stilus* an seiner flachen Seite erwärmt, sodass das Wachs wieder geglättet und erneut beschrieben werden konnte.

Die Gestaltung des Lehrplans war dem Lehrer überlassen. Von Schülern wurde größter Gehorsam und äußerster Fleiß erwartet; ein Lehrer belohnte gute Lernleistungen mit Keksen. Erfüllte ein Schüler die Erwartungen nicht, bestrafte ihn der Lehrer nicht selten mit Schlägen. Teilweise entlud sich hierbei auch die Unzufriedenheit der schlecht besoldeten Lehrer; häufig waren sie gebildete Sklaven.

Seit dem 3. Jahrhundert v. Chr. wurde die Erziehung um eine literarische und rhetorische Bildung ergänzt, weil Rom immer stärker die Mittelmeerwelt beherrschte und damit in Konkurrenz vor allem zur griechischen Kultur trat. Literaturunterricht in einer weiterführenden Schule (lat. *schola*) wurde in allen kleineren Städten angeboten – zuerst allerdings auf Griechisch, weil es im 3. Jahrhundert v. Chr. kaum lateinische Texte gab. 300 Jahre sollte es dauern, bis an die Seite des *grammaticus Graecus* stets auch ein *grammaticus Latinus* trat. Es blieb aber dabei, dass die Schüler zuerst griechische Texte lasen und interpretierten. Vielfach mussten sie Texte auswendig lernen und Aufsätze über naturwissenschaftliche und historische Fragestellungen schreiben.

Um ein Mitglied der Führungsschicht zu werden, brauchte ein Schüler jetzt noch eine gute, mehrjährige rhetorische, juristische oder philosophische Schulung, die er nur in großen Städten wie Rom oder Athen bei einem *rhetor* oder *philosophus* erhalten konnte. Bereits mit sechzehn Jahren waren viele Schüler so gut ausgebildet, dass sie in Rom öffentlich als Redner auftraten.

Die Erziehung Jugendlicher blieb bis in die Spätantike eine Privatangelegenheit; erst der Bedarf an Führungskräften bei der Verwaltung des römischen Weltreichs veranlasste den Staat schließlich, für eine gute Allgemeinbildung und eine berufsorientierte Ausbildung einer Elite zu sorgen. Der überwiegende Teil der Bevölkerung hingegen, und hierzu zählten besonders Frauen, blieb von höherer Bildung ausgeschlossen.

1. Worin unterschied sich die Ausbildung der Jungen von der der Mädchen?
2. In welchen Stufen erfolgte die Ausbildung römischer Jugendlicher?
3. Welchen Anteil an der Ausbildung hatte der römische Staat?
4. Worin unterscheidet sich das Bildungssystem Roms von dem heutigen deutschen?
5. Welche Vor- und welche Nachteile gegenüber dem deutschen System sehen Sie in dem römischen?

Ein Bäcker und seine Frau. Fresko aus Pompeji.

1. Beschreiben Sie die dargestellten Personen.
2. Weshalb ließen sie sich gerade so abbilden?

Gäste kommen 2

Metzgerei. Relief an einem Grabbau bei Rom. Dresden, Skulpturensammlung. Gipsabguss, Archäologisches Institut der Universität Göttingen.

Cornēlius dominus et Iūlia uxor
saepe amīcōs ad cēnam invītant.
Etiam hodiē amīcōs exspectant.
Itaque servōs et servās bonam cēnam parāre iubent.
5 Sibylla et Domitilla servae sunt:
Cibōs emunt, cēnās parant, mēnsās ōrnant.
Hodiē apud piscātōrem multōs piscēs ēligunt.
Tum per viās ambulant.
Mercātōrēs leporēs, pullōs, porcōs prōpōnunt,
10 nucēs et olīvās vendunt,
servae māgnam pecūniam cōnsūmunt.
Interim Syrus et Lȳdius servī lectōs cibāriōs parant
et mēnsās apportant.
Amīcī adveniunt – et valdē contentī sunt:
15 Aliī piscēs, aliī nucēs et olīvās amant.
Dominus et domina servās laudant,
quod cibī tam bonī sunt.
Servī autem contentī nōn sunt;
nam eōs nēmō laudat.

piscātor *m.*: Fischhändler
piscis, piscem *m.*: Fisch
lepus, leporem *m.*: Hase
pullus *m.*: Huhn
porcus *m.*: Schwein
nux, nucem *f.*: Nuss
olīva *f.*: Olive
cibārius: zum Speisen gehörig, Speise-
eōs *Akk. Pl. m.*: sie

■ *Kaiser Vespasian bei der Einführung der Latrinensteuer:*
Pecūnia nōn olet.

olet: er, sie, es stinkt

1 Was gibt es bei Cornelius' und Iulias Einladung zur *cēna*? Nennen Sie die Speisen auf Lateinisch und Deutsch.

2 Lesen Sie den Informationstext zu dieser Lektion. Zu welcher gesellschaftlichen Schicht gehören die Gastgeber wohl? Begründen Sie Ihre Ansicht auf der Grundlage des lateinischen Lektionstextes.

3 Finden Sie für folgende Wendungen treffende deutsche Formulierungen.

Servae mēnsam ōrnant.
Māgnam pecūniam cōnsūmunt.
Amīcī contentī sunt.
Mercātōrēs pullōs prōpōnunt, leporēs laudant, porcōs vendunt.

pullus *m.*: Huhn – **lepus** *m.*: Hase – **porcus** *m.*: Schwein

4 Setzen Sie den folgenden Text in den Plural, soweit dies inhaltlich sinnvoll ist. Übersetzen Sie anschließend den entstandenen Text.

Amīcus advenit. Nam dominus cēnam dat. Serva intrat et cibum apportat. Amīcus valdē contentus est, nam cibum amat. Et servam amat …

dare: geben

5 Aus Singular wird Plural, aus Plural Singular.

1. Ordnen sie die Wörter der entsprechenden Deklinationsklasse zu.

2. Wandeln Sie Singular in Plural und umgekehrt.

dominās, amīcum, via, mercātor, dominōs, fābulae, lectus, servam, servī, mercātōrēs (2!).

6 Ordnen Sie den Substantiven je ein passendes Adjektiv zu.

Substantive	Adjektive
amīcī, cēnam, servās, cibōs, Domitilla, mercātōrem, pecūniam, domina, dominus, amīcum, viae, uxor, errōrēs	contentus, contentī, contenta, contentum, māgnus, māgna, māgnī, māgnae, māgnam, māgnum, māgnās, māgnōs, bonus, bona, bonī, bonum, bonam, bonōs, bonās, īrāta, īrātus, īrātī, īrātum, īrātās, multī, multae, multōs, multās

Lektion 2: **Aufgaben**

7 1. Übersetzen Sie folgenden Text.

Mārcus tabellam apud mercātōrem emit. Tum ad scholam ambulat. Per viās ambulāre valdē iuvat. Apud grammaticum autem sedēre nōn dēlectat.

tabella *f.*: Schreibtäfelchen – **schola** *f.*: Schule – **grammaticus** *m.*: Lehrer *einer weiterführenden Schule*

2. Bestimmen Sie die Satzglieder.

3. Vergleichen Sie: Mit welchem Kasus sind die Präpositionen *apud, ad* und *per* im Lateinischen konstruiert, mit welchem Kasus ihre jeweiligen deutschen Entsprechungen?

8 Substantiv – feminin – 2. Person – Kopula – Objekt – Adverb – Nominativ – Neutrum – Plural – adverbiale Bestimmung – 1. Person – Akkusativ – Prädikat – Konjunktion – Singular – Attribut – Adjektiv – maskulin – Präposition – Prädikatsnomen – Verb – 3. Person – Subjekt.

Legen Sie eine Tabelle an und ordnen Sie die Begriffe einem der drei Oberbegriffe »Wortart – Wortform – Satzglied« zu.

9 Bestimmen Sie im folgenden Text Wortarten, Wortformen und Satzglieder.
Beispiel:

	Cornēlius	et	uxor	saepe	amīcōs	invītant.
Wortart	Substantiv	Konjunktion	Substantiv	Adverb	Substantiv	Verb
Wortform	Nom. Sg. m.		Nom. Sg. f.		Akk. Pl. m.	3. Pers. Pl.
Satzglied	S		S	aB	AObj	P

Discere Mārcum iuvat.
Mārcus Graecē scrībere libenter discit.
Itaque Atticus Mārcum valdē laudat.

Graecē: griechisch

10 Bilden Sie aus dem Silbenvorrat Zeitadverbien. Die Silben, die übrig bleiben, ergeben in der richtigen Zusammensetzung den Raum, in dem die *cēna* stattfindet.

Silbenvorrat:

cli – di – e – ho – iam – in – ni – nunc – pe – rim – sae – te – tri – tum – um.

Essen und Trinken

Unterschiede zwischen der Oberschicht und der Bevölkerungsmehrheit zeigten sich auch in der täglichen Ernährung. Der Speiseplan wohlhabender Bürger war abwechslungsreich; ihre Nahrungsmittel kamen aus allen Teilen des Reiches; es gab Brot, das mit Trauben, Feigen, Datteln, Oliven, Gemüse und
5 Käse serviert wurde, dazu in einer gut ausgestatteten Küche schmackhaft zubereitete Vögel, Fleisch und Fisch. Gebäck, Brot und verschiedene Gerichte ließen sich in einem Herd, dem heutigen Pizza-Ofen vergleichbar, zubereiten. In den Wohnungen ärmerer Bürger in Rom gab es wegen der Brandgefahr keine Küchen, sondern tragbare Feuerbecken. Warmes Essen kauften sie in der Regel
10 in Garküchen. Üblicherweise aßen sie Brot mit Oliven und anderen preiswerten Beilagen. Sie nahmen täglich etwa ein Kilogramm Getreide zu sich (= 75 % ihrer Nahrung). Auch für Soldaten war Getreide das Hauptnahrungsmittel. Ein Soldat erhielt ungefähr 320 Kilogramm ungemahlenen Weizen im Jahr; um ihn mahlen zu können, hatte jeder achte Soldat eine kleine Mühle dabei.
15 Das karge Frühstück *(ientaculum)* am Vormittag bestand aus Brotstückchen; als Getränk gab es Wasser oder mit Wasser verdünnten Wein. Kinder und Kranke tranken auch Milch. Mittags aß man zu Wasser und verdünntem Wein eine kleine Mahlzeit *(prandium)*, die aus Brot sowie Resten vom Vortag bestand, manchmal ergänzt um Obst, Nüsse oder Käse.
20 Ein ausgiebiges Gastmahl *(cena)* für neun bis zwölf Personen konnten sich nur reichere Römer leisten. Hierzu eingeladen wurden Männer und Frauen; manchmal nahmen auch die Kinder der Gastgeber teil. Gastmähler fingen im Sommer gegen 16.00 Uhr, im Winter bereits gegen 14.00 Uhr an und dauerten bis weit in die Nacht. Während des Essens trug man kurze, bunte Tuniken
25 und häufig festliche Blumenkränze, die angenehm dufteten. Zur Unterhaltung traten Tänzerinnen und Schauspielerinnen auf, zudem wurden Gedichte vorgetragen.
Nach einem Imbiss beim Empfang begab man sich in das Esszimmer *(triclinium)*, das mit Wandgemälden und Fußbodenmosaiken ausgestattet war. Drei gepols-
30 terte Liegen standen hier in U-Form um einen Tisch herum. Auf die breiten Liegen passten jeweils drei Männer; Frauen und Kinder setzten sich auf Stühle.
Gegessen wurde entweder mit den Fingern oder mit einem Löffel. Weil die Speisen bereits in der Küche in handliche Häppchen geschnitten wurden, war ein Messer unnötig; Gabeln kannten die Römer nicht. Essen, das auf den Bo-
35 den fiel, galt als Gabe an die Geister der Verstorbenen und blieb liegen. Schalen, Knochen und Gräten wurden ohnehin auf den Boden geworfen. Fettige Finger konnte man mit Brot abwischen, das anschließend ans Vieh verfüttert wurde. Als Getränk gab es verdünnten oder auch unverdünnten Wein *(merum)*.

Triclinium, rekonstruiert. Römerhaus, Kaiseraugst.

Reiche Römer liebten es, die geschickt arrangierten Mahlzeiten ihren Gästen erst von Sklaven auf großen Tellern präsentieren zu lassen. Salz stand in offenen Behältnissen auf dem Tisch; Amphoren und Statuetten, die eine Vielzahl an Gewürzen enthielten, ließen sich mit trickreichen Mechanismen öffnen und wieder verschließen.

Die Gäste brachten ihre Sklaven mit, damit sie auf ihre Schuhe aufpassten, ihnen Hände und Füße wuschen und sie schließlich sicher nach Hause zurückführten; das war besonders wichtig, wenn nach den drei bis sieben Gängen noch ein Trinkgelage stattfand, das bis in die frühen Morgenstunden andauerte. Außerdem packten die Sklaven am Ende des Gastmahls Speisereste für das *prandium* am nächsten Mittag ein.

Seeräuberei, Kriege, Überschwemmungen, Seuchen und Missernten führten immer wieder zu starken Schwankungen der Lebensmittelpreise, sodass viele erwachsene Männer, die kaum Ersparnisse hatten, häufig nur die Hälfte der von ihnen täglich benötigten 3000 Kalorien zu sich nehmen konnten. Dies führte zu Mangelerscheinungen und reduzierte die Lebenserwartung. Damit die Einwohner Roms nicht hungerten und unzufrieden mit der Staatsleitung wurden, sorgten erst reiche Bürger, später der Kaiser für preisgünstige oder kostenlose Getreide- und Ölverteilungen an bis zu 200000 Bürger. Die Spenden deckten allerdings nur den gröbsten Bedarf; allein von »Brot und Spielen« konnte niemand leben.

1. Welcher Zusammenhang bestand in der römischen Welt zwischen Ernährung und Wohlstand?
2. Welche unterschiedlichen Speisen genoss ein Römer im Laufe eines Tages?
3. Weshalb konnten die Römer allein von »Brot und Spielen« nicht leben?

In der Großstadt Rom 3

Marcia unterhält sich mit dem Nachbarn Publius von Fenster zu Fenster:

Mārcia:	Ehem vīcīne! Salvē!	**ehem!, hēia!**: He!, Hallo!
Pūblius:	Hēia, Mārcia, salvē et tū! Quid agis?	
Mārcia:	Egō? Nihil agō. – Fessa sum etiam post noctem.	**iste** *m.*, **ista** *f.*: dieser da, diese da
Pūblius:	Etiam egō hīc dormīre nōn possum.	
5 Mārcia:	Ista īnsula somnum nōn admittit.	**īnsula** *f.*: Wohnblock
Pūblius:	Nōn sōlum vīcīnōs audīmus;	
	nōnne etiam tū carrōs audīs?	
	Noctū māteriam per viās vehunt!	**noctū** *Adv.*: bei Nacht
Mārcia:	Audiō … et vigilō.	**māteria** *f.*: Baumaterial
10 Pūblius:	Fūr aliquem opprimit. –	**fūr** *m.*: Dieb
	Miser clāmat. Egō adiuvāre nōn possum. –	**aliquem** *Akk.*: jemanden
	Num Herculēs sum? Num noctū per viās eō?	
Mārcia:	Et iste Atticus magister! Clāmat et clāmat. Audī:	**ferīre**, feriō: schlagen
	Etiam nunc clāmat, discipulōs ferit, discipulī clāmant …	
15		
Tiberius:	*(iūxtā Mārciam ē fenestrā spectat)* Salvē, Pūblī!	**iūxtā** *m. Akk.*: neben
	Iste magister! Iste clāmor!	**ē fenestrā**: aus dem Fenster
	(clāmat) Hēia tū, Attice! Dīmitte discipulōs miserōs! Tacē!	
20	Nōnne audīs?	
Pūblius:	*(clāmat)* Vōs magistrī! Cūr semper clāmātis?	
	Īte aut tacēte!	
Mārcia:	Ibī Titus it! –	
	Spectā autem ibī Clōdium vīcīnum!	
25	Iste Clōdius matellam ē fenestrā effundit.	**matella** *f.*: Nachttopf
	Cavē, Tite!	**effundere**, effundō: gießen
Tiberius:	Nunc autem nōs labōrāre dēbēmus, Pūblī!	**mēcum**: mit mir
	Ī mēcum!	
Mārcia:	Etiam mē popīna mea ad labōrem vocat.	**popīna mea**: mein Speiselokal, meine Wirtschaft
30	Vīsitāsne nōs post labōrem, Pūblī? Tē invītāmus.	
	Cēnam parāmus.	
Pūblius:	Libenter veniō, Mārcia.	
	Egō autem vīnum apportō. Venī mēcum, Tiberī!	**vīnum** *hier Akk.*: Wein
	Valē, Mārcia!	

■ *Dies sollen Caesars letzte Worte gewesen sein, als auch Brutus, mit dem er freundschaftlich verbunden war, auf ihn einstach:* Et tū, Brūte?

Lektion 3: **Aufgaben**

Straße mit Trittsteinen in Pompeji.

1 Stellen Sie aus dem Lektionstext Aspekte zusammen, die Marcias Alltag in der *insula* prägen. Zitieren Sie lateinisch.

2 Welche Stimmung herrscht im Lektionstext vor?
  1. Stellen Sie die sprachlichen Mittel zusammen, die diese Stimmung erzeugen.
  2. Versuchen Sie diese Stimmung auch in der Übersetzung deutlich zu machen.

3 Tragen Sie aus dem Lektionstext alle Fragen zusammen und sortieren Sie sie nach dem Kriterium »wird im Text beantwortet« bzw. »wird im Text nicht beantwortet«. Warum bleibt bei den unbeantworteten Fragen dennoch nichts offen?

4 Schreiben Sie in Ihr Heft und ergänzen Sie die jeweils passende Form von *miser*. (Vorsicht: Beachten Sie Kasus, Numerus und Genus des Beziehungswortes!)

discipulī mis_____; magistrum _____; uxōrēs (2) _____; amīcae _____; vīcīnus _____; serva _____; mercātōrem _____

Setzen Sie anschließend die Singularwendungen in den Plural und umgekehrt.

5 Schreiben Sie das Gespräch in Ihr Heft und setzen Sie dabei die Verbformen aus dem Vorrat in die Lücken ein. Übersetzen Sie den entstandenen Text.

Mārcia: _____, Lūcī et Pūblī. Quō _____?
Pūblius: Ad thermās _____. Et quid _____ tū, Mārcia?
Mārcia: Egō _____. Cēnam _____, quod amīcī hodiē _____. -ne etiam vōs ad cēnam?
Lūcius: Libenter _____. _____!
Mārcia: _____ vōs ad decimam hōram! _____!

quō?: wohin?
thermae, ās *f.*: die Thermen, die Badeanstalt
decimus, a: zehnter
hōra, am *f.*: Stunde

Vorrat:

agis, exspectō, īmus, ītis, labōrō, parō, salvēte, valē, valēte, venīmus, venītis, veniunt.

6 Ersetzen Sie die Formen von *ambulāre* durch die jeweils entsprechende Form von *īre*.

ambulā – ambulant – ambulās – ambulāte – ambulō – ambulāre – ambulātis.

7 Bilden Sie die jeweils entsprechenden Formen von *esse* und *posse* (legen Sie eine Tabelle an).

agō – clāmat – eunt – audīmus – spectātis – vīsitāsne? – venit – labōrāre.

8 Bestimmen Sie folgende Formen.

amō – nēmō – egō – eō – multōs – vōs (2) – carrōs – nōs (2) – hodiē – amīce – mē – tacē – īre – lege – valdē – tē – vīcīne.

9 Stellen Sie sich vor, Sie als Gastgeber(-in) begrüßen die im Folgenden aufgeführten Gäste einzeln / in Gruppen.
Was sagen Sie?

Lūcius, Mārcus, Lȳdia, amīcī, Titus, Corinna et Iūlius, amīcae.

Küche und Toiletten, rekonstruiert. Römerhaus, Kaiseraugst.

Die Stadt Rom

Das antike Italien war stark landwirtschaftlich geprägt: Etwa vier Fünftel der Bevölkerung lebte auf dem Land und in kleinen Städten, ein Fünftel in Rom, der *urbs*. Hier kam es sehr darauf an, ob man in einem Stadthaus *(domus)* wohnte, das in einem Viertel der wohlhabenden Bevölkerung lag, oder in einem Wohnblock *(insula)* in einem Stadtbezirk der ärmeren Leute. »Wer in Rom schlafen will, braucht viel Geld«, sagt der Satiriker Juvenal (ca. 60–140 n.Chr.). Ca. 1 000 000 Menschen haben in der frühen Kaiserzeit in Rom gelebt, die meisten in den *insulae*. Rom war ein gefährliches Pflaster: Gerade die *insulae* hatten oft wegen der Profitgier der Vermieter zu viele Stockwerke – denn Grund und Boden waren teuer – und waren schlampig und unsicher gebaut. Dass solche Mietskasernen einstürzten oder durch Feuer zerstört wurden, war an der Tagesordnung. Immer wieder gab es Gesetze, die eine maximale Höhe der Mietshäuser festsetzten; sie wurden jedoch nur kurze Zeit beachtet.

Auf den Straßen war man nachts nicht sicher. Juvenal erzählt nicht nur von Raufbolden, die durch die Stadt zogen, sondern auch von Gefahren von oben. Wenn man zu einer Einladung gehe, müsse man immer damit rechnen, dass jemand irgendwelche Gegenstände aus dem Fenster werfe. Wenn man Glück habe, treffe einen nur der Inhalt eines Nachttopfs.

Auch im Hinblick auf Wasserversorgung und Hygiene teilte sich die römische Gesellschaft in zwei Klassen: Während zu den Häusern der Reichen Bleirohre das Wasser brachten, hatten die Bewohner der *insulae* allenfalls im Erdgeschoss fließendes Wasser. Wasser gab es aber überall in Rom: Ein Gesamtnetz von 500 km Aquädukten versorgte die Brunnen, Thermen und öffentlichen Toiletten. Im Jahr 33 v.Chr. soll es in Rom 170 Thermen gegeben haben, im 4. Jahrhundert n.Chr. 1000.

Die *insulae* hatten nur selten Küchen. Zum Essen ging man in eine *popina*, wie sie unsere Marcia im Lektionstext betreibt. Dabei handelte es sich um Garküchen, kleine Kneipen. Dort spielte sich das Leben der einfachen Leute ab. Im Erdgeschoss der *insulae* befanden sich oft *tabernae*, Läden von Handwerkern und Händlern. Die meisten Frauen der Unterschicht waren berufstätig und leiteten, wie Inschriften belegen, manchmal auch kleine Unternehmen. Viele Geschäfte hatten ihre Auslagen an den Straßen, und die Friseure gingen ihrer Arbeit auf den Plätzen nach. Auf den Straßen Roms herrschten Gedränge und Lärm. Deshalb durften Lastkarren nur nachts durch die Stadt fahren.

Rom war das politische, wirtschaftliche und geistige Zentrum des *imperium Romanum*. Rom war aber auch Zentrum des Vergnügens: In Theatern, Arenen, in den Thermen und auf den Märkten, in den Parks und Gärten amüsierte man sich. Für die Oberschicht, die sich ein Leben in schönen Stadthäusern leisten

Modell einer *insula*. Pompeji.

konnte, war ein Leben außerhalb Roms nur schwer vorstellbar. Wer als Politiker, Jurist oder Redner etwas werden wollte, musste nach Rom gehen. Hier trafen sich Menschen aus aller Welt, sodass der römische Philosoph Seneca sagen konnte, Rom sei für sehr viele seiner Bewohner zwar die größte und schönste Stadt, aber doch nicht ihre Heimat.

1. Welche Informationen über das alltägliche Leben der einfachen Leute lassen sich aus dem obigen Text entnehmen? – Vergleichen Sie dieses Leben mit dem der Oberschicht. Gehen Sie vom Informationstext aus und beziehen Sie Ihre sonstigen Kenntnisse mit ein.
2. Weshalb hießen die Wohnblocks *insulae*?

Auf einem Landgut 4

Titus Iūlius senātor vīllam vīsitat.
Fēlīcio, vīlicus Titī, et Safrānia, vīlica et uxor Fēlīciōnis,
dominum salūtant.
Tum hortum campōsque vīllae spectant.
5 Ubīque servī servaeque senātōris labōrant.
Labōrēs servōrum servārumque māgnī sunt.
Aliī frūmentum dēmetunt, aliī tēcta horreōrum reparant. **dēmetere, dēmetō:**
Servae māla colligunt. *hier:* mähen
Fēlīcio vīlicus Titō dominō mālum dat. **mālum, ī** *n.*: Apfel
10 Cūnctī, cum dominum vident, maximē sēdulī sunt.

Titus gemit:
»Vīta senātōrum dūra est. **gemere, gemō:**
In urbe semper labōrāre dēbēmus, seufzen
semper vigilāre dēbēmus, **in urbe:** in der Stadt
15 semper salūtī populī Rōmānī cōnsulimus. (Rom)

Die Villa Borg bei Perl-Borg im Saarland.

Nihil agere nōbīs nōn licet.
Sed nē rūrī quidem ōtium nōbīs est.
Semper omnia cūstōdīre dēbēmus.«

rūrī *Adv.*: auf dem Land
omnia: alles

Subitō dominus vīlicō vīlicaeque Dāvum servum mōnstrat.
20 Dāvus nihil videt, nihil audit; dormit:
Senex aegrōtus nōn iam pār est labōribus dūrīs.

senex, senis *m.*: alter Mann, alt
pār: gewachsen

Titus valdē clāmat; Fēlīciōnem vituperat;
servus catēnīs vincītur.
Titus īrātus est:
25 T.: Cūr servī tam pigrī sunt?
F.: Pigrī nōn sunt, sed nōnnūllī nōn valent.
T.: Cūr servīs gaudium labōris nōn est?
F.: Fessae sunt.
T.: Cūr frūmentum tam parvum est?
30 F.: Mala tempestās …

catēnīs vincītur: er wird in Ketten gelegt

mala tempestās, malae tempestātis *f.*: schlechtes Wetter
auctiōnem faciunt: sie machen eine Versteigerung

Postrīdiē dominus et vīlicus auctiōnem faciunt.
Vīcīnīs et frūmentum et māla vendunt.
Vendunt etiam servās aegrōtās – et Dāvum, servum senem.

■ Amīcus amīcō.

Bronzeplakette, wie manche Sklaven sie ständig um den Hals trugen. Die Inschrift lautet: »Ich, Asellus, Sklave des Praeiectus, eines Beamten im Amt für Getreideversorgung, habe mich aus dem Bezirk innerhalb der Mauern entfernt. Halte mich fest, da ich entflohen bin. Führe mich zurück zum Tempel der Flora bei den Friseuren.« 3.–4. Jh. n. Chr.

1. Warum trugen Sklaven eine solche Plakette?

Lektion 4: **Aufgaben**

1 Zitieren Sie lateinisch die Tätigkeiten der Sklaven und der Senatoren, die im Lektionstext zur Sprache kommen.

2 Der im Lektionstext genannte Senator Titus Iūlius war offenbar ein reicher Mann. Stellen Sie die Textstellen zusammen, die diesen Eindruck hervorrufen bzw. bestätigen.

3 1. Trotz seines Reichtums ist Titus nicht recht zufrieden. Was stört ihn?
2. Wie ist seine Klage sprachlich gestaltet?

4 Schreiben Sie alle Genitive aus dem Text heraus und nennen Sie jeweils den dazugehörigen Nominativ Singular, das Genus und die Deklinationsklasse.

5

Kasus	Beispiel
Nom. Sg.	
Gen. Sg.	
Dat. Sg.	dominō
Akk. Sg.	
Nom. Pl.	
Gen. Pl.	
Dat. Pl.	
Akk. Pl.	

Welche Substantive des Textes stehen im Dativ? Tragen Sie diese in eine Tabelle nach folgendem Muster ein und ergänzen Sie.

6 Der Dativ in Kombination mit *esse* drückt ein Besitzverhältnis aus. Beispiel:

Titō Iūliō māgna vīlla est. Titus Iūlius hat / besitzt ein großes Landgut.
Übersetzen Sie.

Senātōrī māgnī hortī campīque sunt. Dominō etiam multī servī sunt. Servīs autem nōn semper gaudium labōris est. Itaque dominus īrātus est: »Vīcīnō servī sēdulī sunt, nōbīs autem pigrī. Aliīs māgna cōpia frūmentī est, nōbīs autem parva!« Servī: »Aliīs dominus bonus est …«

cōpia, ae *f.*: Menge

7 Übersetzen Sie.

Nōn scholae, sed vītae (discimus).   **schola,** ae *f.*: Schule

Was meint der Philosoph Seneca, wenn er denselben Satz genau umgekehrt formuliert?

8 Ordnen Sie den Substantiven aus der linken Spalte passende Adjektive aus der rechten Spalte zu.

Substantive	Adjektive
ōtiō, amīcōrum, magistrī, dominīs, labōribus, amīcam, senātōrēs, uxōrem, servae, mēnsās, pecūnia, vīcīnus, domīnārum, noctis, mercātōrem, servōs, vīlicum, gaudium	bonō, fessōs, miserī, īrātam, contentōrum, māgna, māgnum, māgnās, aegrōtīs, sēdulae, bonae, pigrum, multīs, cūnctārum, īrātus, aegrōtam

9 Manche Endungen sind mehrdeutig, z.B.: *domin-i, vilic-ae*. Nennen Sie Möglichkeiten, diese Formen dennoch richtig zu bestimmen und zu übersetzen.

10 Ein Wort passt (aus sachlichen oder grammatischen Gründen) nicht in die Reihe. Suchen Sie das »schwarze Schaf« und begründen Sie Ihre Antwort.

a) dō – videō – mōnstrō – subitō – colligō – eō – veniō.
b) frūmentum – campum – ōtium – gaudium – horreum.
c) uxor – senātor – clāmor – labor – mercātor.
d) contentus – alius – īrātus – miser – fessus.
e) hortus – mēnsa – tēctum – gaudium – pecūnia – vīlicus.

11 Auf dem Landgut treffen höchst unterschiedliche Menschen zusammen. Schreiben Sie den Text in Ihr Heft, ergänzen Sie die fehlenden Endungen und übersetzen Sie den Text.

Titus Iūlius, senātor Rōmān■, vīll■ vīsitat. Fēlīciō, vīlicus bon■, dominō sevēr■ hortum māgn■ et campōs māgn■ mōnstrat. Etiam Dāvus, servus aegrōt■ et fess■, ibī labōrat. Labōrēs dūr■ hodiē perficere nōn potest. Fēlīciō valdē īrāt■ est et servum vīcīn■ vendit.

sevērus, a, um: streng – **perficere:** vollenden, ausführen

12 Analysieren Sie die folgenden Sätze nach Wortart, Wortform, Satzglied (vgl. Begleitgrammatik zu Lektion 2).

a) Fēlīciō, vīlicus Titī, dominō mālum dat.
b) Vīta senātōrum dūra est.
c) Semper salūtī populī Rōmānī cōnsulimus.

mālum, ī *n.*: Apfel

Lektion 4: Aufgaben

13 Streichen Sie alle Neutra aus der folgenden Liste. Die Anfangsbuchstaben der verbleibenden Wörter ergeben ein Lösungswort.

horrea – populum – errōribus – gaudiīs – carrō – uxōrum – frūmentum – noctem – tēctī – interim – amīcus.

»Haus des Faun«. Pompeji.

Sklaven

So wie Davus im Lektionstext erging es vielen Sklaven, wenn sie alt oder krank waren und mehr Kosten verursachten, als sie einbrachten. Wir verurteilen heute Sklaverei, in der Menschen juristisch als Sache und Eigentum eines anderen betrachtet werden, als Verstoß gegen die Menschenwürde. Doch Sklaven gab es von der Antike bis in die Moderne. In Europa hörte die Sklaverei im 13. Jahrhundert auf, allerdings bestand sie in Spanien und Portugal bis ins 16. Jahrhundert fort, wo es maurische Sklaven gab, und in den Kolonien war sie bis weit in das 19. Jahrhundert üblich. Heute ist Sklaverei völkerrechtlich verboten.

Man geht davon aus, dass in der Zeit von 100 v. Chr. bis 100 n. Chr. etwa ein bis zwei Millionen Sklaven in Italien lebten; das sind ca. 30 % der Bevölkerung. Sklave wurde man durch Kriegsgefangenschaft und Menschenraub. Kinder von Sklaven waren wieder Sklaven. Die Sklaven wurden auf den großen Märkten verkauft und dort wie Vieh ausgestellt; der Käufer erwarb das Recht über Leben und Tod seines Sklaven. Der Besitzer gab seinem Sklaven einen Namen, oft wurde er auch nur nach seinem Herkunftsland benannt (Syrus = »der Syrer«).

Die antike Wirtschaft basierte wesentlich auf Sklavenarbeit. In der Oberschicht gehörten oft weit über 100 Sklaven zu einem Haushalt und auch in der Mittelschicht waren ein bis drei Sklaven pro Familie üblich. Sie arbeiteten in nahezu allen Bereichen des privaten und öffentlichen Lebens: im Haushalt, auf dem Feld, als Ärzte oder Lehrer, in Handwerksbetrieben, in Bergwerken, in Manufakturen, in Mühlen, in großer Zahl auch am Kaiserhof. Ihre Lebensbedingungen waren daher höchst unterschiedlich. Während Sklaven am Kaiserhof höchste Stellungen und großen Reichtum erlangen konnten und Sklaven in Familien es oft besser hatten als freie, aber arme Bauern, hatten diejenigen, die in Mühlen und Bergwerken eingesetzt waren, nur eine geringe Lebenserwartung. Man fand Skelette, die zeigen, dass Sklaven in Bergwerken oft mit Fußketten arbeiten mussten.

Immer wieder gab es Sklavenaufstände, am bekanntesten ist der Spartakusaufstand 73 v. Chr., der blutig niedergeschlagen wurde. Viele Herren lebten in ständiger Angst vor einem Mordanschlag ihrer Sklaven. Der Historiker Tacitus (gest. ca.120 n. Chr.) berichtet, dass nach einem Mord an einem Hausherrn alle 400 Sklaven des Haushalts getötet werden sollten. Trotz empörter Proteste des Volkes wurden sie nach einer Verhandlung im Senat alle hingerichtet.

Sklaverei war in der Antike eine Selbstverständlichkeit, die nicht infrage gestellt wurde. Kritik an der Sklaverei kam auch dann nur selten auf, als das Christentum sich ausbreitete. Die ersten Christen betrachteten die Sklaven lediglich im religiösen Bereich als gleichberechtigt.

Frisierszene auf einem Grabpfeiler aus Neumagen. 3. Jh. n. Chr.

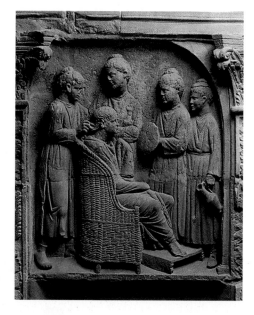

1. Was sollte nach dem Wunsch dessen, der diesen Grabpfeiler errichten ließ, der Nachwelt mitgeteilt werden?
Und was sollten seine Mitbürger und die Nachwelt über den Auftraggeber denken?
2. Wie sah wohl der Alltag der dargestellten Sklavinnen aus?

Es gibt aber auch literarische Zeugnisse, die ein sehr freundschaftliches Verhältnis zwischen Herr und Sklave zeigen. Sklaven wurde ein eheähnliches Verhältnis zugestanden, das *contubernium* (= »Zusammenwohnen«) genannt wurde. Sie konnten freigelassen werden; damit wurden sie römische Bürger, also juristisch von einer Sache zu einer Person, auch wenn sie den frei Geborenen nicht gänzlich gleichgestellt waren. Sie hatten weiterhin täglich dem *patronus*, ihrem ehemaligen Herrn, die Aufwartung zu machen und ihn z.B. bei Wahlen zu unterstützen. Manche Sklaven erkauften sich mit ihren Ersparnissen die Freiheit von ihrem Herrn. Oft ließen die Herren ihre Sklaven vor dem Tod frei, damit diese einen Anspruch auf ein Begräbnis als römische Bürger hatten.

1. Auf welche Weise wurde jemand Sklave?
2. Welche rechtliche Stellung hatten Sklaven und wie wirkte sich diese auf ihr Leben aus?
3. Weshalb konnten die Lebensbedingungen der einzelnen Sklaven sehr unterschiedlich sein? Denken Sie sich drei exemplarische Lebensläufe aus und skizzieren Sie diese kurz.

In den Thermen 5

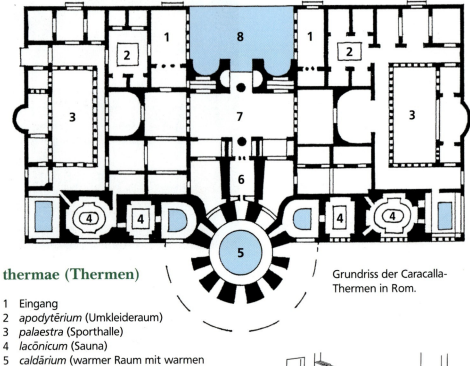

thermae (Thermen)

1 Eingang
2 *apodytērium* (Umkleideraum)
3 *palaestra* (Sporthalle)
4 *lacōnicum* (Sauna)
5 *caldārium* (warmer Raum mit warmen Wasserbecken)
6 *tepidārium* (lauwarmer Raum)
7 *frigidārium* (kühler Raum)
8 *piscīna* (Kaltwasserschwimmbecken)

Die kleine Abbildung zeigt ein Schema einer Heizanlage von Thermen (Hypokaustenheizung).

Grundriss der Caracalla-Thermen in Rom.

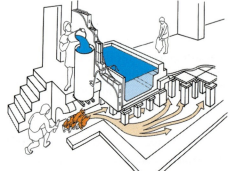

Rēs pūblica in perīculō est:
pars plēbis enim rēbus novīs studet
et rem pūblicam māiōrum ēvertere temptat.
Multōs diēs cōnsulēs senātōrēsque dēlīberant,
5 multās ōrātiōnēs habent, sed semper inter sē dissentiunt.

in perīculō: in Gefahr
ēvertere, ēvertō: umstürzen
inter sē dissentīre: untereinander uneinig sein
Die kursiv gedruckten Wörter finden Sie in der Bildlegende

Lektion 5: In den Thermen

Hodiē Gnaeus Claudius senātor *thermās* intrat.
Nōn semper reī pūblicae cōnsulere cupit,
nōn iam dē statū reī pūblicae disputāre vult,

nōn semper māgnae rēs ei cordī sunt,
10 interdum nihil agere amat.
Gnaeus in *apodytērium* it et ibī vestēs pōnit.
Servum rēs suās bene cūstōdīre iubet.
Tum *palaestram* intrat et amīcōs quaerit:
Virōs clāmāre audit,
15 *palaestram* plēnam virōrum esse videt,
sed senātōrēs amīcōs nōn invenit.
Tamen amīcōs saepe *thermās* vīsitāre scit!
Videt autem turbam virōrum pilā lūdere,
pilicrepum pilās numerāre audit.
20 Ubīque venditōrēs circumeunt
rēsque suās – crūstula, botulōs, vīna – laudant.

Gnaeō clāmor nōn placet,
itaque in *caldārium* properat.
Ibī paucōs virōs adesse videt;
25 ubīque silentium esse gaudet.
Subitō aliquis Gnaeum salūtat:
Philodēmus, philosophus garrulus,
quī semper dē nātūrā rērum disputāre cupit …

Senātor in *lacōnicum* fugit,
30 posteā in *piscīnā* natat.

Tum *tepidārium* intrat,
cum subitō hominēs fugere videt:
Dāvum, Syrum, Philōnem – servōs suōs!

■ Carpe diem.

■ Homō hominī lupus.

dē statū: über den Zustand, die Lage
vult: er will

ei: ihm
cordī esse: am Herzen liegen

pilā: mit dem Ball
pilicrepus, ī *m.*: Ballspieler
pilā, ae *f.*: Ball
venditor, ōris *m.*: Verkäufer
crūstula *n. Pl.*: Gebäck
botulus, ī *m.*: Wurst

aliquis: jemand
philosophus garrulus, philosophī garrulī *m.*: geschwätziger Philosoph
quī *Nom. Sg. m.*: der, welcher
dē nātūrā: über die Natur, das Wesen
in piscīnā natāre: im Kaltwasserschwimmbecken schwimmen

carpere, carpō: *wörtl.*: (ab)pflücken

lupus, ī *m.*: Wolf

1 Nennen Sie die einzelnen Stationen des im Lektionstext beschriebenen Thermenbesuchs. Klären Sie zu diesem Zweck die Bedeutung der kursiv gedruckten Wörter mithilfe des Informationstextes. Vollziehen Sie den Badedurchgang anhand des Grundrisses der Caracalla-Thermen nach.

2 Sammeln Sie aus dem Lektionstext Begründungen für den heutigen Thermenbesuch des Gnaeus Claudius. Zitieren Sie lateinisch.

3 1. Ordnen Sie den einzelnen Stationen des Thermenbesuchs, wie er im Lektionstext geschildert ist, die folgenden Aussagen zu.

Turba virōrum pilā lūdit; virī clāmant; servus rēs (Gnaeī Claudiī) bene cūstōdit; paucī virī adsunt; hominēs fugiunt; pilicrepus pilās numerat; silentium est.

pilā: mit dem Ball – **pilicrepus,** i *m.*: Ballspieler – **pila,** ae *f.*: Ball

2. Nennen Sie die Prädikate der Sätze, von denen ein aci abhängt.

4 In der vorigen Lektion besuchte ein Senator sein Landgut. Verfassen Sie auf Lateinisch einen Bericht über das, was er dort bei der Inspektion feststellt, und übersetzen Sie ihn ins Deutsche. Leiten Sie alle Sätze mit *videt, gaudet* oder *scit* ein.

Ubīque servī servaeque labōrant.
Labōrēs servōrum servārumque māgnī sunt.
Aliī frūmentum dēmetunt, aliī tēcta horreōrum reparant.
Servae māla colligunt.
Fēlīcio vīlicus Titō dominō mālum dat.
Cūnctī servī sēdulī sunt.

Ihr Bericht könnte wie folgt beginnen:

Cum Titus Iūlius vīllam suam vīsitat, videt ubīque servōs serv... ... Videt ...

dēmetere, demetō: schneiden – **mālum,** ī *n.*: Apfel

5 Übersetzen Sie und bestimmen Sie jeweils die Funktion der Akkusative.

Senātōrēs rem pūblicam in māgnō perīculō esse videt. Plēbem īrātam esse audiunt. Itaque rem pūblicam servāre temptant: Ōrātiōnēs habent et salūtī reī pūblicae cōnsulunt. Etiam cōnsulēs īram plēbis lēnīre cupiunt.

in perīculō: in Gefahr – **servāre,** servō: retten, bewahren – **īra,** ae *f.*: Zorn – **lēnīre, lēniō:** mildern, lindern, besänftigen

6 Das Wort *rēs* (»Sache«) kann im Lateinischen in unzähligen Zusammenhängen verwendet werden und je nach Kontext unterschiedliche Bedeutungen haben.
Listen Sie alle Verwendungen der Formen von *rēs* im Lektionstext auf und finden Sie jeweils eine dem Kontext angemessene Übersetzung.

Lektion 5: **Aufgaben**

7 Bilden Sie aus den Bestandteilen des linken und denen des rechten »Setzkastens« 10 Verbindungen (es stehen keine Längenzeichen!).

	bus		a
			ae
die		magn	am
	i		arum
			i
			is
	m		o
re			orum
			um
	rum	public	os
			um
	s		us

8 1. Bestimmen Sie die folgenden Verbformen und nennen Sie den zugehörigen Infinitiv.

audiunt – cupis – numerāte – fugimus – possum – gaudētis – discit – tacē.

2. Warum ist es unbedingt notwendig, zu jedem Infinitiv auch die 1. Person Singular zu kennen?

9 Ein Wort passt (aus sachlichen oder grammatischen Gründen) nicht in die Reihe. Suchen Sie das »schwarze Schaf« und begründen Sie ihre Antwort.

a) rēs pūblicae – virī – amīcae – tēcta – rēs novae – lectī – horrea.
b) errōrem – rem – autem – plēbem – hominem – partem.
c) diēs – salūs – vīta – uxor – vestis – ōrātiō – vīcīna.
d) saepe – nunc – hodiē – interim – tum – hīc – postrīdiē – interdum.

10 1. Schreiben Sie die Wortverbindungen heraus, die einen genitīvus possessīvus enthalten. Die Anfangsbuchstaben der notierten Wörter ergeben ein beliebtes Freizeitvergnügen der Römer.

virī plēnī timōris – tēcta horreōrum – error Rūfī magistrī – pars plēbis – amīcus Enniī – nēmō senātōrum.

2. Welche Funktion hat der Genitiv in den verbleibenden Wortverbindungen?

11 Hier ist ein Buchstabensalat entstanden. Wenn Sie die Zutaten (Buchstaben) richtig sortieren, erhalten Sie Wörter, die Sie in dieser Lektion neu kennen gelernt haben.

abrut – muniv – dretinum – udegare – metan – cuplubis – pustadire – loncus.

12 Wer besucht wen?

Gnaeus servum amīcam vīsitāre scit.

Analysieren Sie den Satz nach Wortformen und Satzgliedern.

Thermen und Wasserversorgung

Wasser, Wasser in Hülle und Fülle: Dieses Gefühl hat noch heute der Besucher Roms, wenn er an den zahllosen Brunnen der Stadt vorübergeht. Das Wasser der kleinen Brunnen ist übrigens trinkbar; sollte es sich einmal nicht um Trinkwasser handeln, weist ein Schild ausdrücklich darauf hin: *acqua non potabile*.
5 Viele der Fernwasserleitungen, die heute die Millionenstadt versorgen, sind antiken Ursprungs. Wie in der Antike endet jeder Aquädukt in einem eigenen Stadtviertel und viele Einwohner schwören auf »ihr« Wasser zum Trinken und Kochen; denn nach wie vor wird das Wasser aus den verschiedenen Quellen, Flüssen und Seen nicht vermischt.
10 Man hat berechnet, dass Rom in der Antike über Aquädukte täglich mit mindestens 500 000 m³ Wasser versorgt wurde; das entspricht einem Wasserangebot von 500 l pro Kopf und Tag. Um die Mitte des 1. Jahrhunderts n. Chr. führten neun Aquädukte mit Wasserleitungen (Gesamtlänge: ca. 500 km), die oft nur ein minimales Gefälle von 0,2–0,5 % hatten, das Wasser in die Stadt, die ge-
15 radezu verschwenderisch damit umging: Um das 4. Jahrhundert erreichte die Zahl der Bäder knapp die Tausendergrenze, außerdem mussten weit über 1000 Brunnen täglich mit frischem Wasser versorgt werden.
Der überwiegende Teil der Bevölkerung Roms hatte keine eigene Wasserversorgung. Man musste sich das Wasser an den zahlreichen Brunnen der Stadt
20 holen. Während in alter römischer Zeit ein Vollbad nur an Markttagen (alle neun Tage) genommen wurde, entstanden seit dem 2. Jahrhundert v. Chr. zahlreiche Badeanstalten, die öffentlich oder privat finanziert wurden. Der Eintritt war billig, für Kinder oft kostenlos. In der Kaiserzeit entstanden große, prachtvolle Badeanlagen, deren Besuch für jedermann, auch für Sklaven,
25 möglich war.
Am frühen Nachmittag öffneten die Thermen; vor der *cena* besuchten täglich tausende von Römerinnen und Römern die Bäder. Hier traf man sich zum

Lektion 5: **Thermen und Wasserversorgung**

Pont du Gard, Teil einer römischen Wasserleitung aus dem 1. Jh. v. Chr. Sie versorgte jahrhundertelang die Stadt Nîmes mit Trinkwasser. Das Wasser floss im oberen Teil des Bauwerks. Provinz Gallia Narbonensis (heute: Provence).

Klatsch, aber auch zu politischen und geschäftlichen Gesprächen. Männer und Frauen badeten meist getrennt. Immer wieder setzte man sich jedoch über Gesetze, die das gemeinsame Baden verboten, hinweg.

Den Ablauf eines Badevorgangs muss man sich etwa folgendermaßen vorstellen: Man zog sich im *apodyterium* aus und legte seine Kleider in die dafür vorgesehenen Nischen; denn man badete nackt. Weil man sich vor Diebstahl schützen musste, brachten wohlhabende Römer ihre Sklaven mit, die auf die Kleider aufpassten. Darauf ging man z.B. zum Sport in die *palaestra*, zur Abkühlung in das Kaltbad, das *frigidarium*, dann in den lauwarmen Raum, das *tepidarium*; es folgte das Warmbad, das *caldarium*, oder das *laconicum*, eine Art Sauna. Vielleicht suchte man aber auch Abkühlung in der *piscina*, dem kalten Schwimmbecken.

Die großen Thermen waren jedoch nicht nur Badeanstalten, sie boten auch viele Möglichkeiten der Freizeitbeschäftigung und der Gesundheitspflege:

Große Bibliotheken und Vortragsräume, Fitness- und Massageräume, ja sogar Arztpraxen waren für jeden zugänglich. Verkäufer boten ihre Speisen und Getränke an.

45 Die (unsichtbare) Technik machte den Aufenthalt angenehm: Holzfeuer im Keller heizten Wasserkessel. Die heiße Luft wurde in Steinröhren durch Hohlräume hinter der Wandverkleidung und unter dem Steinfußboden geleitet, stieg empor und sorgte für eine angenehme Rundumheizung (Hypokaustenheizung).

50 Der Wasserverbrauch in den Thermen war enorm; druckfeste Röhren waren noch unbekannt und so war der Wasserzufluss nicht zu stoppen. Für die Heizung wurden ganze Wälder abgeholzt; das Holz kam nicht nur aus Italien, sondern sogar aus Afrika.

Überall im *imperium Romanum*, wo Römerinnen und Römer lebten, wurden
55 kleinere oder größere Thermen gebaut. Viele heutige Kurbäder gehen auf antike Gründungen zurück: Aachen hieß als römischer Badeort Aquae Grani, und in Baden-Baden, dem antiken *Aquae*, kann man unter den heutigen Badeeinrichtungen die Überreste der römischen Anlagen besichtigen.

1. Warum gingen die Römerinnen und Römer in die Thermen? Nennen Sie die verschiedenen Funktionen der Badeanlagen.
2. Welche modernen Einrichtungen lassen sich am ehesten mit den römischen Thermen vergleichen?
3. Stellen Sie einen Badedurchgang in einer antiken römischen Therme so zusammen, wie er Ihren Bedürfnissen entsprechen würde.

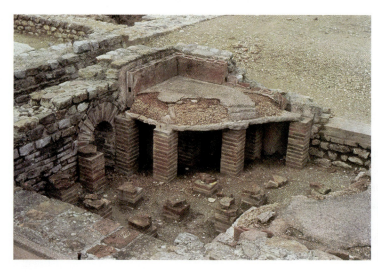

Hypokaustanlage im »Haus des Meergottes«. St. Romain-en-Gal, Provence.

Kämpfe im Amphitheater 6

Mosaik aus Tusculum, auf dem verschiedene Arten des Gladiatorenkampfes zu sehen sind.

Livinēius Rēgulus hodiē in amphitheātrō Pompēiānōrum
spectāculum gladiātōrium dat.
Itaque iam prīmā lūce multī dominī cum uxōribus et servīs
veniunt,
5 nam Alumnum rētiārium cum Callimōrfō secūtōre
pūgnāre sciunt.

Hīc Pompēiānī sedent et Alumnō favent.
Māgnā vōce victōriās Alumnī laudant.
Illīc Nūcerīnī sedent. Callimōrfō māgnā cum spē favent.

10 Spectātōrēs rētiārium sine timōre cum secūtōre pūgnāre
vident.
Subitō Alumnus rēticulum extendit et secūtōrem capit.
Pompēiānī Alumnum māgnō cum clāmōre laudant;
clāmant clāmantque: »Habet! Habet!«

15 Nūcerīnī verbīs Pompēiānōrum valdē īrātī sunt.
Nōnnūllī lapidēs sūmunt
et māgnō cum gaudiō in Pompēiānōs iaciunt.

amphitheātrum, ī *n.*: Amphitheater
spectāculum, ī *n.*: (Schau-)Spiel
gladiātōrius, a, um: Gladiatoren-
rētiārius, ī *m.*: Netzkämpfer
secūtor, ōris *m.*: Gladiator, »Nachsetzer«
illīc *Adv.*: dort

spectātor, ōris *m.*: Zuschauer
rēticulum, ī *n.*: Netz
extendere, extendō: auseinander ziehen

lapis, idis *m.*: Stein

Aliī eōs sōlum terrōre afficere cupiunt,
alii eōs rē vērā necāre temptant.
20 Intereā autem in arēnā
Alumnus Callimōrfum iam diū
gladiō necāre parātus est,
sed sīgnum spectātōrum exspectat.

Spectātōrēs quidem rētiārium et secūtōrem neglegunt.
25 Nēmō pūgnam gladiātōrum spectat,
sed spectātōrēs nunc gladiīs dē victōriā pūgnant.
Paulō post Pompēiānī et in amphitheātrō et tōtā urbe
multōs Nūcerīnōs necant aut in fugam dant.
Postrīdiē Nerō imperātor dē spectāculō Livinēiī audit.
30 Livinēium in exilium īre iubet.
Per decem annōs Pompēiānīs spectācula dare nōn licet.
Sed aliīs locīs gladiātōrēs spectāre possunt.

eōs *Akk. Pl. m.*: sie, diese

arēna, ae *f.*: Kampfplatz

■ In vīnō vēritās.

vēritās, ātis *f.*: Substantiv zu vērus, a, um

1 Der Lektionstext nimmt Bezug auf ein historisches Ereignis. Zitieren Sie lateinisch die Textstellen, aus denen zu erkennen ist,
1. wo und wann die Kämpfe stattfinden,
2. welche Gegner sich bekämpfen,
3. in welchen Phasen die Kämpfe verlaufen und
4. mit welchen Emotionen sie geführt werden.

2 Welche Formen können Ablative sein (es stehen keine Längenzeichen!)?

pugnam – terrori – spe – victoria – clamoribus – servis – dominos – re – rei – rebus – spectatorum – locum – loci – loco – prima lux – signa – voce – die – gladii – imperatoribus.

spectātor, ōris *m.*: Zuschauer

3 Bei der Beantwortung der Frage 1 haben Sie eine Reihe von adverbialen Bestimmungen zitiert. Ordnen Sie diese in eine Tabelle nach nachstehendem Muster ein. Vervollständigen Sie die Tabelle mit weiteren adverbialen Bestimmungen aus dem Text.

Lektion 6: **Aufgaben**

Frage	Adverbiale Bestimmung (lateinisch)	Semantische Funktion
Wo?		Ort
Wann?		Zeit
Wie? Auf welche Art und Weise?		Art und Weise
Womit? Wodurch?		Mittel, Werkzeug
Warum? Weshalb?		Grund
Mit wem?		Begleitung

4 Vertauschen Sie Singular und Plural unter Beibehaltung des Kasus (es stehen keine Längenzeichen!):

terrorem – exilio (2) – serva aegrota (2) – spectatore irato – verbum bonum (2) – res (3) – magnae victoriae (3) – gaudio (2) – gladiorum – urbibus (2) – orationum.

spectātor, ōris *m.*: Zuschauer

5 Auf Neros Anfrage, wie es zu dem Massaker kommen konnte, verfasst Livineius Regulus einen Bericht. Schreiben Sie diesen, ergänzt um passende adverbiale Bestimmungen, in Ihr Heft und übersetzen Sie ihn. Manchmal sind mehrere Möglichkeiten denkbar.

Text	Adverbiale Bestimmungen
Multī Pompēiānī et paucī Nūcerīnī sedent. Callimōrfus et Alumnus amphitheātrum intrant et pūgnant. Cūnctī clāmant. Aliī Callimōrfō, aliī Alumnō favent. Subitō Pompēiānī Nūcerīnōs afficiunt, nam lapidēs iaciunt. Tum etiam Nūcerīnī pūgnant. Tandem aliī aliōs in fugam dant.	prīmā lūce – gladiīs – māgnō clāmōre – in Nūcerīnōs – māgnā vōce – in amphitheātrō – cum Pompēiānīs – māgnā cum spē – māgnō gaudiō – māgnō terrōre

Pompēiānī, ōrum *m.*: Einwohner von Pompeji – **Nūcerīnī,** ōrum *m.*: Einwohner von Nuceria – **lapis,** lapidis *m.*: Stein – **amphitheātrum,** ī *n.*: Amphitheater – **tandem** *Adv.*: schließlich, endlich

6 1. Stellen Sie zehn sprachlich korrekte und sinnvolle Verbindungen zwischen den Substantiven der linken und den Adjektiven der rechten Spalte her.

rēs	vērae
gaudiō	parāta
pūgnae	fessum
errōribus	cūnctae
senātōrem	multās
verbō	māgnō
vōcī	multīs
turba	

2. Setzen Sie Pluralverbindungen in den Singular und umgekehrt.

7 Analysieren Sie die folgenden Sätze nach Wortart, Wortform und Satzgliedern.

a) Hodiē imperātor lūdōs dat.
b) Multī hominēs in amphitheātrum Flāvium properant et māgnā vōce imperātōrem laudant.
c) Gladiātōrēs māgnā cum spē pūgnant et tandem alius alium dēvincit.

lūdus, ī *m.*: Spiel – **amphitheātrum Flāvium,** amphitheātrī Flāviī *n.*: das Kolosseum – **tandem** *Adv.*: schließlich, endlich – **dēvincere, dēvincō**: besiegen, niederringen

8 Gewalttätige Ausschreitungen bei Massenveranstaltungen, wie sie unser Lektionstext beschreibt, sind auch heute noch ein drängendes Problem. Worin sehen Sie die Ursachen? Wie versucht man heute Gewalt in Fußballstadien zu vermeiden?

Freizeit und Vergnügen in der römischen Kaiserzeit

In ihrer Freizeit besuchten Römer und Provinzbewohner gerne Theateraufführungen, Wagenrennen und Gladiatorenkämpfe. Im 1. Jahrhundert n. Chr. taten sie das mit einer solchen Hingabe, dass der römische Satiriker Juvenal behauptete, die Römer, die einst in ihren Volksversammlungen die Geschicke des Reiches gelenkt hätten, interessierten sich nur noch für »Brot und Spiele« *(panem et circenses)*.

Dabei war die Bedeutung von »Spielen« und Theateraufführungen bis ins 1. Jahrhundert v. Chr. noch gering. Es gab nicht einmal ein gemauertes Theatergebäude, sondern für jede einzelne Aufführung wurde ein Theater aus Holz

Lektion 6: Freizeit und Vergnügen

Das *amphitheatrum Flavium*, das Kolosseum. Rom.

errichtet und anschließend wieder zerlegt. Außerdem musste das gewöhnliche Volk den Aufführungen zuerst im Stehen beiwohnen, weil die Senatoren Sitzen für undiszipliniert, für »griechisch«, hielten – wobei sie allerdings keine Probleme damit hatten, selber in den für sie reservierten ersten Reihen Platz zu nehmen.

Bei den Wagenrennen, die vor allem im *Circus maximus* stattfanden, unterstützten bis zu 150 000 Zuschauer – wie heutige Fußballfans – ihre Favoriten: die Grünen, Blauen, Roten und Weißen. Jedes Team startete mit einem, zwei oder sogar drei Wagen, die meistens von vier Pferden gezogen wurden; jeder Wagen fuhr neun Runden. Der siegreiche Wagenlenker, der von den konkurrierenden Teams so eifrig umworben wurde wie die Sportprofis unserer Zeit, erhielt hohe Geldprämien, heutigen zweistelligen Millionenbeträgen vergleichbar; einige Lenker errangen mehrere tausend Siege. Nicht selten kamen Wagenlenker bei Auffahrunfällen ums Leben. Auch Kaiser Nero nahm gern an Wagenrennen teil; bei den Olympischen Spielen fiel er jedoch aus dem Wagen – trotzdem wagte es keiner, ihm den Sieg zu verweigern.

Am beliebtesten waren Gladiatorenkämpfe, die ursprünglich wohl Teil von Begräbnisfeiern waren. Damit möglichst viele Römer und Römerinnen zuschauen konnten, wurde im 1. Jahrhundert n. Chr. das *Amphitheatrum Flavium* (das »Kolosseum«) gebaut, das überdies für Seeschlachten *(naumachiae)* geflutet werden

»Gladiator«. Nachgebauter Gladiatorenhelm.

Die Fotos entstanden bei einem Römerfest in der Villa Borg bei Perl-Borg im Saarland.

konnte. 50000, vielleicht auch 80000 Menschen, wurden so Zeugen gewaltiger Spektakel.

Als Gladiatoren kämpften zumeist Kriegsgefangene und Sklaven gegeneinander. Ganz selten kamen abenteuerlustige freie Gladiatoren zum Einsatz, aber
35 auch Kaiser Commodus (2. Jahrhundert n. Chr.) selbst stieg in die Arena. An der Bewaffnung sollte eigentlich deutlich werden, dass hier Barbaren kämpften, die einem römischen Legionär unterlegen waren: Der *retiarius* kämpfte wie der im Text genannte Alumnus mit einem Netz *(rete, reticulum)*, in dem der Gegner eingefangen werden sollte, und einem Dreizack für den Todesstoß. Der
40 Gegner, etwa ein *thrax*, ein »Thraker«, verfügte über Helm, Schild, Arm- und Beinschienen, kämpfte aber mit einem Schwert *(gladius)*. Wer einen Zweikampf überlebte, musste gegen den nächsten Gegner antreten. Die meisten Kämpfer kamen auf diese Weise ums Leben; wenn aber ein Kriegsgefangener oder ein Sklave mehrfach siegte, erhielt er seine Freiheit, wurde reich, berühmt und
45 zum Held weiblicher Fans – wenn auch nur bis zum nächsten Kampf.

Beliebt waren lange Zeit auch die Tierhetzen, die im Extremfall mehr als hundert Tage dauern konnten. Dabei wurden in der Arena wilde Tiere, vor allem Bären, Löwen und Elefanten, gegeneinander, gegen Gladiatoren und sogar gegen Unbewaffnete, etwa verurteilte Verbrecher oder Christen, gejagt. Erst im
50 Jahr 404 machte Kaiser Honorius, ein frommer Christ, dem blutigen Spektakel ein Ende.

Gerade die Gladiatorenkämpfe waren für den Veranstalter sehr teuer, kamen doch die meisten seiner Sklaven dabei um. Trotzdem war der Eintritt in aller Regel frei; veranstaltet und finanziert wurden diese aufwändigen »Spiele« nämlich oft von reichen Römern, die sich gerade für die höchsten Staatsämter bewarben – als Bestandteil des Wahlkampfs. Viele Kandidaten ruinierten sich dabei finanziell. Die Reaktionen des Publikums im Theater oder in der Arena waren ein Barometer für die Beliebtheit der Amtsbewerber. Beliebte Politiker wurden bejubelt; Pfiffe erhielten hingegen Kandidaten, die als zu geizig galten. Wer keine »Spiele« veranstaltete, fiel bei Wahlen durch. Unbeliebt machten sich Politiker, die den grausamen Veranstaltungen gelangweilt zusahen oder gar – wie Caesar (100–44 v. Chr.) – gleichzeitig Briefe schrieben. Die Masse wollte sehen, dass die Elite ihre Freuden teilte; und die Führungsschicht bemühte sich im Allgemeinen eifrig, diesem Bedürfnis zumindest scheinbar nachzukommen. Aus Briefen Ciceros (106–43 v. Chr.) oder Senecas (4 v. Chr.–65 n. Chr.) hingegen wissen wir, dass immerhin einige Senatoren Gladiatorenkämpfe manchmal als blutige Lustbarkeiten des Pöbels tadelten. Nach dem Untergang der Republik ließen die Kaiser zusätzlich Brot und oft auch Öl an die Einwohner Roms verteilen, damit sich diese sorgloser den »Spielen« widmen konnten. Mit dieser Fürsorge, Brotspenden und »Spielen«, wollten sich die Kaiser die Gunst des Volkes sichern, das bestimmte politische Rechte, die ihm in der Republik zugestanden hatten – z. B. die Wahl von Beamten – unter der Kaiserherrschaft eingebüßt hatte. Trotzdem geschah es, dass das Publikum bei Theateraufführungen Textpassagen mitsprach, die Kritik am Kaiserhaus enthielten. Bei Gladiatorenkämpfen konnten die Zuschauer wünschen, dass ein unterlegener Gladiator am Leben blieb, auch wenn der Kaiser ihn töten lassen wollte. Um seine Beliebtheit nicht zu verspielen, richtete sich der Kaiser nach dem Willen seiner Untertanen.

1. Welche Arten von »Spielen« dienten der Unterhaltung der Römer?
2. Weshalb waren die »Spiele« in Rom auch politische Veranstaltungen?

Römisches Theater in Thugga (Tunesien). 2. Jh. n. Chr.

Orpheus und Eurydike

Vortexte

1. Gnaeus Claudius senātor iterum in thermīs est.
Iterum eum amīcōs suōs quaerere vidēmus.
Postrēmō Quīntum amīcum invenit
et māgnō cum gaudiō salūtat.
5 Nam cum eō dē rē pūblicā et dē spectāculīs gladiātōriīs
libenter disputat.
Et is dē iīs rēbus disputāre semper parātus est.

Sed hodiē Gnaeus ei nārrat servōs suōs saepe pigrōs esse;
itaque iīs thermās vīsitāre nōn licēre.
10 »Tamen Dāvum servum et amīcōs eius vīdī,
eōs fugere vīdī …
Quid dē eā rē sentīs, Quīnte?«
»Culpa eōrum māgna est.
Iī, quī verba dominī, quī labōrēs suōs neglegunt,
15 servī malī sunt.
Iīs māgna poena statuenda est.
Egō eōs venderem …«

iterum *Adv.*: wieder
thermae, ārum *f.*: Thermen
postrēmō *Adv.*: schließlich
spectāculum gladiātōrium, spectāculī gladiātōriī *n.*: Gladiatorenspiel, -kampf
nārrāre, nārrō: erzählen
vīdī: ich habe gesehen
sentīre, sentiō: meinen
culpa, ae *f.*: Schuld
quī *Relativpronomen, Nom. Pl. m.*: die, welche
malus, a, um: schlecht
poena statuenda est: eine Strafe muss auferlegt werden
venderem: ich würde verkaufen

2. In Italiā multa amphitheātra sunt,
Colosseum Rōmānum maximum eōrum est.
20 In eō amphitheātrō
magistrātūs Rōmānī spectācula gladiātōria dant.
Cūr Rōmānī ea spectācula amant?
In iīs nōn sōlum hominēs cum hominibus,
sed etiam hominēs cum bēstiīs pūgnant.
25 Eae saepe etiam ex Africā veniunt.
Pūgnae eārum spectātōrēs valdē dēlectant,
nam post eās pūgnās
arēna semper sanguine madefacta est …

amphitheātrum, ī *n.*: Amphitheater
maximus, a, um: größter
magistrātūs *Nom. Pl. m.*: (die) Beamten
bēstia, ae *f.*: wildes Tier
ex Africā: aus Afrika
spectātor, ōris *m.*: Zuschauer
arēna sanguine madefacta est: die Arena trieft von Blut

Lektion 7: Orpheus und Eurydike

1 Übersetzen Sie die beiden Texte.

2 Übertragen Sie die Tabelle in Ihr Heft und ergänzen Sie mithilfe der beiden Texte die fehlenden Formen.

		m.	f.	n.
Singular	Nom.		ea	id
	Gen.		eius	eius
	Dat.		ei	ei
	Akk.		eam	id
	Abl.			
Plural	Nom.			ea
	Gen.			
	Dat.		iīs	iīs
	Akk.			
	Abl.		iīs	iīs

Orpheus und Eurydike

Zu den bekanntesten Erzählungen der Antike gehört die tragische Geschichte über den gefeierten Sänger Orpheus und seine Frau Eurydike (lat.: Eurydica). Noch am Tage ihrer Hochzeit stirbt Eurydike an den Folgen eines Schlangenbisses. In seiner Trauer um Eurydike beschließt Orpheus, in die Unterwelt hinabzusteigen, um seine Frau wiederzufinden und sie wieder in die Welt der Lebenden zurückzuführen.

Orpheus lyram sūmit et in Tartarum abit;
in eō locō tranquillō
umbrās multōrum miserōrum videt.
Diū umbram Eurydicae uxōris quaerit,
5 sed nōn invenit.
Multa Orpheus sēcum cōgitat:

Nūptiae ei ante oculōs sunt:
Sē Eurydicam in mātrimōnium dūcere videt,
eam rīdēre audit, eam sibi ōscula dare sentit.
10 Eam per prātum ambulāre videt.

lyra, ae *f.*: Lyra, Laute
tranquillus, a, um: still, ruhig

nūptiae, ārum *f.*: Hochzeit, Hochzeitstag
in mātrimōnium dūcere, dūcō: heiraten
ōsculum, ī *n.*: Kuss
prātum, ī *n.*: Wiese

Beschreiben Sie die dargestellten Personen. Um welchen Moment in der Geschichte könnte es sich handeln?

»Orpheusrelief«. Neapel, Museo Nazionale. Gipsabguss, Archäologisches Institut der Universität Göttingen.

Subitō ea serpentem pede tangit!   **serpēns,** serpentis *m.*:
Serpēns dente pedem eius laedit.   Schlange
Eurydica subitō ē vītā cēdit et umbra in Tartarum abit.

Orpheus multīs cum lacrimīs Eurydicam flet.
15 Tandem Dītem, dominum umbrārum, adīre studet.
Multīs diēbus post
Orpheus Dītem et Prōserpinam, uxōrem eius, invenit.   **nervus,** ī *m.*: Nerv,
Orpheus nervōs lyrae pulsat, multīs cum lacrimīs ōrat: Sehne, Saite
»Ō Dīs, ō Prōserpina! Causa viae meae est Eurydica.   **pulsāre,** pulsō:
20 Sine eā redīre nōn possum. Ūnā cum Eurydicā esse cupiō: anschlagen
aut in Tartarō aut sub dīvō!«
Dum Orpheus nervōs pulsat,   **sub dīvō:** unter freiem
umbrae flent, flet etiam Prōserpina.   Himmel

Tandem dominus umbrārum Eurydicam ad sē vocat:
25 »Orpheus lyrā suā nōs valdē commovet«
et: »Eum«, inquit, »tē valdē amāre videō.
Itaque vōbīs ex rēgnō meō abīre licet.
Sed tibi, Orpheu,   **Orpheu:** *Vokativ*
Eurydicam in Tartarō spectāre nōn licet.
30 Prae uxōre tuā īre dēbēs.
Sī autem oculōs ad Eurydicam flectis,
ea in rēgnō meō manēre dēbet. Nunc abīte!«

Māgnō cum gaudiō diū Orpheus tacitus uxōrī praecēdit.   **tacitus,** a, um:
Via longa et ardua est.   schweigend
35 Iam nōn procul ā portā Taenariā absunt,   **praecēdere,** praecēdō:
paene iam Tartarō exeunt, iam lūcem sōlis vident,   vorausgehen
cum Orpheus oculōs flectit!   **arduus,** a, um: steil,
Frūstrā Eurydica Orpheum tangere temptat.   schwierig
Ultimum »Valē« gemit. In Tartarum redit.   **ultimum** *Adv.*: zum
                                                                                    letzten Mal
                                                                                    gemere, gemō: seufzen

■ Aut Caesar aut nihil.

■ *Der Philosoph René Descartes schrieb 1644:*
Cōgitō, ergō sum.   **ergō** *Adv.*: also

■ Hominēs, dum docent, discunt.   **docēre,** doceō: lehren

1 1. Lesen Sie den lateinischen Text und notieren Sie, welche Personen jeweils agieren.
    2. Gliedern Sie den Text und geben Sie den einzelnen Abschnitten Überschriften.

2 1. Auf welche Weise versucht Orpheus Eurydike zurückzugewinnen? Zitieren Sie lateinisch.
    2. Wie reagieren Dis und Proserpina? Zitieren Sie lateinisch.

3 1. Wie begründet der Herr der Unterwelt seine Entscheidung?
    2. Weshalb hält sich Orpheus nicht an die Bedingung, die ihm Dis stellt?
    3. Warum macht Eurydike ihm wohl keine Vorwürfe?
    4. Welches zentrale Motiv bestimmt das Handeln der Personen in der gesamten Geschichte?

4 Ersetzen Sie die folgenden Wörter durch die entsprechenden Formen von *is, ea, id*. Achten Sie auf Kasus, Numerus und Genus.

terrōrēs (2), hominum, rēbus (2), gaudium (2), lūcem, diēī (2), populōs, pecūniae (3), frūmentī, amīcus, plēbe, umbrārum, rēgnīs (2), uxōrēs (2), verba (2), labōribus (2), silentiō (2), horreōrum, lectō (2).

5 1. Übersetzen Sie.

a) Lūcius cum amīcō vīcīnō hortōs eius vīsitat. Vīllam eius spectat. Amīcum dē servīs eius interrogat.

b) Lūcius cum amīcō vīcīnō hortōs suōs vīsitat. Amīcō vīllam suam mōnstrat. Amīcō dē servīs suīs nārrat.

interrogāre, interrogō: (be-) fragen – **nārrāre,** nārrō: erzählen

2. Von wessen Gärten, Haus, Sklaven ist in der ersten Situation die Rede, von welchen in der zweiten?

6 Ein Wort passt (aus sachlichen oder grammatischen Gründen) nicht in die Reihe. Suchen Sie das »schwarze Schaf« und begründen Sie Ihre Anwort.

a) amā – mēnsā – intereā – portā – posteā – umbrā – frūstrā.

b) ab – post – paene – prae – dum – quidem – hodiē.

c) gaudium – commovēre – flēre – timor – amāre – gaudēre – cōgitāre.

d) eius – ea – sua – tēctō – rēgnōrum – eōrum – oculō – sīgnī.

7 locī – īnstrūmentī – sēparātīvus – sociātīvus – temporis – modī – causae – mēnsūrae:

alles Ablative!!!

Schreiben Sie sämtliche Ablativ-Wendungen (ggf. mit der zugehörigen Präposition) aus dem Text »Orpheus und Eurydike« und bestimmen Sie die semantische Funktion des Ablativs an der jeweiligen Stelle.

8 Manchmal können wir Vokabeln – z.B. innerhalb einer Redewendung – nicht in ihrer Grundbedeutung wiedergeben. Die Grundbedeutung von *māgnus* ist bekanntlich »groß«. Finden Sie eine passende Wiedergabe für:

a) Multī hominēs māgnā vōce clāmant.

b) Dominus servōs pigrōs māgnā poenā afficit.

c) Lūciō cōnsulī māgna pecūnia est.

d) Senātōrēs dē māgnīs rēbus dēlīberant et disputant.

poena, ae *f.*: Strafe

Lektion 7: **Aufgaben**

9 *ad* bedeutet »zu … hin«, *īre* heißt »gehen«; *ad-īre* bedeutet als zusammengesetztes Verb (Kompositum) »hingehen«. Die Vorsilbe *re-* bedeutet »wieder« oder »zurück«; das Kompositum *re-d-īre* bedeutet also »zurückgehen«. Erschließen Sie die Bedeutung folgender Wörter.

adicere, adigere, abicere, praeīre, praepōnere, praescrībere, recēdere, redigere, revenīre.

10 Übersetzen Sie. Überlegen Sie bei den kursiven Wörtern, ob eine attributive oder eine prädikative Übersetzung oder beides möglich ist.

a) Imperātor *prīmus* urbem intrat.
b) Orpheus *miser* Dītem et Prōserpinam adit.
c) Gāius *dominus* malus, *pater* autem bonus est.
d) Magister *īrātus* valdē clāmat, *contentus* autem discipulōs laudat.

malus, a, um: schlecht, böse – **pater,** tris *m.*: Vater

11 1. Schreiben Sie den kleinen Text in Ihr Heft und unterstreichen Sie die Subjekte der Sätze.
2. Übersetzen Sie den Text. Wer ist jeweils mit *sē*, wer mit einer Form von *is, ea, id* gemeint?

Orpheus sē Dītem adīre dēbēre scit. Ei enim rēgnum umbrārum est. Prōserpina, uxor eius, eum adiuvat: Nam ōrātiō Orpheī eam valdē commovet. Dīs et Prōserpina Eurydicam ad sē vocant. Ei ūnā cum marītō Tartarō abīre permittunt.

marītus, ī *m.*: Ehemann – **permittere,** permittō: erlauben

12 Übersetzen Sie die beiden Texte. Wer ist jeweils mit *sēcum, sibi, sē* gemeint?

a) Orpheus Eurydicam sēcum ex Tartarō abīre cupit. Sibi autem oculōs ad eam flectere nōn licēre scit. Sē etiam umbram uxōris amāre sentit.
b) Orpheus et Eurydica sibi viam longam et dūram esse sciunt. Eurydica autem Orpheum ad sē nōn spectāre cupit; aliter enim sē in Tartarum redīre scit.

aliter *Adv.*: sonst, andernfalls

13 Wer kein Latein kann, hat's schwer … Das zeigen die folgenden Verwendungen lateinischer Wörter im Deutschen. Erklären Sie jeweils, was gemeint ist.

a) Als BONUS erhalten Sie eine Gutschrift über …
b) Damit führten sie ein NOVUM ein / das war ein absolutes NOVUM in der Geschichte der Menschheit.
c) Das müssen wir im PLENUM beraten.
d) Er war schon als Kind immer der Klassen-PRIMUS.

Suchen Sie weitere Beispiele aus der deutschen Werbe- oder Alltagssprache, in der (substantivierte) lateinische Adjektive vorkommen.

Die Musen und die Musik

Die Schutzgottheiten der sog. schönen Künste waren neun Musen. Sie waren Töchter des Göttervaters Zeus (röm.: Iuppiter) und der Titanin Mnemosyne (der Göttin der Erinnerung) und besangen bei geordneten Reigentänzen die Gesetze der Künste. Jede Muse war für eine klar umrissene Aufgabe zuständig; die Römer übernahmen von den Griechen nicht nur ihre literarischen Disziplinen, sondern auch ihre Namen: Kalliope half Dichtern bei der Heldendichtung (Epik), Klio war für Geschichtswerke zuständig, Melpomene für Trauergesänge, Tragödie und Elegie, Thalia für die Komödie, während Erato bei größeren lyrischen Werken zu Rate gezogen wurde. Schutzgöttin der Musik war Euterpe, Terpsichore achtete auf die gelungene Darbietung des Reigentanzes, Polyhymnia hingegen auf angemessenen Chorgesang – und auf Geometrie. Bei Fragen zur Astronomie wandte man sich an Urania.

Bei der Komposition sollten die Musen darauf achten, dass die Klänge »vernünftig« geordnet waren. Musik war ein wichtiger Bestandteil vieler religiöser, staatlicher und privater Veranstaltungen; schlecht angeordnete Töne hätten die Gunst der Götter – und den Applaus der Zuhörer – verwirken können.

Erstmals führten in Rom 364 v. Chr. Etrusker zu Tänzen Flötenmusik auf, um eine Seuche zu sühnen. Um 250 v. Chr. entstanden lateinische Tragödien und Komödien, in denen Musik die Dialoge unterstützte. Im 1. Jahrhundert v. Chr. schließlich verselbstständigte sich das musikalische Nachspiel zu den Tragödien; unter Flötenbegleitung trat ein Mimus (Schauspieler) auf, Solisten wurden durch einen Chor oder ein Orchester unterstützt. Im Jahr 284 n. Chr. brachte Kaiser Carinus 400 Instrumentalisten und dazu Sänger und Pantomimen auf die Bühne. In vielen Städten baute man ein Odeon, ein Konzertpodium vor einem Halbrund aufsteigender Zuschauerränge. Hier waren berühmte Musiker zu hören, die überall im Reich auf Tournee gingen.

Lektion 7: **Die Musen und die Musik**

Musenmosaik. Rheinisches Landesmuseum Trier. Von den hier zu sehenden neun Musen sind nicht alle zu identifizieren, da manche Attribute zerstört sind. In der oberen Reihe links ist Thalia mit Theatermaske und Hirtenstab zu erkennen, in der Mitte Terpsichore mit Leier, rechts Klio mit Buchrolle. In der zweiten Reihe rechts ist Erato mit der schweren Leier dargestellt und in der unteren Reihe links Urania mit Globus.

Ordnen Sie, soweit möglich, den abgebildeten Musen ihre Aufgaben zu. Welche Funktion haben ihre Attribute? Lesen Sie hierzu den Informationstext.

Musiker spielten vor allem auf einer *bucina*, einem dumpf klingenden Hirteninstrument aus Rinderhorn oder Metall. Im römischen Heer erklang die *bucina*, um die Soldaten zu wecken oder zu den Mahlzeiten zu rufen. Bis zu 17 Töne konnte man auf einem *cornu* produzieren, einem kreisförmig gebogenen Horn mit einer querlaufenden Griffstange. Es war sehr laut und gab im Krieg das Zeichen zum Angriff, war aber auch bei Leichenzügen und Hochzeitsfeiern zu hören. Die *tuba* eröffnete einen Wettkampf im Zirkus. Ihre sechs möglichen Töne konnten auch einem Heer das Zeichen zum Angriff oder zum Rückzug geben. Das bekannteste Holzblasinstrument war die *tibia*, eine Art Oboe. Sie bestand aus zwei Rohren mit bis zu 15 Grifflöchern. Durch Abdeckklappen ließen sich verschiedene Tonarten spielen.

Das wichtigste Saiteninstrument war die *lyra*; als Schallkörper diente eine echte oder aus Holz nachgeahmte Schildkrötenschale. Zwei hornartig gebogene Stangen trugen die vier oder fünf Saiten. Auf eine *kithara* konnte man sogar bis zu sieben Saiten spannen. Sie galt als das Instrument des Gottes Apollo.

Neben anderen Instrumenten wie Lauten, Harfen, Handpauken, Becken und Fußklappern ragt die Orgel heraus, die durch einen Blasebalg oder durch Wasser angetrieben wurde. Trotz der Vielfalt an Instrumenten wissen wir kaum etwas über die Musik, die mit ihnen gespielt wurde, weil die von den Griechen entwickelte Notenschrift nur fragmentarisch überliefert ist. Wahrscheinlich würde die antike Musik sehr fremdartig auf uns wirken; die alten Römer hat sie aber, das wissen wir, mitgerissen.

1. Was haben die Musen mit Musik zu tun?
2. Bei welchen Anlässen spielten die Römer ursprünglich Musik?
3. Weshalb dürfte antike Musik fremdartig auf uns wirken?

Theatermaske im Theater von Ostia.

Tantalus

Text 1

Tantalus war König von Lydien, einem Land in Kleinasien, das für seinen ungeheuren Reichtum bekannt war. Wir sehen ihn, wie er eines Tages in seinem Palast sitzt und über sein Leben nachdenkt:

Fīlius Iovis sum;
deī, quī mē amīcum putant, semper mihi adsunt;
cūncta, quae possidēre cupiō, possideō. –
Quid mihi dēest? Nōnne beātus sum?
5 Convīviīs deōrum,   **convīvium,** ī *n.*: Gastmahl
in quibus cēnāmus, rīdēmus, gaudēmus, intersum.
Iī sē dominōs mundī putant.
Rē vērā neque virtūte neque potentiā neque sapientiā
hominēs superant.
10 Quī autem nūmen deōrum timent.
Eōs, quōrum vīta misera et dūra est, adiuvāre possum,
cum prōdō, quae in convīviīs audiō.
Tum hominēs deōs nōn iam adōrāre dēbent;
nam cūncta cōnsilia deōrum nōn īgnōrant.
15 Quī deōs nōn timet, līber est …

Nōnne egō deōs superō,
quibuscum ambrosiam edō, nectar bibō,   **ambrosia,** ae *f.*: Ambrosia, Götterspeise
quōs fallere possum?   **edere,** edō: essen
Mihi nōmen Tantalus est, fīlius deī maximī sum,   **nectar,** aris *n.*: Nektar, Göttertrank
20 cuius rēgnum fīnem nōn habet.
Tempus adest, quō dēmōnstrābō: **bibere,** bibō: trinken
Deīs sapientia nōn est.   **fallere,** fallō: täuschen, betrügen
                                                             fīnem *Akk.*: Grenze
                                                             dēmōnstrābō: ich werde beweisen

Text 2

Tantalus wagt das Ungeheuerliche: Er lässt seinen Sohn Pelops töten und setzt ihn den Göttern zur Speise vor, um ihre Allwissenheit zu prüfen. Die Götter entdecken jedoch das grässliche Mahl; nur Ceres verzehrt eine Schulter des Pelops, weil sie in Gedanken an die geraubte Tochter Proserpina versunken ist. Pelops wird wiederhergestellt, die fehlende Schulter durch eine elfenbeinerne ersetzt. Tantalus aber wird in der Unterwelt hart bestraft:

Tantalus in stāgnō stat.
Vulnera corporis ei nōn sunt, sed dolōribus labōrat,
quod neque bibere neque edere potest:
Cum ōs aquae appropinquat, aqua re-fugit.
5 Nunc frūctūs pulchrōs,
quī super caput eius sunt, capere vult:
Rāmī ad caelum re-cēdunt.
Praetereā saxum, quod capitī impendet,
semper eum terrōre afficit.
10 Tantalus ad deōs clāmat:
»Ō deī, nōnne amīcus vester sum?
Nōnne Iuppiter pater meus est?
Cūr mē nōn līberātis?«
Quī autem tacent ...

stāgnum, ī *n.*: Teich, See
re-fugere: *erschließen Sie die Bedeutung*
frūctūs *Akk. Pl. m.*: Früchte
vult: er will
rāmus, ī *m.*: Zweig
re-cēdere: *erschließen Sie die Bedeutung*
saxum, ī *n.*: Felsblock
impendēre, impendeō *m. Dat.*: über etw. hängen, drohen

■ Tempus edāx rērum (est).

■ Rōma caput mundī (est).
edāx *m. Gen.*: gefräßig, zernagend

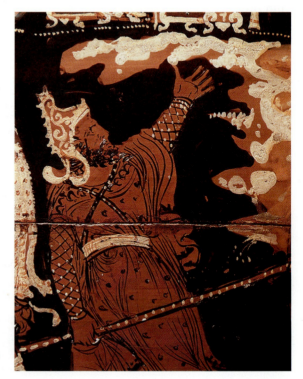

Tantalus in der Unterwelt, dargestellt auf einem griechischen Krug. Um 330 v. Chr.

Lektion 8: Aufgaben

1 *Zu Text 1*
1. Worin zeigt sich die besondere Zuneigung der Götter zu Tantalus? Zitieren Sie die lateinischen Begriffe, die seine bevorzugte Behandlung bezeichnen.
2. Welche Vergehen lässt sich Tantalus zuschulden kommen?
3. Welche Ziele verfolgt er damit?
4. Erläutern Sie den Satz (Z. 15) *Quī deōs nōn timet, līber est.*

2 *Zu Text 2*
1. Erklären Sie den Begriff »Tantalusqualen«.
2. Wie reagiert Tantalus auf seine Strafen? Beschreiben Sie seinen Charakter.

3

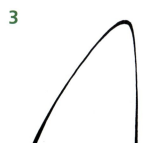

Steiler Aufstieg – jäher Absturz: So kann man die Geschichte des Tantalus zusammenfassen. Zeichnen Sie die Kurve (größer) in Ihr Heft und tragen Sie auf ihr die lateinischen Ausdrücke aus Text 1 und 2 ein, die die Stationen im Leben des Tantalus bezeichnen.

4 Zeigen Sie an den vorliegenden Texten die typisch griechische »anthropomorphe« Gottesvorstellung (s. Informationstext).

5 1. Bestimmen Sie Kasus und Numerus.

nūmen (2), nōmen (2), temporī, vulnera (2), corporis, ōs (2), caput (2), capitī.

2. Zu welcher Deklinationsklasse gehören offenbar die Wörter *nūmen, nōmen, tempus, vulnus, corpus, ōs* und *caput*? Begründen Sie.

3. Deklinieren Sie die folgenden Wortverbindungen im Singular und Plural.

tempus bonum – ōs māgnum – vulnus meum.

6 Setzen Sie Singularformen in den Plural und umgekehrt.

nōbīs – tū – tibi – eārum – id – vōs (2) – egō – ea (3) – eā.

7 Sie kennen nun schon neun verschiedene Ablative.

> loci, temporis, modi, instrumenti, causae, sociativus, separativus, mensurae, limitationis

Übersetzen Sie die Sätze und bestimmen Sie die semantische Funktion der Ablative.

a) Alumnus et Callimōrfus gladiātōrēs māgnā cum virtūte pūgnānt.
b) Callimōrfus iam multās victōriās adeptus est, sed illō diē Alumnus Callimōrfum gladiō temptat māgnīsque vulneribus afficit.
c) Paucīs diēbus post Callimōrfus ex vulneribus suīs moritur.
d) Tantalō cum deīs cēnāre licet, tamen eōs fallere temptat.
e) Sed deī Tantalum sapientiā superant et eum in Tartarum iaciunt.
f) Quō locō Tantalus numquam timōre dolōribusque līber est.

adeptus est: er hat errungen – **illō:** *Abl. Sg. m. von* ille: jener – **moritur:** er stirbt – **fallere,** fallō: täuschen, betrügen – **numquam** *Adv.:* niemals

8 1. Hier sind Haupt- und Relativsätze außer Kontrolle geraten. Welcher Relativsatz gehört zu welchem Hauptsatz? Fügen Sie die Relativsätze an geeigneter Stelle ein und übersetzen Sie anschließend die neu entstandenen Sätze.

Hauptsätze	Relativsätze
1. Hominēs līberī nōn sunt.	a) …, quōs capere temptat, …
2. Aqua ab ōre eius recēdit.	b) …, in quā Tantalus stat, …
3. Saxum eum māgnō terrōre afficit.	c) …, quī nūmen deōrum timent, …
4. Frūctūs semper recēdunt.	d) …, quī sē deōs superāre putant, …
5. Eōs deī poenīs afficiunt.	e) …, quod super Tantalī caput est, …

poena, ae *f.:* Strafe – **frūctūs** *Nom. Pl. m.:* Früchte

2. Bestimmen Sie jeweils Kasus, Numerus und Genus des Relativpronomens und seines Beziehungswortes: In welchen der drei Kategorien müssen Relativpronomen und Beziehungswort immer übereinstimmen?

9 Tantalus:

Egō fīlius Iovis sum.	Is maximus deōrum est.
Convīviīs deōrum intersum.	In iīs multa dē vītā eōrum audiō.
Hominēs adiuvāre possum.	Iī vītam miseram agunt.

1. Verbinden Sie je zwei Sätze zu einem Satzgefüge aus Hauptsatz und Relativsatz.
2. Welches Satzglied vertritt der Relativsatz jeweils?
3. Übersetzen Sie die neu entstandenen Sätze.

Lektion 8: **Aufgaben**

10 Setzen Sie in folgenden Sätzen ein geeignetes Kompositum des Hilfsverbs *esse* ein.

a) Amīcus amīcō ▬▬▬▬.
b) Alumnus gladiātor hodiē spectāculīs gladiātōriīs ▬▬▬▬.
c) Dāvō servō aegrōtō vīrēs ▬▬▬▬.
d) Senātōrī reī pūblicae ▬▬▬▬ nōn licet.

spectāculum, ī *n.*: (Schau-)spiel – **gladiātōrius**, a, um: Gladiatoren- – **vīrēs** *Nom. Pl. f.*: Kräfte

11 Nennen Sie je zwei Beispiele aus dem Lektionstext für folgende Stilmittel:
1. Rhetorische Frage
2. Trikolon
Welche Wirkung wird durch die Verwendung dieser Stilmittel erzeugt?

12 Ordnen Sie den römischen Gottheiten ihre griechischen Entsprechungen, Zuständigkeitsbereiche und typischen Attribute zu. Ziehen Sie gegebenenfalls den Informationstext, Lexika oder das Internet zurate. Legen Sie eine Tabelle nach folgendem Muster an.

Römischer Name	Griechischer Name	Zuständigkeit	Attribut
Iuppiter			
	Hera		
		Weisheit	
			Rüstung
			Trauben
	Demeter		
Neptunus			

13 1. Welche römische Göttin ist in folgender italienischer Erklärung beschrieben?

Questa dea è la figlia di Giove. E' la dea della sapienza e porta sempre un elmo. Il suo nome greco è »Atene«.

2. Welchen Gott meint diese französische Umschreibung?

C'est le père des dieux; il est marié avec Junon. Son temple est situé sur le mont Capitolin.

14 Bilden Sie möglichst viele lateinische Wörter aus dem Namen des obersten römischen Gottes. [V=U oder auch V].

IVPPITER OPTIMVS MAXIMVS

Die Religion der Griechen und Römer

Über etwa eineinhalb Jahrtausende hinweg entwickelte sich die römische Religion: Zunächst war es die polytheistische Religion (Verehrung vieler Götter) einer bäuerlich geprägten Gesellschaft, die abhängig von der Natur war. Elemente der etruskischen, griechischen und orientalischen Religionen wurden im Laufe der Jahrhunderte aufgenommen und verschmolzen mit den ursprünglichen religiösen Vorstellungen. 312 n. Chr. wurde das Christentum durch das konstantinische Edikt toleriert, 392 n. Chr. verbot schließlich Kaiser Theodosius die Ausübung der sog. heidnischen, also der nicht christlichen Kulte.

Viele der in alter Zeit verehrten römischen Gottheiten waren für Bereiche der Natur und Fruchtbarkeit zuständig, so z.B. die Götter Tellus (Erde), Liber (Wein), Ceres (Feldfrüchte), Flora (Blumen). In den Häusern der Römer wurden die Laren (Geister der Verstorbenen), Penaten (Hausgötter) und der Genius (persönliche Gottheit) des Familienoberhaupts, des *pater familias*, an Hausaltären verehrt. Zu den wichtigsten öffentlich verehrten Gottheiten zählten Iuppiter, der Göttervater und Herrscher über Menschen und Götter, Iuno, die Göttermutter und Schutzgöttin der Frauen und der Ehe, Minerva, die Göttin des Krieges und der Weisheit, Mars, der Kriegsgott, und Vesta, die Göttin des Herdfeuers. Die römische Religiosität war stark geprägt von formeller Pflichterfüllung durch Opfer und rituelle Handlungen. Dabei mussten feste Vorschriften genau beachtet werden, damit die Bitte in Erfüllung gehen konnte. *Do, ut des,* »ich gebe (dir, Gott), damit du mir (dem Opfernden) gibst«, war das Grundprinzip römischer Religion. Geopfert wurden Ackerfrüchte, Honig, Milch sowie Tiere.

Vor wichtigen Entscheidungen des Staates wurden die Auguren befragt, die durch Beobachtung des Himmels, besonders des Vogelflugs, den Willen der Götter zu ergründen suchten. Von den Etruskern übernahmen die Römer die Eingeweideschau: Besondere Priester, die *haruspices* (Sg. *haruspex*), sagten aus tierischen Eingeweiden, vor allem aus der Leber, die Zukunft voraus.

In Süditalien und Sizilien kamen die Römer mit der griechischen Religion in Berührung. Der griechische Götterhimmel wurde zum großen Teil übernommen oder mit den römischen Gottheiten verschmolzen: Zeus entsprach Iuppiter, Hera der Iuno, Athene der Minerva, Aphrodite der Venus (Göttin der Schönheit und Liebe) und Ares dem Mars. Die Griechen stellten sich ihre Götter fast wie Menschen vor (anthropomorphe Gottesvorstellung): Sie liebten und hassten, betrogen, raubten, kämpften, stahlen, brachen die Ehe – ganz genauso wie Menschen. Allerdings waren sie unsterblich. Die Römer übernahmen nach und nach, beeinflusst durch die homerischen Erzählungen und die griechische Mythologie, dieses ihnen ursprünglich fremde Götterverständnis.

Auch die römische Vorstellung über das Leben nach dem Tod geht weitgehend
auf die Griechen zurück: Gott der Unterwelt war Hades (griech.)/Pluto
(röm.), seine Frau Persephone/Proserpina. Die Verstorbenen wurden vom
Fährmann Charon über die Ströme in der Unterwelt gebracht. Mit der Münze,
die man den Toten mitgab, sollte er bezahlt werden. Die Toten lebten in der
Unterwelt als Schatten *(umbrae)* und führten nach der Schilderung Homers ein
freudloses Dasein.

Frevler, die sich den Göttern widersetzt hatten, wurden strengstens bestraft.
Tantalus begegnet uns im Lektionstext; Ixion wurde zur Strafe dafür, dass er
versuchte, Hera/Iuno zu vergewaltigen, an ein sich ewig drehendes feuriges
Rad gebunden. Sisyphus musste aufgrund seiner schweren Vergehen – u.a.
hatte er sogar für eine gewisse Zeit den Tod selbst gefesselt und so verhindert,
dass jemand sterben musste – auf ewig einen schweren Felsblock auf einen Berg
wälzen, der, kaum oben angekommen, sogleich wieder in die Tiefe stürzte.

Durch die Ausbreitung des Römischen Reiches lernten die Römer viele Kulte, wie den
Isiskult aus Ägypten und den Mithraskult aus Persien, kennen: Diese Religionen fanden auch in Rom selbst rasche Verbreitung.
Solange eine Religion keinen Absolutheitsanspruch erhob, wurde sie toleriert; mit der
jüdischen und später auch der christlichen Religion kam es jedoch zu schweren Konflikten (s. Informationstext Lektion 23).

Haruspex. Archäologisches Institut der Universität Göttingen.

1. Nennen Sie die wichtigsten römischen Gottheiten. Wofür waren sie jeweils zuständig?
2. Erläutern Sie das Grundprinzip der römischen Religion: *Do, ut des*.
3. Wie ist es zu erklären, dass sich im kaiserzeitlichen Rom immer mehr religiöse Kulte verbreiteten?
4. Weshalb kamen die Römer mit der jüdischen und der christlichen Religion in Konflikt?

Helena und Paris 9

»Paris-Helena-Relief« aus Rom. Nationalmuseum Neapel. Gipsabguss, Archäologisches Institut der Universität Göttingen.

Beschreiben Sie die dargestellten Personen. Um welchen Moment in der Geschichte könnte es sich handeln?

Text 1

Aethra und Cynthia, zwei Dienerinnen am Hofe des spartanischen Königs Menelaus und seiner Frau Helena, unterhalten sich:

Cynthia: Venī, Aethra, aliquid ē tē quaerere cupiō …
Aethra: Ō Cynthia, cūr mē ā labōre vocāvistī?
Ōtium mihi nōn est.
C.: Nōnne audīvistī?
5 Herī vir pulcherrimus rēgiam intrāvit.
Menelāus māgnō cum gaudiō eum salūtāvit,
cūncta ei mōnstrāvit;
posteā rēx et Helena
ūsque ad noctem cum eō cēnāvērunt.
10 Colloquia longa laetaque inter sē habuērunt.
Tardissimē dormīvērunt.
Quis est iste hospes,

tardissimē *Adv.*: sehr spät
iste *Nom. Sg. m.*: dieser

		qui dominō dominaeque tantopere placuit?	**tantopere** *Adv.*: so sehr

                Vērum est:
15   Numquam virum tam pulchrum spectāvī.
   A.:   Cūr tam cūriōsa es?
                Sed, cōnfiteor, etiam egō cūriōsa fuī,   **cōnfiteor**: ich gestehe (es)
                etiam egō interrogāvī: Quis est iste?
                Tum ex aliīs servīs audīvī eum esse Paridem,
20   fīlium rēgis Troiānōrum;
                nārrāvērunt Paridī diū vītam dūram fuisse,
                eum cum pastōribus in montibus gregēs patris
                cūstōdīvisse.
                Dēmum adulēscēns, ut dīcunt,   **dēmum adulēscēns:** erst als junger Mann
25   in rēgiam Troiānam acceptus est ...   **acceptus est:** er ist aufgenommen worden
                Eae rēs mē valdē commovent. Venī autem.
                Nōndum cēnam parāvimus.   **diūtius** *Adv.*: zu lange
                Iam diūtius garrīvimus ...   **garrīre, garriō:** schwatzen

Text 2

Aus einem Brief Helenas an Paris

Tē mē amāre scrīpsistī.
Mē etiam Spartā Trōiam abdūcere cupis.
Ō tē miserum!
Fidem uxōris Menelāī sollicitāre audēs!   **sollicitāre,** sollicitō: herausfordern
5 Nōnne īram rēgis Lacedaemoniōrum timēs?
Is quidem tē hospitem accēpit,
tū cum eō et uxōre eius cēnāvistī, hospitiō eōrum ūsus es.   **ūsus es** *m. Abl.*: du hast ... genossen
Mē mulierem pulcherrimam orbis terrārum esse dīxistī.
Num fēminās pulchrās levēs esse putās?   **levēs** *Akk. Pl. f.*: leichtfertig
10 Ō mē miseram!
Praetereā tuum amōrem vērum esse nōn putō.
Amor hospitum numquam firmus est.

Vītam futūram mihi exposuistī:
Trōiam urbem māgnam et opulentam esse;
15 vītam laetam et ā cūrīs esse līberam.
Sed vōs virī iam saepe montēs aurī prōmīsistis,   **montēs aurī:** Berge von Gold = das Blaue vom Himmel
saepe autem verba vestra vāna fuisse cōgnōvī.
Tamen scītō: **vānus,** a, um: leer
Vītam opulentam laetamque neque cūrāvī neque cūrō,   **scītō:** du musst wissen

20 quamquam Spartae vīta dūra est.
Sī tēcum Trōiam īrem, id facerem, quod tū mihi placēs.
Pulcher es.
Ō mē miseram!
Ō tē miserum!
25 Cūr nōn prius Spartam venīre potuistī?
Cūr nōn prius nōs convenīre potuimus?

sī … īrem, id facerem: wenn ich … ginge, würde ich es tun

■ *Nach der Zerstörung Trojas sagte ein trojanischer Priester:*
Fuimus Trōës.

Trōës *Nom. Pl. m.:* Trojaner

■ *Ein Philosoph:*
Omnia mēcum portō mea.

omnia *Akk. Pl. n.:* alles

1 Zu Text 1
1. Wie gelingt es in den Zeilen 1–5 den Leser auf die Geschichte gespannt zu machen?
2. Wer ist der seltsame Gast? Stellen Sie die Informationen zusammen, die die beiden im Gespräch über ihn austauschen. Zitieren Sie dabei die wichtigsten Begriffe lateinisch.
3. Welche Informationsquellen nutzen die Dienerinnen, um ihre Neugier zu befriedigen?
4. Welche Umstände machen den Gast so geheimnisvoll?

2 Zu Text 1
Setzen Sie die Perfektformen des Textes in die entsprechenden Präsensformen.

3 Zu Text 2
1. Dieser Brief ist eigentlich ein »schriftliches Gespräch«. Belegen Sie dies anhand formaler Merkmale (z. B. Verbformen, Anreden, Pronomina).
2. Beschreiben Sie den Tonfall des Briefes (z. B. sachlich, empört, ärgerlich, sehnsuchtsvoll, verzweifelt, auffordernd, emotionsgeladen o. Ä.) und belegen Sie Ihre Antworten mit Zitaten aus dem Text.
3. Weshalb spricht Helena in Zeile 4 und 7 über sich selbst in der dritten Person?

4 Zu Text 2
1. *Ō tē miserum!* (Z. 3); *Ō mē miseram!* (Z. 10); *Ō mē miseram! Ō tē miserum!* (Z. 23 f.): Erklären Sie die Klage Helenas jeweils aus dem Zusammenhang.
2. Wie erklärt sich der Wandel ihrer Stimmung?
3. Was meinen Sie: Liebt Helena Paris? Belegen Sie Ihre Ansicht mit Zitaten aus dem Text.

Lektion 9: **Aufgaben**

5 *Zu Text 2*
Was könnte Paris auf die Vorwürfe, Bedenken und Andeutungen der Helena erwidert haben? Schreiben Sie auf Deutsch einen Antwortbrief.

6 *Zu Text 2*
Listen Sie alle Ortsangaben aus dem Text auf und entscheiden Sie jeweils, ob sie Herkunft, Ziel oder (Aufenthalts-) Ort angeben.

7 1. Bestimmen Sie die folgenden Verbformen. Verwandeln Sie anschließend die Präsensformen ins Perfekt und umgekehrt.

scrībit – dīcunt – cōgnōvērunt – cūrāmus – nārrāre – accēpistī – interrogātis – potuisse – prōmittō – exposuistis – fuimus – līberās – abdūxit – habuistis – cēnāvī.

2. Welche Endungen könnten an welchen Stamm angehängt werden?

Stämme	Endungen
prōmitt – prōmīs – dīc – dīx –	-ere -ērunt -ī -imus -is -isse -istī -istis -it -itis -ō -unt

8 Stellen Sie die Personalpronomina aus Text 2 zusammen, bestimmen Sie dabei jeweils Kasus und Numerus der Personalpronomina und geben Sie die Personen an, die gemeint sind. Beispiel:

egō: Nominativ Singular,
1. Person Singular
(gemeint: Helena)

9 Ein Wort passt (aus sachlichen oder grammatischen Gründen) nicht in die Reihe. Suchen Sie das »schwarze Schaf« und begründen Sie Ihre Anwort.

a) interrogāre – putāre – dīcere – disputāre – sentīre – advenīre – expōnere.
b) rēgia – mōns – terra – vīlla – lectus – campus – dēns – locus.
c) fideī – cōgnōvī – colloquiī – quī – deī – cui – reī – caelī – fīliī.
d) corpus – vulnus – firmus – futūrus – tempus – ōribus.

10 Paris lässt einige Sätze aus Helenas Brief Revue passieren:

»Menelāus tē hospitem accēpit, tū cum eō et uxōre eius cēnāvistī … Praetereā tuum amōrem vērum esse nōn putō. Amor hospitum numquam firmus est … Sed vōs virī iam saepe montēs aurī prōmīsistis, saepe autem ea verba vāna fuisse cōgnōvī … Vītam opulentam laetamque neque cūrāvī neque cūrō.«

montēs aurī, montium aurī: Berge von Gold = das Blaue vom Himmel – **vānus,** a, um: leer, wertlos

Er erzählt einem Gefährten, was Helena ihm geschrieben hat:

Helena mihi scrīpsit Menelāum mē hospitem accēpisse, mē cum …

Setzen Sie Paris' Bericht fort und übersetzen Sie ihn.

11 1. Übersetzen Sie die folgenden Sätze. Achten Sie dabei auf das Zeitverhältnis.

a) Servae Paridem fīlium rēgis Trōiānōrum esse sciunt.
Etiam nōs Paridem fīlium rēgis Trōiānōrum fuisse scīmus.
Scīvitne Menelāus Paridem Helenam adamāvisse?
Cynthia ex aliīs servīs Paridem et Helenam sē valdē amāre audīvit.

adamāre, adamō: lieb gewinnen, sich in jdn. verlieben

b) Menelāus Spartam rediit et ibī cōgnōvit
uxōrem abesse;
Helenam Paridī litterās mīsisse;
Paridem litterās Helenae libenter accēpisse;
Paridem et Helenam valdē sē amāre;
Paridem Helenam Trōiam abdūxisse.

litterae, ārum f. Pl.: Brief – **mittere,** mittō, mīsī: schicken

12 Ein griechisches Schiff fuhr bei normalen Wetter- und Strömungsverhältnissen ca. 220 km am Tag. Wie lange war demnach Paris von Troja nach Sparta unterwegs? Ziehen Sie die Karte im Bucheinband zurate.

Troja und Homer

Trojas Geschichte und Geschichten haben die Menschen aller Zeiten fasziniert. Mit der Hochzeit des Peleus und der Thetis, bei der sich die Göttinnen Aphrodite, Hera und Athene um den Preis für die schönste Frau der Welt streiten, beginnt der troische Sagenkreis und spinnt sich weiter über das Urteil des Paris, den Raub der Helena, den Ausbruch des Trojanischen Krieges, das Trojanische Pferd und die Zerstörung Trojas bis zu den Heimkehrergeschichten um Odysseus, Agamemnon und Aeneas. Dazwischen liegen Geschichten über Liebe und Tod, Kampf der Götter und Menschen, Eroberung und Zerstörung, das Leid der Kriegsgefangenen, Irrfahrten und glückliche Heimkehr. Ein Blick auf die Spielpläne der europäischen Theater zeigt, dass diese Themen von zeitloser Aktualität sind. Der troische Sagenkreis bot Stoffe für Epen wie die Ilias und die Odyssee Homers und die Aeneis Vergils sowie für Tragödien wie den *Agamemnon* des Aischylos oder die *Troerinnen* des Euripides.

Homers *Ilias*, die uns einen Ausschnitt aus dem zehnten Kriegsjahr im Kampf um Troja zeigt, steht am Anfang der europäischen Literatur (ca. 8. Jh. v. Chr.). Die *Odyssee*, die ebenfalls Homer zugeschrieben wird und welche die Irrfahrten des Odysseus und seine Heimkehr nach 20 Jahren beschreibt, entstand etwa ein halbes bis ein Jahrhundert später. Der Name »Homer« wird im Laufe der Jahrhunderte zu einer Art Markenzeichen, sodass die meisten Epen des troischen Sagenkreises Homer zugeschrieben wurden.

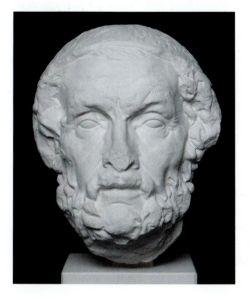

Bildnis des Homer im Blindentypus. Ny Carlsberg Glyptothek, Kopenhagen. Gipsabguss, Archäologisches Institut der Universität Göttingen.

Die »Totenmaske des Agamemnon« entdeckte Heinrich Schliemann 1876 in einem Fürstengrab bei Mykene.

Homers *Ilias* und *Odyssee* galten in der Antike als das Schulbuch schlechthin: Die römischen Schülerinnen und Schüler mussten Teile dieser Epen auswendig lernen. Für die Antike stand die historische Wahrheit der Erzählungen Homers außer Frage.

25 Heute streiten sich die Wissenschaftler über die historische Bedeutung Trojas: Troja liegt im Nordwesten der Türkei am Eingang der Dardanellen, der Durchfahrt zwischen Mittelmeer und Schwarzem Meer. Die Besiedelung Trojas geht auf das dritte Jahrtausend zurück; Brände, Erdbeben und Kriege zerstörten die Stadt immer wieder und immer wieder wurde sie aufgebaut. Um 1100 v. Chr.
30 wurde Troja schließlich verlassen. Homer hat also die Heldengeschichten einer Epoche erzählt, die in eindrucksvollen Ruinen und Erzählungen noch lebendig war.

Jahrhunderte waren über Troja hinweggegangen, bis der deutsche Kaufmann Heinrich Schliemann im 19. Jahrhundert mit Grabungen auf dem Hügel Hisar-
35 lik begann. Als er große Mauern fand, war er sich sicher, das Troja der *Ilias* gefunden zu haben. Den Goldschatz, den er entdeckte, nannte er – nach dem sagenhaften König von Troja – rasch »Schatz des Priamos«. Die Angaben, die Homer in der *Ilias* zur Lage Trojas macht, treffen aus heutiger Sicht für das

8. Jahrhundert v. Chr. in etwa zu. Am Computer erscheint Troja in immer neuen Rekonstruktionen. Über die Einschätzung, wie bedeutend Troja war, gibt es unterschiedliche Auffassungen: Manche meinen, Troja sei tatsächlich eine bedeutende Handels- und Residenzstadt mit Burg und großer Unterstadt gewesen, andere hingegen sind der Auffassung, Trojas Größe werde weit überschätzt. Die Geschichten um Troja bleiben also spannend.

1. Suchen Sie (in Lexika, im Internet) nach möglichst vielen Geschichten des troischen Sagenkreises, die zwischen der Hochzeit der Thetis und des Peleus und der Heimkehr des Odysseus einzuordnen sind.
2. Zu dem Zeitpunkt, da Sie dieses Buch in der Hand haben, hat die Erforschung Trojas schon wieder zu neuen Erkenntnissen geführt. Versuchen Sie den neusten Stand der Forschung zu ermitteln.

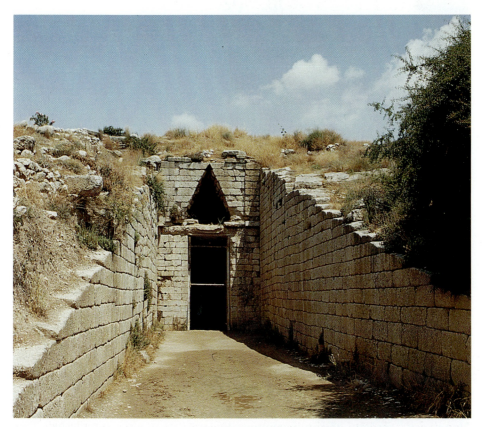

Heinrich Schliemann grub in Mykene große Königsgräber aus, die er rasch den Helden aus Homers *Ilias* zuordnete: Das Schatzhaus des Atreus, das gelegentlich auch als »Grab des Agamemnon« bezeichnet wird, ist das berühmteste und größte Kuppelgrab von Mykene.

Im Bauch des Pferdes   10

Vortext

Decem annōs Graecī Trōiam oppūgnābant.
Decem annōs Graecī et Trōiānī māgnā virtūte dēcertābant
et multī eōrum occidēbant.
Decem annōs mulierēs mortem coniugum
5 et sortem suam dēplōrābant.
Sed decimō annō vir callidus dolum invēnit:

dēcertāre, dēcertō: auf Leben und Tod kämpfen

dēplōrāre, dēplōrō: beklagen

Das »Trojanische Pferd«, modern. Aufgestellt beim Ausgrabungsgelände von Troja.

Im Bauch des Pferdes

Īdomeneus:	Audīte! Trōiānī cantant! Eōs dēcēpimus.
	Dolus bene successit.
	Cantant, clāmant, »victōriam« celebrant.
Ulixēs:	Tacē! Tuā māgnā vōce nōs prōdis!
5	Nōndum vīcimus!
Īdomeneus:	*(leise)* Nōnne gaudēre licet?
	Nōs nunc in forō Trōiae esse putō. –
	Sed vērum dīcis; cavēre dēbēmus.
	Māgnō in perīculō fuimus. Ista Cassandra!
10 Menelāus:	Trōiānī iterum iterumque dē equō cōnsulēbant,
	cum Cassandra postulāvit:

succēdere, succēdō, successī: gelingen

ista *Nom.Sg.f.*: diese (verfluchte)

Lektion 10: Im Bauch des Pferdes

		»Equum in mare iacite, iacite in mare!«	**mare** *Akk. Sg. n.*: Meer
		Tum tū, Ulixēs, mihi odiō fuistī. –	
15		Tū et tua prūdentia! Tum tē numquam vīdisse	
		cupīvī.	
	Ulixēs:	At Trōiānī equum in urbem trāxērunt.	
		Nōnne dolus meus vīcit?	
		Sed vōs, praecipuē Achillēs vester,	**praecipuē** *Adv.*: besonders
20		sōlum armīs et rōbore corporis pūgnāre	
		in animō habēbātis.	
	Īdomeneus:	Achillēs mortuus est, dēsine ei maledīcere,	**maledīcere,** maledīcō *m. Dat.*: jdn. verleumden; jdn. beschimpfen
		impie!	
	Menelāus:	Dēsinite iurgāre!	
25		Nōndum Sinōn sīgnum dedit,	**iūrgāre,** iūrgō: streiten
		nōndum Trōiam expūgnāvimus …	
	Ulixēs:	Trōiam expūgnābimus.	**expūgnābimus:** wir werden erobern
		Nam Trōiānīs prūdentia nōn est,	
		quod Sinōnī crēdidērunt.	
30		Nārrāvit enim iīs	
		nōs Graecōs Trōiam relīquisse	
		et equum Minervae deae dōnō dedisse.	
		Addidit etiam:	
		»Trahite equum Minervae in urbem	
35		vestram!«	
		Sed Cassandra Trōiānōs dētinēbat.	
	Īdomeneus:	Sinōnem audīvī,	
		sed cūr Trōiānī nōs nōn audīvērunt?	
		Quamquam nōs	
40		māgnō cum strepitū armōrum	**strepitū** *Abl.*: Lärm
		in equō concidimus dolōribusque gemuimus,	
		Trōiānī nihil audiēbant.	
	Ulixēs:	Deī nōs adiūvērunt!	
		Sed … audiō aliquem venīre, tacēte!	**aliquem** *Akk.*: jemanden
45	Helena:	*(kommt und klopft an das Pferd)* Menelāe	
		cārissime …	**cārissime:** liebster
	Menelaus:	Hel …	
		(Odysseus hält ihm mit der Hand den Mund zu)	
	Helena:	Nōnne mē audīs, Menelāe? Mēcum venī.	
50		Spartam redeāmus!	**redeāmus:** wir wollen zurückkehren
		Decem annōs Graecī et Trōiānī pūgnābant,	
		egō sum causa dolōrum tantōrum.	
		Dēsinite pūgnāre!	
		Nam domum redīre parāta sum.	

	Paris mē dolō rapuit,
55	saepe dolēbam mē cum eō Trōiam abīsse. –
	Cūr tacēs?
Menelāus:	Hmmmm …
Helena:	Num mē sōlam Trōiae relinquere vīs? **vīs:** du willst
60	Ō mē miseram! *(geht weg)*
Ulixēs:	Audīte: Sinōn sīgnum dedit!
	Claustra equī aperīte! **claustra,** ōrum *n.*: Klappe, Verschluss
	Venīte, properāte! Is diēs Trōiae ultimus est!

■ Nēmō ante mortem beātus.

1 1. Charakterisieren Sie die Situation des Trojanischen Krieges, wie sie in den ersten drei Sätzen des Vortextes beschrieben wird. Inwiefern unterstreicht die sprachliche Gestaltung die inhaltlichen Aussagen?
2. Welche Änderung tritt schließlich mit dem vierten Satz (Z. 6) ein?
3. Bestimmen Sie die Kasusfunktionen der Formen von *annus* in *decem annōs* (Z. 1, 2, 4) und *decimō annō* (Z. 6).
4. Welcher Zusammenhang besteht zwischen dem Tempusgebrauch und den Zeitangaben in den vier Einleitungssätzen des Textes?

2 1. Welche Charaktereigenschaften des Odysseus zeigen sich im Text? (Für Kenner der *Odyssee*: Wo zeigt Odysseus diese Eigenschaften auch bei der Heimfahrt?)
2. Welche Rolle spielt Helena für den Trojanischen Krieg, welche in diesem Gespräch?
3. Welche Stimmung herrscht im Innern des Pferdes am Anfang des Gesprächs und wie ändert sie sich im weiteren Verlauf? Belegen Sie Ihre Antwort auch mit Beobachtungen an der äußeren Form der Sätze.

3 Nennen Sie aus dem Text je ein Beispiel für eine rhetorische Frage, ein Trikolon, eine Klimax, eine Anapher und einen Chiasmus. Was bewirkt das Stilmittel jeweils?

4 Tragen Sie die Formen aus dem Vorrat in die Tabelle ein und vervollständigen Sie diese.

Präsens	Imperfekt	Perfekt

Vorrat: relīquit – habēbam – addidī – dedērunt – est – poterāmus – cantās – occidimus – dēsunt – crēdēbātis – rapuistī – abeunt.

Lektion 10: Aufgaben

5 Bestimmen Sie die folgenden Verbformen und wandeln Sie sie ins Imperfekt um.

cantant – audīs – trāxistis – dedit – abīmus – nārrāvimus – estis – relinquit – potuistī – taceō – gemunt.

6 Stellen Sie alle Imperfektformen aus dem Text zusammen. Unterscheiden Sie zwischen länger andauernden (durativen), wiederholten (iterativen) und versuchten (conativen) Handlungen. Tragen Sie auch die entsprechenden Signalwörter – falls vorhanden – in eine Tabelle nach folgendem Muster ein.

durativ		iterativ		de conatu	
decem annōs	oppūgnābant				

7 1. Nennen Sie aus dem Lektionstext je ein Beispiel für den datīvus possessīvus und den datīvus fīnālis.

2. Übersetzen Sie.

a) Tantalō, fīliō Iovis, vīta, quam cum deīs agēbat, māgnō gaudiō erat.
b) Nam ei cūnctae rēs, quās possidēre cupiēbat, erant.
c) Potentia Iovis, deī maximī, Tantalō timōrī nōn erat.
d) Nam amīcitiam deōrum sibi salūtī esse putābat.
e) Sed nunc deīs odiō est.
f) Saxum, quod capitī impendet, ei terrōrī est.
g) Nunc timor ei semper est.

amīcitia, ae *f.*: Freundschaft – **saxum**, ī *n.*: Felsblock – **impendēre**, impendeō *m. Dat.: über etw.* hängen, drohen

8 Wie hieß Paris' Vater, der König von Troja? Bilden Sie die geforderten Formen und schreiben Sie diese untereinander. Von links oben nach rechts unten ergibt sich in der Diagonalen sein Name.

a) 1. Person Singular Präsens von properāre.
b) 1. Person Singular Perfekt von crēdere.
c) Imperativ Plural von ēligere.
d) 1. Person Singular Imperfekt von errāre.
e) 1. Person Plural Präsens von iubēre.
f) 1. Person Plural Imperfekt von dare.
g) 2. Person Plural Perfekt von esse.

Geografie und Seefahrt

Seit dem 5. Jahrhundert v. Chr. bemühten sich vor allem griechische Forscher um Geografie, um die Erkundung und Beschreibung der Erde. Aristarch aus Samos (320–250 v. Chr.) erkannte, dass sich die Erde als Kugel um die Sonne dreht. Eratosthenes (276–194 v. Chr.) berechnete den Erdumfang dadurch, dass er die Schattenlänge in Alexandria mit derjenigen im 800 km entfernten Assuan im Süden Ägyptens verglich. Um nur 77 km weicht sein Ergebnis von dem Wert ab, den modernste Messungen ergeben (40077 km). Das römische Militär verfügte über hervorragend geschultes Personal zur Landvermessung und zur Anfertigung von Militärkarten; weil aber die Weitergabe militärischer Geheimnisse unter schwerer Strafe stand, ist Kartenmaterial aus der Antike kaum erhalten.

Von den römischen Schriftstellern können wir keine präzisen geografischen Angaben erwarten, da sie keine sachlichen Informationen weitergeben, sondern vor allem die Überlegenheit der römischen Kultur gegenüber anderen Kulturen darstellen wollten.

Allerdings mussten Beamte, Kaufleute und Heere wissen, wo sie benötigt wurden, welche Entfernung zwischen Städten die kürzeste war, um möglichst schnell Hilfe zu leisten oder die benötigten Güter zu liefern. Das Warenangebot erstreckte sich z. B. auf Bernstein von der Ostseeküste, Seide aus China und Elfenbeinschmuck aus Afrika. Römische Handelsstützpunkte befanden sich in Indien, Sri Lanka und wahrscheinlich sogar in Indochina. Es reichte aber offensichtlich aus, wenn eher abstrakte Karten eine ungefähre Richtung und die Entfernung zum nächsten Orientierungspunkt angaben.

Zwar war das hervorragend ausgebaute Straßennetz sehr dicht, doch konnte man mit Schiffen größere Mengen zu einem noch viel günstigeren Preis transportieren. So brachte der ägyptische Lastsegler Isis 1000 t Getreide in sieben Tagen von Alexandria nach Rom.

Einen fahrplanmäßigen Personentransport per Schiff oder gar Kabinen gab es nicht. Wer verreisen wollte, musste von Schiff zu Schiff laufen, sich nach dem Fahrtziel erkundigen und gegebenenfalls darum bitten, mitgenommen zu werden. Für das ausgehandelte Fahrgeld erhielt er einen Platz auf dem Deck; wenn Frauen an Bord waren, hängte man vor ihnen manchmal Segel als Sichtschutz auf; denn die Matrosen arbeiteten üblicherweise unbekleidet. Die Versorgung mit Trinkwasser war im Transportpreis inbegriffen. Zwieback und Trockenfisch konnte man an Bord kaufen. Die Brandgefahr auf den Holzschiffen war so groß, dass warme Speisen entweder an Land oder außenbords auf einer durch Ziegel isolierten Kochstelle zubereitet wurden.

Lektion 10: **Geografie und Seefahrt** 75

Nachbau eines römischen Kriegsschiffes aus dem 4. Jh. n. Chr. Museum für Antike Schifffahrt, Mainz.

Trotz aller Vorsichtsmaßnahmen war die Seefahrt sehr gefährlich. Einen Kompass gab es noch nicht; nur die Sterne gaben Anhaltspunkte dafür, wo man sich gerade befand. Mit einem Astrolabium konnte man die ungefähre Position, auf der man sich befand, dadurch ermitteln, dass man den Horizont und Fixsterne zugleich anpeilte (s. Abb. S. 77). Tagsüber wurde mit einem Gnomon, einer Art Sonnenuhr, die Schattenlänge gemessen, sodass man wenigstens den Norden festlegen konnte. Bei Bewölkung bestand jedoch größte Gefahr, in die falsche Richtung zu fahren. Auch Leuchttürme und Leuchtfeuer versprachen nicht immer Hilfe, da Seeräuber bisweilen Feuer entfachten, um Handelsschiffe zum Stranden zu bringen. Stürme rissen Schiffe, die schon den rettenden Hafen vor Augen hatten, wieder auf die hohe See hinaus. Selbst erfahrene Seeleute wie der sagenhafte Odysseus waren den Wogen ausgeliefert. Das größte Risiko bestand im Winter; nur ganz Mutige setzten sich in dieser Jahreszeit den Stürmen aus. Zwar gab es Rettungsboote; die meisten Passagiere mussten jedoch, wenn ihr Schiff unterging, schwimmen und hoffen, dass sie gerettet würden. Einen offiziellen Rettungsdienst kannte man noch nicht. Eine Verlustquote von 20 Prozent der Schiffsladung wurde einkalkuliert.

Lektion 10: Geografie und Seefahrt

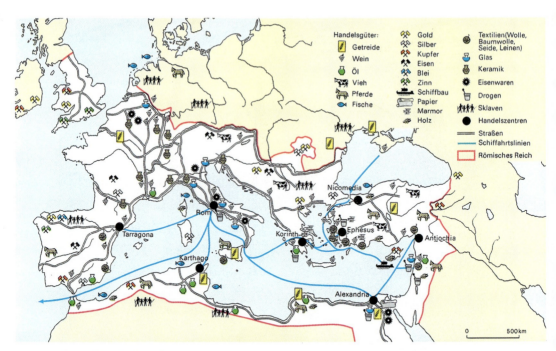

Oben: Wirtschaft und Handel in der römischen Kaiserzeit.

Via Appia. Älteste römische Fernstraße, mit deren Bau um 312 v. Chr. begonnen wurde. Sie führte zunächst von Rom nach Capua und wurde später bis nach Brundisium (Brindisi) verlängert.

Astrolabium, vermutlich von dem Mathematiker und Astronomen Regiomontanus (eigtl. Johannes Müller), Nürnberg, um 1450/1460. Deutsches Museum, München.

55 Elf Kriegsflotten sicherten Meere und Flüsse gegen Seeräuber (lat. *piratae*). Wenn es Piraten gelang, den Handel mit Getreide zu unterbrechen, hatte dies katastrophale Folgen für die Einwohner großer Städte – und vor allem Roms. Die Überlegenheit der römischen Kriegsflotten ergab sich aus ihren Rammspornen, mit denen sie gegnerische Schiffe manövrierunfähig machten oder
60 versenkten. Außerdem verlegten die Römer das Schlachtfeld aufs Meer: Seit dem 3. Jahrhundert v. Chr. befanden sich 12 m lange, hochziehbare Enterbrücken (lat. *corvus:* »Rabenschnabel«) auf römischen Kriegsschiffen, die auf das Deck gegnerischer Schiffe fallen gelassen wurden, wenn geschulte Mannschaften das römische Schiff dicht genug an den Gegner herangerudert hatten. Ein
65 Metalldorn in der Brücke hielt das feindliche Schiff fest; so konnten es die römischen Soldaten stürmen. Zusätzlich befanden sich auf römischen Kriegsschiffen Türme und Katapulte, mit denen sogar brennende Geschosse auf einen Gegner geschleudert werden konnten.

1. Weshalb sind keine genauen geografischen Informationen aus der Antike bekannt?
2. Welche Risiken drohten einem antiken Matrosen?
3. Worauf gründete sich die militärische Schlagkraft der römischen Flotte?

Dido und Aeneas 11

Post interitum Trōiae –
postquam exercitūs Graecōrum urbem expūgnāvērunt
et incendērunt –
Aenēās, fīlius Anchīsae Trōiānī et Veneris deae,
5 cum Anchīsā patre, Iūlō fīliō paucīsque sociīs Trōiā effūgit.
Iussū deōrum in Italiā patriam novam quaerere dēbēbat.
Trōiānī, postquam longōs errōrēs et multa perīcula
māgnā cum virtūte superāvērunt,
tandem ōrae Italiae appropinquāvērunt.
10 Iam terra in cōnspectū erat,
iam sē timōre atque metū līberātōs esse gaudēbant,
cum subitō māgna tempestās coorta est:
in flūctibus multae nāvēs periērunt.

Aegrē Trōiānī nāvēs ad Āfricam appulērunt,
15 ubi Dīdō rēgīna rēgnābat.
Ea Trōiānōs naufragōs amīcissimē accēpit.
Ubi prīmum dē interitū Trōiae audīvit,
»Urbem novam, hospitēs«, inquit, »aedificāre coepī.
Sī Carthāgō, urbs nova, vōbīs placet,
20 nōbīscum in Āfricā manēre vōbīs licet.«

Trōiānī aliquamdiū Carthāgine vīvēbant
et novā patriā valdē contentī erant.
Dīdō Aenēam amābat, Aenēās Dīdōnem amābat.
Dē rēgiā urbem novam spectābant,
25 cōnspectus domuum pulchrārum eīs māgnō gaudiō erat,
erant laetī beātīque.

Aliquandō autem Mercurius, nūntius deōrum, Aenēam
adiit:
»Īra deōrum māgna est, Aenēā!
30 Cūr tam diū in Āfricā manēs?
Cūr nōn in Italiā patriam novam quaesīvistī,
ut deī iusserant?
An īgnōrās Iovem gentī tuae rēgnum Italiae
– quīn etiam rēgnum orbis terrārum – prōmīsisse?
35 Relinque Carthāginem, relinque Dīdōnem!«

errōr, oris *m.*: *hier:* Irrfahrt

līberātus, a, um: befreit
coorta est: erhob sich, brach aus

appulērunt: sie lenkten
naufragus, a, um: schiffbrüchig; der Schiffbrüchige
amīcissimē *Adv.*: sehr freundlich
coepī: ich habe angefangen
aliquamdiū *Adv.*: eine Zeit lang

iusserant *Plusqu. von iubēre:* sie hatten …

Lektion 11: **Dido und Aeneas**

Dido und Aeneas in Karthago. Gemälde von Claude Lorrain (1600–1682).

Aenēās, quamquam maestus erat,
quod ei Carthāgine manēre nōn licēbat,
tamen reverentiā deōrum commōtus pāruit **commōtus**, a, um:
et Āfricam relīquit. bewegt

40 Dīdō, postquam Trōiānōs altum petīvisse vīdit, **altum petere**, petō (*Perf.*:
 manūs ad caelum porrēxit māgnāque vōce clāmāvit: petīvī): in See stechen
 »Ō deī, cūr tam saevī estis? **porrigere**, porrigō (*Perf.*:
 Cūr Aenēam mē relīquisse permittitis? porrēxī): ausstrecken
 Et tū, Aenēā!

45 Nōnne egō tē, cum naufragus hīc appulsus erās, **appulsus erās:** du warst
 amīcissimē accēpī? gestrandet
 Nōnne tē mē amāre iterum atque iterum dīcēbās?
 Nōnne egō tē ex animō amābam?
 Ingrātus es et falsus!

50 Nunc omnibus rīsuī sum,   **omnibus** *Dat. Pl.*: allen
    quod mē relīquistī.
    Tū mihi odiō es,
    tū causa interitūs meī es …«
    Tum Dīdō suā manū occidit.

55 Trōiānī autem in Italiā patriam novam invēnērunt.

■ Patria est, ubicumque bene.   **ubicumque**: wo auch immer
■ Ubī bene, ibī patria.
■ Ubī tū Gāius, ibī egō Gāia.
■ Manus manum lavat.   **lavāre**, lavō: waschen

»Bau von Karthago – Dido und Äneas«. Gemälde von Thomas Schmid. Saal des Abtes David von Winkelsheim, Kloster St. Georgen, Stein am Rhein. Dido in Begleitung ihres Gefolges zeigt Aeneas Karthago. Im Hintergrund wird ein zeitlich später stattfindendes Ereignis vorweggenommen: Dido, die sich auf einem Scheiterhaufen mit Aeneas' Schwert den Tod gibt.

Vergleichen Sie diese Abbildung mit der Abbildung S. 79: Wie ist die Stadt Karthago jeweils dargestellt?

Lektion 11: Aufgaben

1 Beschreiben Sie die Situation der Trojaner zu Beginn des Lektionstextes (Z. 1–13). Zitieren Sie lateinisch geeignete Textstellen.

2 »Aeneas in Karthago«: So könnte man die Zeilen 14–39 überschreiben:
  1. Informieren Sie sich über die geografische Lage, die Geschichte und die Bedeutung Karthagos.
  2. Wie entwickelt sich der Aufenthalt der Trojaner in Karthago? Zitieren Sie die zentralen lateinischen Formulierungen.
  3. Welches Ereignis markiert die entscheidende Wende während des Aufenthaltes?
  4. Untersuchen Sie, in welchen Abschnitten das Perfekt vorherrscht, in welchen das Imperfekt. Erklären Sie jeweils die Verwendung der unterschiedlichen Tempora.
  5. Mit welchen Stilmitteln wird die inhaltliche Aussage hervorgehoben? Welche Wirkung wird jeweils durch die Stilmittel erzielt?

3 Finden Sie (deutsche) Überschriften für die einzelnen Textabschnitte.

4 »*Iussū deōrum*« (Z. 6): So sei Rom gegründet worden, glaubten die Römer.
  1. Welche einzelnen Handlungen werden im Lektionstext damit begründet?
  2. Welche Bedeutung für das römische Selbstverständnis hatte dieser Glaube? Lesen Sie hierzu auch den Informationstext.

5 1. In welcher Stimmung befindet sich Dido im vorletzten Absatz des Lektionstextes (Z. 40–54)? Wie wird ihre Stimmung sprachlich vermittelt?
  2. Warum verlässt Aeneas Karthago?
  3. Wie beurteilen Sie sein Verhalten?

6 Stellen Sie alle adverbialen Bestimmungen der Zeit aus dem Lektionstext zusammen und sortieren Sie sie nach den Füllungsarten »präpositionale Verbindung«, »Adverb«, »Gliedsatz«.

7 Ersetzen Sie die Formen von *timor* durch die entsprechenden von *metus*, die Formen von *mors* durch die von *interitus*, die Formen von *vīlla* durch die von *domus* und die Formen von *turba* durch die von *manus*.

timor, timōre, timōrī; mortem, mortis, morte; vīllīs, vīllārum, vīllae; turba, turbā, turbam, turbae.

8 Schreiben Sie in Ihr Heft und ergänzen Sie die fehlenden Endungen.

exercit▮ Rōmānō, flūct▮ māgnī, soci▮ vestrōs, tempestāt▮ saevās, manu▮ parvae, vulner▮ meī, met▮ falsō, dom▮ pulchram, gent▮ vīcīnīs, exercit▮ vestrōrum.

9 Ein Wort passt (aus sachlichen oder grammatischen Gründen) nicht in die Reihe. Suchen Sie das »schwarze Schaf« und begründen Sie Ihre Anwort.

a) Anapher – Chiasmus – Trikolon – rhetorische Frage – Lokativ – Alliteration – Klimax.
b) metum – domum – perīculum – animum – hospitium – dolum – iterum – equum.
c) occidit – dēsiit – rapuit – effūgit – permīsit – fuit – relīquit.
d) aperuimus – doluimus – habuimus – dētinuimus – timuimus.

10 1. Welche dieser Genitive sind als genitīvī subiectīvī, welche als genitīvī obiectīvī zu identifizieren? Bei welchen sind beide Auffassungen möglich?
2. Übersetzen Sie die Ausdrücke.

īra deōrum, metus Dīdōnis, rēgnum orbis terrārum, amor Aenēae, reverentia deōrum.

11 Aeneas reiste so plötzlich aus Karthago ab, dass in der Eile des Aufbruchs einige Subjunktionen über Bord gingen und die Sätze durcheinander gerieten. Ordnen Sie den Hauptsätzen in der linken Spalte Gliedsätze der rechten Spalte zu, indem Sie jeweils eine der folgenden Subjunktionen einsetzen. Übersetzen Sie die neu entstandenen Satzgefüge. Geben Sie jeweils die semantische Funktion der Gliedsätze an.

Subjunktionen:

cum, postquam, quamquam, quod, sī, ubī, ut.

Menelāus valdē īrātus fuit.	Ulixēs dolum invēnit.
Tamen urbem expūgnāre nōn poterant.	Poetae nārrant.
Dīdō rēgīna urbem novam aedificābat.	Trōiānī ōrae Āfricae appropinquāvērunt.
Hominēs pārēre dēbent.	Vīdit uxōrem Trōiam abīsse.
Graecī equum līgneum aedificāvērunt.	Valdē eam amābat.
Paris Helenam rapuit.	Graecī decem annōs Trōiam oppūgnābant.
Graecī tandem Trōiānōs superāvērunt.	Deī aliquid iubent.

poēta, ae *m.*: Dichter – **līgneus,** a, um: hölzern, aus Holz

Römisches Selbstverständnis und Sendungsbewusstsein

»Geh und melde den Römern, die Himmlischen wünschten, dass mein Rom die Hauptstadt der Welt sei; sie sollen deshalb das Kriegswesen pflegen und wissen und es so auch ihren Nachkommen weitergeben, dass sich keine menschliche Macht den römischen Waffen widersetzen könne« – dies soll Romulus, der sagenumwobene Gründer der Stadt, nach der Überlieferung des Livius (I 16,7) gesagt haben, nachdem er unter die Götter aufgenommen worden war. Livius (59 v. Chr.–17 n. Chr.), der die Geschichte des Römischen Reiches von der Stadtgründung *(ab urbe condita)* bis zu seiner Gegenwart niederschrieb, lebte allerdings erst 700 Jahre später; er konnte kaum wissen, was Romulus – wenn er überhaupt gelebt hat – wirklich gesagt hat. Livius schrieb vielmehr aus der Rückschau und legte Romulus diesen Auftrag an seine Nachfahren in den Mund.
Am Ende des 1. Jahrhunderts v. Chr. beherrschte Rom nach vielen erfolgreichen Kriegen die damals bekannte Welt; kein Wunder, dass die siegreichen Römer ebenso wie die besiegten Feinde den Eindruck hatten, auch die Götter unterstützten die Römer, die sich selbst als Herren der Welt und Rom als deren Hauptstadt *(caput mundi)* betrachteten. Außerdem schien der Expansion des Römischen Reiches geradezu ein göttlicher Auftrag zugrunde zu liegen: Bis ins 3. Jahrhundert v. Chr. kämpften die Römer um die Vorherrschaft in Italien, im 2. Jahrhundert hatten sie ihre Konkurrenten in Nordafrika (Karthago) und in Griechenland (Makedonien) ausgeschaltet, zur Zeit des Kaisers Augustus (er regierte 27 v. Chr.–14 n. Chr.) beherrschten sie bereits die Länder um das Mittelmeer und Frankreich. Die größte Ausdehnung erfolgte unter Kaiser Trajan (98–117), als sich das Römische Reich von Schottland bis nach Mesopotamien, in das Zweistromland, und vom Schwarzen Meer bis nach Marokko erstreckte.
Nun schien vollendet, was der Dichter Vergil, ein Freund des Kaisers Augustus, in seiner *Aeneis*, dem römischen Nationalepos, niedergeschrieben hatte. Als Aeneas, der aus dem zerstörten Troja entkommen war, in der Unterwelt die Zukunft seines Geschlechts vorhergesagt wurde, vernahm er:

Tu regere imperio populos, Romane, memento – hae tibi erunt artes – pacique imponere morem, parcere subiectis et debellare superbos.	Du, Römer, denke daran, die Völker mit deiner Befehlsgewalt zu beherrschen – dies wird dein Handwerk sein – und dem Frieden deine Ordnung aufzuerlegen, die Unterworfenen zu schonen und die Überheblichen niederzuwerfen.

Vergils Verse zeigen, dass es dem römischen Selbstverständnis nicht nur entsprach, die Welt zu unterwerfen, sondern auch Milde walten zu lassen. Zwar er-

Titusbogen, Rom.

hielten die besiegten Völker kein Bürgerrecht und mussten Abgaben leisten, aber Rom nahm sie in ein Treueverhältnis *(fides)* auf. Der siegreiche Feldherr galt als ihr Schutzherr *(patronus)*; von ihm wurde erwartet, dass er im Senat die
40 Interessen seiner Schutzbefohlenen *(clientes)* vertrat, mochten sie Bürger oder Unterworfene sein. Da es als eine Auszeichnung galt, möglichst viele Klienten zu haben, setzten sich viele Patrone intensiv für ihre Klientel ein. So verteidigte Cicero die Einwohner Siziliens gegen den römischen Provinzstatthalter Verres, der sich in seinem Amt allzu skrupellos bereichert hatte. Die Tatsache, dass es
45 immer wieder Prozesse gab, in denen Provinzbewohner die Rückerstattung ihres Eigentums forderten (Repetundenprozesse), zeigt das hohe Maß an Amtsmissbrauch.
Die Römer empfanden eine starke Verpflichtung gegenüber ihren Bundesgenossen. Cicero behauptete, Rom sei dadurch zur Weltmacht geworden, dass es
50 seine Bündnispartner verteidigt habe, und zwar stets in einem »gerechten Krieg«

(bellum iustum). Das entscheidende Kriterium für einen »gerechten Krieg« war die korrekte Beachtung aller religiösen Vorschriften. Sie sollte dafür sorgen, dass die Götter den Römern gewogen waren – und blieben.

Hatten die Römer schließlich einen Krieg gewonnen und war der Feldherr von seinen Soldaten als *imperator* ausgerufen worden, so durfte er einen prächtigen Triumphzug in Rom feiern. Dessen Höhepunkt bildete ein feierliches Opfer für Iuppiter Optimus Maximus auf dem kapitolinischen Hügel; damit sollte dem Gott für die errungenen Siege gedankt und gleichzeitig die zukünftige Überlegenheit des römischen Volkes gesichert werden. Zwar gab es auch in anderen Städten Italiens Tempel für Iuppiter; die Einwohner Roms waren jedoch aufgrund ihrer Erfolge sicher, dass ihr Iuppiter der »beste« und »größte« war. Also war es nur logisch, dass sie die Unterworfenen »romanisierten«, d.h., dass sie ihre Schrift, Sprache, Gesetze, Lebensweisen und auch Baustile erst in Italien und dann auch in den Provinzen heimisch machten. Die römische Lebensweise übte zudem eine große Integrationskraft auf die Besiegten aus und verhalf ihnen dazu, ein Teil des Volkes zu werden, das sich als Herr der Erde empfand.

1. Informieren Sie sich über den Ablauf eines römischen Triumphzuges.
2. Gibt es in unserer Zeit Parallelen zu den antiken Triumphzügen?
3. Weshalb empfanden sich die Römer als Herren der Erde?
4. In welchen Phasen erfolgte die Expansion des Römischen Reiches *(imperium Romanum)*?
5. Erläutern Sie den Begriff »Romanisierung«.

Mark Aurel, röm. Kaiser 161–180, als Triumphator. Relief, 2. Jh. n. Chr. Kapitolinische Museen Rom.

Die Gründung der Stadt Rom 12

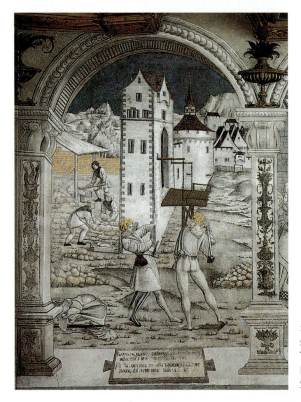

»Gründung Roms – Romulus erschlägt Remus«. Gemälde von Thomas Schmid. Saal des Abtes David von Winkelsheim, Kloster St. Georgen, Stein am Rhein.

Rōmulus et Remus Albam oppidum, ubī habitāverant,
relīquērunt, quod urbem novam condere cupiēbant.
Ille in monte Palātiō, hic autem in monte Aventīnō
locum idōneum quaesīvit.
5 Illī urbis nōmen Rōmae, huic Remūriae placuit.
Pāstōrēs, quī in eā regiōne vīvēbant,
illīus ingenium, audāciam huius laudābant.
Huic māgnum corporis rōbur, illī māgnam sapientiam
esse putābant.

10 Frātrēs saepe inter sē dē prīncipātū certābant.
Nēmō autem istam contrōversiam fīnīre potuit,
quia māgna cupīdō rēgnī et Rōmulum et Remum invāserat.
Tandem Numitor avus, quem frātrēs cōnsuluerant,
»vulturēs«, inquit, »illīs antīquīs temporibus,   **vultur,** is *m.*: Geier
15 dē quibus māiōrēs nārrāvērunt,

auspicium saepe faciēbant.
Māiōrēs enim ex cōnsiliō eōrum,
quī māgnum numerum vulturum vīderant
aut hōrum volātum interpretārī potuerant,
20 saepe urbēs condidērunt.
Auspicium capere deīs etiam hōc tempore certē placet.
Auspicium igitur capite!«
Hoc cōnsilium frātribus valdē placuit.

Mox pāstōrēs illum in Palātiō,
25 hunc in Aventīnō vulturēs exspectāre vīdērunt.
Diū hīs locīs vulturēs exspectābant,
cum subitō Remus vocāvit:
»Vidēte! Sex vulturēs! Sex vulturēs advolant!«
Multitūdō pāstōrum, postquam hōs vulturēs vīdit,
30 māgnā vōce Remum vīcisse vocāvit.
Quī iam victōriam suam celebrāvit, cum Rōmulus:
»Duodecim, vidēte, duodecim vulturēs adsunt!« clamāvit.
Pāstōrēs, quī haec audīverant, hunc vīcisse cōnsēnsērunt,
illum relīquērunt, in Palātium abiērunt.

35 Hōc locō Rōmulus iam bovī iugum imposuerat,
quō sulcum facere coepit.
Tum pāstōribus:
»Deī«, inquit, mē hanc urbem condere
et vōbīs sēdēs certās atque patriam novam dare iussērunt.
40 Itaque nunc sulcum faciō, quī fīnis patriae nostrae est.
Hostis est, quī hunc sulcum trānsit aut trānsīre cupit.«
Remus, quī haec audīverat, rīsit: »Ō Rōmule frāter,
putāsne rē vērā istum sulcum hostibus terrōrī esse?
Ūnō pēde eum transīre
45 et in istam patriam invādere possum!«

Vix pēdem in sulcō posuerat,
cum Rōmulus gladium strīnxit
et Remum, frātrem suum, ante pāstōrum oculōs necāvit.
Hīs, quibus iste cōnspectus terrōrī erat, Rōmulus:
50 »Hōc modō«, inquit, »nostram urbem
ab istīs hostibus dēfendere
semper parātī esse dēbēmus!«
Tum Rōmulus urbem, quam condiderat,
ex nōmine suō Rōmam vocāvit.

---

auspicium facere,
faciō: Vorzeichen
verkünden
volātus, ūs *m.*: Flug
interpretārī: deuten, auslegen
auspicium capere,
capiō: ein Wahrzeichen einholen

sulcus, ī *m.*: Furche

■ *Beschluss des Augsburger Religionsfriedens von 1555:*
Cuius regiō, illīus et religiō   **religiō**, ōnis *f.*: Religion

■ *Wo liegt die Grenze?*
Est modus in rēbus, sunt certī dēnique fīnēs.   **dēnique** *Adv.*: schließlich

1 Am Anfang des *imperium Romanum* steht der Streit zweier Brüder.
1. Welche Eigenschaften und Handlungen werden im Lektionstext Romulus, welche Remus, welche beiden zugeschrieben? Zitieren Sie lateinisch.
2. Wo spielt die Handlung? Ziehen Sie eine Karte des alten Rom hinzu.
3. Welche Rolle spielen die *pāstōrēs*, *māiōrēs* und das *auspicium* im Text? Informieren Sie sich über die Bedeutung der Vogelschau bei den Römern.
4. Geben Sie jedem Textabschnitt eine Überschrift und zitieren Sie jeweils die zentralen lateinischen Begriffe.
5. Warum kommt es zum Brudermord? Zitieren Sie lateinisch aus dem Text.

2 Suchen Sie aus dem Text alle lateinischen Begriffe zum Sachfeld »Streit/Auseinandersetzung«. Ordnen Sie diese nach einem Prinzip, das Ihnen sinnvoll erscheint, zu einer Mind Map und prägen Sie sich dabei insbesondere die neuen Vokabeln ein.

3 Schreiben Sie alle Sätze heraus, in denen das Plusquamperfekt vorkommt. Erläutern Sie jeweils unter Einbeziehung des Zusammenhangs, inwiefern in diesen Sätzen die Vorzeitigkeit zu einer vergangenen Handlung ausgedrückt wird.

4 Übertragen Sie folgende Tabelle in Ihr Heft und füllen Sie die freien Kästchen aus.

	Präs. aktiv	Präs. Konjunktiv	Röänen	Präs. aktiv
1. Pers. Sg.			fliehen	possum
2. Pers. Sg.		befehlen	fuerās	
3. Pers. Sg.	lachen	iubet		
1. Pers. Pl.	rīsimus			
2. Pers. Pl.				begehren cupiēbātis
3. Pers. Pl.				

5 Ersetzen Sie folgende Substantive durch die entsprechenden Formen von

a) hic, haec, hoc:
pāstōribus, frātrem, corpora, māiōrēs, rē, bovī, urbem, rōbur, rēgnī.

b) ille, illa illud:
Graecōrum, urbem, patre, cum sociīs, rēgīna, nāvēs, nūntius, deōrum, caelum, dolō, annōs, armōrum, equum, sīgnum, dolōribus.

Lektion 12: Aufgaben

6 Verfahren Sie ebenso wie in Aufgabe 4.

Nom. Sg.				haec filia	
Gen. Sg.					
Dat. Sg.		tantō laborī			
Akk. Sg.	eum hominem				
Abl. Sg.					istā rē
Nom. Pl.					
Gen. Pl.			illōrum dominōrum		
Dat. Pl.					
Akk. Pl.					
Abl. Pl.					

7 Um Abstraktes auszudrücken verwenden römische Philosophen oft substantivierte Adjektive und Pronomina im Neutrum Plural, z.B.:

bona: die guten Dinge, das Gute (»ich glaube an *das Gute* im Menschen«)

Übersetzen Sie.

certa, dūra, falsa, firma, illa, futūra, idōnea, haec, impia, maxima, mea, nova, pauca, pulchra, sua.

8 Suchen Sie das »schwarze Schaf« und begründen Sie Ihre Antwort (es stehen keine Längenzeichen!).

a) huic, ei, illi, hic, hoc, is, qui, iste, eius, illius, illo.
b) amare, certare, controversia, hostis, defendere, necare.
c) frater, pater, filia, avus, filius.
d) mihi, tibi, ego, vos, a vobis, nobiscum, sibi.
e) Romulus, Remus, Alba, Ulixes, Roma, Aventinus, Numitor, Colosseum.
f) eo, hoc, illo, ego, tempore, quo, servo, vita, vestra.

9 Informieren Sie sich, wie die moderne Geschichtswissenschaft die historischen Bedingungen sieht, unter denen Rom gegründet wurde. Ziehen Sie auch den Informationstext zurate.

Romulus und die Frühgeschichte Roms

Rom wurde der Überlieferung nach im Jahre 753 v. Chr. von dem sagenumwobenen König Romulus gegründet. Und das kam angeblich so:
Nachdem Numitor, ein Nachfahre des Aeneas und der rechtmäßige König von Alba Longa, von seinem Bruder Amulius vertrieben worden war, wurde seine
5 Tochter Rhea Silvia gezwungen, ihr weiteres Leben als keusche Priesterin der Vesta (Göttin des Herdfeuers) zu verbringen. Sie sollte keinen legitimen Thronfolger zur Welt bringen, der die Herrschaft des Amulius bedrohen könnte. Eines Tages wurde sie trotzdem durch den Kriegsgott Mars schwanger und gebar die Zwillinge Romulus und Remus. Amulius ließ daraufhin die Kin-
10 der auf dem Tiber aussetzen. Doch der Flussgott Tiberinus trieb sie wohlbehalten ans Ufer, wo sie von einer Wölfin genährt wurden. Schließlich fand sie der Hirte Faustulus und zog sie mit seiner Frau Acca Larentia auf. Als Jugendliche töteten die Zwillinge ihren Onkel Amulius und setzten ihren Großvater Numitor wieder in seine rechtmäßige Stellung ein.
15 Die ersten Einwohner Roms waren flüchtige Sklaven und verarmte Hirten, denen die Stadt ein Asyl bot. Weil es zu wenig Frauen gab, raubten sie schließlich den Sabinern, die zu einem Fest eingeladen worden waren, die Frauen. In dem darauf folgenden Krieg setzten sich eben diese Frauen dafür ein, dass ihre Väter und ihre neuen Ehemänner sich nicht gegenseitig umbrachten. Tatsächlich ka-
20 men die Römer und Sabiner darin überein, dass der Sabinerkönig Titus Tatius gemeinsam mit Romulus herrschen sollte.
Neben vielen Kriegen gegen Nachbarvölker blieb Romulus noch Zeit zu großen innenpolitischen Leistungen: Er ordnete die Volksversammlung, gründete den Senat und teilte das Volk in Plebejer und in adlige Patrizier.
25 Auch die folgenden sechs Könige sollen den römischen Staat geprägt haben: Numa Pompilius führte religiöse Bräuche und Priesterämter ein, Tullus Hostilius und Ancus Marcius organisierten das Heer und machten es zu einer schlagkräftigen Waffe bei den Kämpfen mit Nachbarvölkern, wodurch sich das römische Herrschaftsgebiet erheblich ausweitete. Die letzten drei Könige Tarquinius
30 Priscus, Servius Tullius und Tarquinius Superbus waren Etrusker, die die Stadtverwaltung verbesserten, Handwerker aus der Umgebung für Rom gewannen und durch die Errichtung eines gewaltigen Iuppiter-Tempels die Vormacht Roms demonstrierten. Als jedoch die Familie des letzten Königs tyrannisch herrschte und ein Prinz Lucretia, die Tochter eines vornehmen Aristokraten,
35 vergewaltigte, sollen Adlige die Tarquinier vertrieben haben.
Heutzutage bemühen sich Historiker und Archäologen, die Mythen um die Frühzeit Roms vom historischen Kern zu trennen. Sicher ist, dass spätestens im 8. Jahrhundert v. Chr. erste Siedlungen auf dem Palatin, dann auf den anderen

Die »Kapitolinische Wölfin«. Kapitolinische Museen Rom.

Hügeln errichtet wurden. Die Rivalität der Stämme um die Führung des Gebietes, in dem sich wichtige Handelsstraßen kreuzten und in dem der Tiber bequem überquert werden konnte, fand seinen Ausdruck im sagenhaften Streit zwischen Romulus und Remus.

Der Mittelpunkt des frühen Rom war die Fläche des späteren *forum*, die allerdings im 7. Jahrhundert v. Chr. noch ein Sumpf war und durch die *cloaca maxima* entwässert werden musste. Ursprünglich war nicht klar, wer zu den Römern zählte. Mehrere benachbarte Stämme, die ähnliche Bräuche hatten, verbündeten sich und entwickelten eine gemeinsame Identität. Der Raub der Sabinerinnen symbolisiert ein derartiges Zusammenwachsen latinischer und sabinischer Gemeinden. Die Sage von der Vertreibung der Könige im Jahr 509 v. Chr. schließlich zeigt, dass unter den Königen eine Gruppe selbstbewusster Aristokraten herangewachsen war, welche die staatliche Macht übernehmen konnte.

Die Römer zeichneten sich seit dem Beginn ihrer Geschichte dadurch aus, dass sie von Freunden und Feinden bereitwillig das übernahmen, von dem sie sich einen Vorteil versprachen – militärisch wie technisch. So profitierten sie besonders von den kulturellen Errungenschaften der Etrusker, deren Könige Rom einige Zeit lang beherrschten: Ihre Technik half bei der Trockenlegung des sumpfigen *forum*; von den Etruskern übernahmen die Römer Herrschaftszeichen wie die *fasces*, Rutenbündel, welche die Männer trugen, die einen hohen Beamten begleiteten; die Etrusker hatten die *sella curulis*, den Klappstuhl, auf dem Roms Beamten zu sitzen pflegten, erfunden. Die religiösen Bräuche der Etrusker – vor allem die Beobachtung des Vogelflugs – blieben für die Römer maßgebend, bis sich das Christentum durchgesetzt hatte.

1. Zeichnen Sie den Stammbaum des Romulus.
2. Welche Elemente des römischen Gründungsmythos kennen Sie aus anderen »sagenhaften« Zusammenhängen?
3. In welchen Bereichen machte sich der Einfluss der Etrusker bemerkbar?

Diener und Flötenspieler. Etruskische Wandmalerei in der »Tomba dei Leopardi«, Tarquinia. 1. Hälfte 5. Jh. v. Chr.

Ein unerbittlicher Gläubiger 13

Lūcius:	*(intrat)* Camilla! Bovem vendere dēbēmus – bovem vendere cōgimur.	
Camilla:	Esne vēsānus? Quō modō agrum arēmus?	**vēsānus,** a, um: verrückt
Lūcius:	Nesciō – sed pecūniam Aulō reddī necesse est.	**arēmus:** wir sollen pflügen
5	Īrā Aulī terreor.	**reddere,** reddō: *erschließen Sie die Bedeutung aus* re-dare
Camilla:	Aulus patricius in urbe habitat. Numquam ipse sēdem nostram petīvit. Nōs eī cūrae nōn sumus.	
Lūcius:	Patriciī avārī sunt.	**patricius,** iī *m.*: Patrizier (s. Informationstext)
10	Cūnctī agrī huius ipsīus regiōnis ā patriciīs emuntur, agricolae ab iīs parvō pretiō agrōs suōs vendere cōguntur. Patriciī nōs perdunt!	
Camilla:	Nōn sōlum patriciī ipsī, sed etiam bellum nōs perdit.	
15	Istud bellum causa miseriae nostrae est.	**miseria,** ae *f.*: Elend, Unglück
	Nōnne beātī fuerāmus? Sed subitō bellum fuit. Cōnsulēs cīvēs in arma coēgērunt. Tū mīles erās, ā mē agrī colēbantur,	
20	ā mē līberī ēducābantur,	

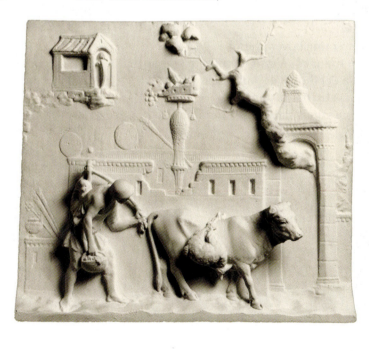

Römisches Relief »Bauer und Kuh«. Glyptothek, München. Gipsabguss, Archäologisches Institut der Universität Göttingen.

	ā mē sitis et famēs eōrum	**pōtiō,** ōnis *f.*:
	pōtiōne et cibō dēpellēbātur.	Trank
	In diēs metū māiōre vexābar.	
	Tamen mē rēs nostrās sine auxiliō tuō	
25	servāre posse putābam.	
	At tempestās cūncta dēlēvit. *(flet)*	
Lūcius:	Quamquam vīta mea crūdēlitāte hostium	
	māgnō in perīculō fuerat,	
	quamquam istud bellum nōn equitēs,	**fēlīciter** *Adv.*:
30	sed nōs peditēs fēlīciter fīnīverāmus, patria,	glücklich
	quam nōs ipsī servāverāmus, nōs nōn bene accēpit.	
	Glōria nōn māgnō cōnstat.	
	Frūmentum, nōn glōria nōbīs dēest.	
Camilla:	Et nunc …	
35	*Subitō ōstium aperītur.*	**ōstium,** ī *n.*: Tür
	Camilla ūnā cum Lūciō clāmat:	
	Mārce! Ab Aulō mitteris!	
Mārcus:	Habētisne pecūniam ab Aulō mūtuam datam?	**mūtua data:**
Lūcius:	Hanc pecūniam hodiē tibi dare possumus,	geliehen
40	alteram …	
Mārcus:	Ab Aulō iterum iterumque adiuvābāminī.	
	Num nunc sōlum partem pecūniae ei datis?	
	Aulus crās tē, Lūcī, in iūs dūcet.	**in iūs dūcet:** er
	Abit.	wird vor Ge-
45	*Lūcius domō exit.*	richt bringen
Camilla:	*(vocat)* Num nunc bovem vendis?	
Lūcius:	Ad patrem tuum eō. Ā quō mē nōn dīligī sciō.	**petam:** *1. Pers.*
	Miseriā ipsā et crūdelitāte Aulī cōgimur:	*Sg. Futur von*
	Auxilium ā patre tuō petam.	petere
50	Fortasse tuae salūtis causā nōs adiuvābit.	**adiuvābit:**
		3. Pers. Sg. Futur
		von adiuvāre

■ Amīcus certus in rē incertā cernitur.

■ Mundus vult dēcipī.

■ Nōsce tē ipsum!

incertus, a, um: unsicher
cernere, cernō: erkennen
vult: er, sie es, will
nōsce = cōgnōsce

Pachtzahlung. Grabrelief aus Neumagen, 3. Jh. n. Chr.

1 1. Wo lebt die Familie des Aulus und der Camilla? Welchem Sachfeld sind viele Wörter des Textes zuzuordnen? Zitieren Sie diese lateinisch.
2. Stellen Sie die lateinischen Ausdrücke zusammen, die etwas über die aktuelle Situation der Familie aussagen.
3. Welche Ursachen für die schwierige Lage der Familie werden genannt?
4. Was wird über die Patrizier ausgesagt?
5. Wovon wird die Familie bedroht?

2 Welche Stilmittel werden in den Zeilen 14–33 verwendet? Welchen inhaltlichen Aspekt betonen sie jeweils?

3 1. Übertragen Sie folgende Tabelle in Ihr Heft und tragen Sie alle Passivformen ein, die im Text vorkommen.

Person	Präsens	Imperfekt
1. Singular		
2. Singular		
3. Singular		
1. Plural		
2. Plural		
3. Plural		
Infinitiv		xxxxxxxxxxxxxxxxxxxxxxxxx

2. Bilden Sie das Präsens und Imperfekt Passiv von:

vexāre, dēpellere.

4 *ipse, ipsa, ipsum* wird bis auf das Neutrum Singular so dekliniert wie *ille, illa, illud*. Einige Formen kommen auch im Text vor, sodass es Ihnen keine Mühe machen wird, folgende Tabelle zu ergänzen, nachdem Sie sie in Ihr Heft übertragen haben.

Kasus	m. Sg.	f. Sg.	n. Sg.	m. Pl.	f. Pl.	n. Pl.
Nom.	ipse	ipsa	ipsum			
Gen.						
Dat.						
Akk.						
Abl.						

5 Bestimmen Sie folgende Formen. – Vorsicht: Verwechslungsgefahr!!

a) māgnum; errōrum; interdum; avum; rērum; urbium; frūmentum; colloquium; exercitum; exercituum; beātum; domum; tum; rēgum; sum; suum; agrum; hostium; eōrum; iterum; sōlum.

b) iam; illam; ībam; tuam; tam; interrogāveram; īram; eram; etiam; falsam; istam; iubēbam; servam; miseram; ōram; ōrābam; ōrāveram; quamquam.

c) tandem; rem; frātrem; cīvem; labōrem; diem; quem; dentem; autem.

6 Verwandeln Sie folgende Sätze ins Aktiv bzw. Passiv.

a) Aulus nōs bovem vendere cōgit.
b) Pecūniam ā mē Aulō reddī necesse est.
c) Aulus ipse sēdem nostram nōn petit.
d) Cūnctī agrī ā patriciīs emēbantur.
e) Agricolae ā patriciīs agrōs vendere cōguntur.
f) Ā mē agrī colēbantur.
g) Rēs nostrae ā mē servārī poterant.
h) Peditēs, nōn equitēs, bellum fīniunt.
i) Patria nōs nōn bene accipit.
j) Pecūnia tibi hodiē ā mē datur.
k) Ab Aulō iterum iterumque adiuvābāminī.
l) A patre tuō mē nōn dīligī sciō.
m) Crūdēlitāte Aulī terrēmur.

reddere, reddō: *erschließen Sie die Bedeutung aus* re-dare – **patricius,** iī *m.:* Patrizier

Lektion 13: Aufgaben

7 Übersetzen Sie und suchen Sie dabei nach verschiedenen Möglichkeiten für die Wiedergabe des Passivs.
a) Alba oppidum ā Rōmulō et Remō relinquitur.
b) Contrōversia fīnīrī nōn potest.
c) Deī ab hominibus dēcipī nōn possunt.
d) Remus ā Rōmulō vincitur.
e) Victōria celebrātur.
f) Urbs nostra ab hostibus dēfendī dēbet.
g) Pāstōrēs terrentur.

8 Die Sätze in den Lektionstexten werden länger; manchmal kann es helfen, sich vor der Übersetzung anhand eines Schemas einen Überblick über den Aufbau eines komplizierteren Satzes zu verschaffen. Z.B. lässt sich der lange Satz Lektion 11, Zeile 36–39 folgendermaßen schematisch darstellen:

Hauptsatz	Gliedsatz erster Ordnung	Gliedsatz zweiter Ordnung
Aenēās,		
	quamquam maestus erat,	
		quod ei Carthāgine manēre nōn licēbat,
tamen reverentiā deōrum commōtus pāruit et Āfricam relīquit.		

Übernehmen Sie die Tabelle in Ihr Heft und stellen Sie nach diesem Schema den Satz Zeile 27–31 des Textes dieser Lektion dar.

9 Suchen Sie für *ipse* jeweils eine passende deutsche Übersetzung.

Beispiel:
ad portam ipsam: (zur Tür selbst), direkt zur Tür, gerade zur Tür

a) Dominus ipse venit.
b) Nunc ipsum tē vīsitāre cupiō.
c) Carthāgine decem ipsōs diēs fuī.
d) Fīlia mea adfuit nātālī meō ipsō diē.
e) Sapiens ipse per sē beātus est.
f) Suam ipsīus domum dēlet.

nātālī diē: am Geburtstag – **sapiēns**, ntis *m.*: der Weise

Sesterz des Tiberius aus dem 1. Jh. n. Chr.: Concordia-Tempel auf dem Forum Romanum. Dieser Tempel ist Concordia, der Göttin der Eintracht, geweiht.

1. Weshalb haben die Römer wohl der Concordia einen Tempel geweiht?
2. Warum passt diese Abbildung besonders gut zum folgenden Informationstext?

Patrizier und Plebejer

Bereits während der Königsherrschaft der Etrusker bildete sich in Rom ein erblicher Adelsstand, der Stand der Patrizier *(patricii)*. Die Patrizier galten als Nachfahren der Familienoberhäupter *(patres)*, aus denen zur Zeit des Romulus der Ältestenrat, der Senat, bestanden hatte. Die Überlegenheit der Patrizier gegen-
5 über den Plebejern, der nicht adligen Masse *(plebs)*, beruhte vor allem auf ihrem Reichtum, aufgrund dessen sie sich eine starke Bewaffnung und ein Kriegspferd leisten konnten. Mit dem Argument, ihre militärischen Leistungen für die Gemeinschaft seien größer als die der Plebejer, die entweder nur schlecht bewaffnet oder gar nicht in einem Krieg mitkämpften, setzten sie ein
10 größeres Mitspracherecht bei politischen Entscheidungen durch. Außerdem unterstützten reiche Patrizier Not leidende Plebejer mit Rat und Tat, indem sie diese z. B. vor Gericht verteidigten oder ihnen Geld liehen. Wegen seiner »väterlichen« Fürsorge betrachtete man einen Patrizier auch als Patron *(patronus)*. Die ihm verpflichteten Plebejer galten als Klienten *(clientes)*. Sie machten mor-
15 gens ihre Aufwartung beim Patron und unterstützten ihn politisch. So stellte nach der Vertreibung der Könige niemand den Führungsanspruch der Patrizier infrage. Ihre Vorrangstellung sicherten die Patrizier auch dadurch ab, dass sie beanspruchten, den Willen der Götter aus den Vorzeichen, vor allem aus dem Vogelflug *(auspicium)*, zu erkennen. Deswegen bekleideten sie anfangs alle
20 Priesterämter.

Lektion 13: Patrizier und Plebejer

Zu Beginn der römischen Geschichte war es offensichtlich auch reichen Fremden möglich, in den Adelsstand zu gelangen. In der frühen Republik, als es etwa 50 adlige Familien gab, schotteten sich die Patrizier jedoch gegen Neureiche ab; sie erließen in der Mitte des 5. Jahrhunderts v. Chr. sogar ein Eheverbot zwischen Patriziern und Plebejern.

Diese Abgrenzung und teilweise auch die Überheblichkeit der Patrizier gegenüber der *plebs* verärgerte vor allem diejenigen Plebejer, die in der wirtschaftlich blühenden Stadt zu Geld und Ansehen gekommen waren und an der politischen Gestaltung Roms mitwirken wollten. Deswegen schufen sich die Plebejer gewissermaßen einen eigenen Staat innerhalb der bestehenden Adelsrepublik: Sie wählten anfangs zwei, später zehn Volkstribunen *(tribuni plebis)*, die sie vor Übergriffen der Patrizier schützen sollten, fassten eigene politische Beschlüsse *(plebiscita)* und gründeten eigene Kulte unter der Aufsicht plebejischer Ädilen. Die Patrizier waren aber erst bereit, diese Einrichtungen anzuerkennen, als die Plebejer 494 v. Chr. ihre militärische Zusammenarbeit verweigerten. Wie der Historiker Livius berichtet, zogen sich die Plebejer 449 v. Chr. während der »Ständekämpfe« sogar auf den Aventin zurück, um den Patriziern zu demonstrieren, wie verlassen die Stadt ohne ihre Beteiligung am Staatsleben war. Die Patrizier machten auch diesmal Zugeständnisse: Sie hoben das Eheverbot zwischen Patriziern und Plebejern auf; außerdem konnten Plebejer nun Militärtribunen *(tribuni militum)* werden.

Allerdings fanden die sozialen Spannungen zwischen den beiden Ständen erst ein Ende, als die Plebejer unumschränkten Zugang zu den höchsten Ämtern erlangten. Die kurzzeitige Eroberung und Besetzung Roms durch ein gallisches Heer unter Brennus um 387 v. Chr. führte allmählich zu den notwendigen Reformen: Seit 367 v. Chr. stand der Zugang zum Konsulat, dem höchsten Staatsamt, auch den Plebejern offen. Alle ehemaligen Konsuln und auch ihre Familien bildeten fortan eine neue Führungsschicht: die Nobilität. Die *lex Hortensia* schloss die soziale Integration der Plebejer im Jahr 287 v. Chr. formal ab. Fortan banden die Beschlüsse der Plebejer das gesamte Volk. Damit war die politische Vorrangstellung der Patrizier endgültig beseitigt.

Das hohe Ansehen der Patrizier blieb zwar weiterhin bestehen, aber die Anzahl der Adelsfamilien nahm so drastisch ab, dass es um 30 v. Chr. nur noch 14 adlige Familien gab. Obwohl Caesar (100–44 v. Chr.) und Augustus (63 v. Chr.– 14 n. Chr.) einige Familien adelten, war das Patriziat im 3. Jahrhundert erloschen.

1. Worin bestand die politische und soziale Überlegenheit der Patrizier?
2. Wie setzten die Plebejer ihre politische Gleichberechtigung durch?
3. Welche Leistungen musste ein Römer vollbringen, um zur neuen Elite, der Nobilität, gezählt zu werden?

Briefe aus Gallien 14

1 Postquam equitēs Vercingetorīgis ā Caesare in fugam datī sunt, dux Arvernōrum copiās in Alesiam oppidum redūxit. Oppidum, quod praesidiīs firmīs tenebātur, ā Rōmānīs obsessum et expūgnātum est. Māgnus numerus Gallōrum captus interfectusque est.

T. Aurēlius Scaurus D. Aurēliō Scaurō salūtem dīcit

Ō victōriam māgnam et praeclāram!
Tandem oppidum Arvernōrum captum est!
Cum Gāiō meō tribūnus mīlitum obsidiōnī interfuī;
cum Gāiō meō pūgnāvī et vīcī.
5 Nōnne Gāium hominem malum et īgnāvum putāre dēsinis?
Eum aere aliēnō oppressum esse dīcēbās,
quīdam etiam eum in Galliā bellum gerere dīcēbant,
nē Rōmae in vincula conicerētur. –

tribūnus mīlitum, tribūnī militum *m.*: Militärtribun *(röm. Offizier)*
aes aliēnum, aeris aliēnī *n.*: Schulden
nē in vincula conicerētur: um nicht ins Gefängnis zu kommen

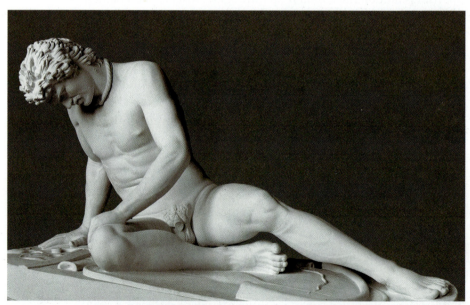

Der »Sterbende Gallier«. Den Gallier erkennt man am vorne offenen Halsring, am struppigen, mit einer Kalkschwemme getränkten Haar und am langen Schnurrbart. Kapitolinische Museen Rom. Gipsabguss, Archäologisches Institut der Universität Göttingen.

Lektion 14: Briefe aus Gallien

Sed prōcōnsulem virum vērē Rōmānum esse scītō.
10 Prūdentiam virtūtemque eius iterum iterumque vidēbam!
In Galliā Caesar ā nostrīs valdē amātur.

prōcōnsul, is *m.*: Prokonsul; Statthalter einer Provinz

Bellum Alesiae valdē difficile erat.
Alesia in monte sita ā nōbīs capī nōn potuerat.
Itaque Gāius oppidum obsīdī iusserat.
15 Māgnīs labōribus mūnītiōnēs factae
turrēsque exstrūctae sunt.
Tamen Arvernī et aliī Gallī
cum Vercingetorīge dūce saepe ex oppidō veniēbant,
cum nostrīs pūgnābant, sed semper repellēbantur.
20 Dēnique fame sitīque victī sunt,
Vercingetorīx ipse nōbīs dēditus est.
Gāius autem mīlitēs suōs laudāvit –
etiam egō laudātus et quibusdam honōribus affectus sum.
Beātus sum! Rōmānī beātī sunt!

difficile *Nom. Sg. n.:* schwierig

25 Sī valēs, bene est, egō quidem valeō.

Der sog. »Caesar Tusculum« gilt als beste Kopie eines wohl noch zu Lebzeiten Caesars entstandenen Porträts. Gipsabguss, Archäologisches Institut der Universität Göttingen.

Aus dem Brief eines Legionssoldaten

Nunc tandem in hībernīs sumus,
nunc tandem quōdam modō līberī ā labōribus.
At quam diū nōbīs requiēscere licet?
Quamquam oppidum Arvernōrum captum erat,
5 quamquam Vercingetorīx, dux eōrum, victus erat,
quamquam quīdam dē mīlitibus nostrīs
vulneribus paene confectī erant,
Caesar bellum fīnīre neque voluit neque vult.
Itaque nōn in patriam rediimus,
10 sed in hībernīs manēre dēbēmus.

Gāius Iūlius Caesar,
quī nunc ā quibusdam in caelum tollitur,
quasi deus quīdam,
quid tandem fēcit?
15 Nōnne nōs, mīlitēs gregāriī,
labōribus fessī,
sarcinīs onerātī,
per montēs campōsque pedibus ībāmus?
Nōnne nōs saepe famem sitimque ferēbāmus?
20 Nōnne vērum est
ā nōbīs, nōn ā Caesare, mūnītiōnēs factās
turrēsque exstrūctās esse?
Nōnne vērum est
proelia ā Caesare quidem iussa
25 ā nōbīs commissa esse,
nōs cum hostibus comminus pūgnāvisse?
Etsī incolumēs e proeliīs exībāmus,
tamen semper mortem
ante oculōs habēbāmus et habēmus.

30 Ō, quot commīlitōnēs vulnerāriīque caedīque vidēbam,
quot amīcōs āmittēbam!
Herī etiam T. Aurēlius Scaurus tribūnus mīlitum,
dum ā prōcōnsule iussus
cum paucīs loca vīcīna explōrat,
35 subitō ā hostibus oppressus et interfectus est.
Ō, iste Caesar, quī nōs bellum gerere cōgit,
quantō mihi est odiō!

hīberna, ōrum *n.*
Pl.: Winterlager

voluit: er wollte
vult: er will

gregārius, a, um:
einfach
sarcina, ae *f.*:
Gepäck
ferēbāmus: wir
ertrugen

comminus *Adv.*: im
Nahkampf
incolumēs *Nom. Pl.*
m.: unversehrt

commilitō, ōnis *m.*:
Kamerad

Lektion 14: Aufgaben

■ Aut Caesar aut nihil.

■ *Immer wenn ein bedeutender Entschluss ansteht:*
Caesar ad Rubicōnem.

Rubicōn, ōnis *m.*: *Fluss; s. Informationstext*

1 Zur Einleitung
1. Zeigen Sie den Verlauf des Kampfes um Alesia auf, indem Sie die zentralen lateinischen Begriffe zitieren.
2. Informieren Sie sich, welche Bedeutung die Entscheidung in Alesia für den gallischen Krieg hatte.

2 Zum ersten Brief
1. Stellen Sie die lateinischen Begriffe zusammen, die Informationen über Caesar geben. Wie wird er von Scaurus beurteilt?
2. Mit welchen stilistischen Mitteln hebt der Schreiber des Briefes sein Urteil bzw. das der anderen hervor?
3. In welcher Stimmung schreibt Scaurus seinen Brief? Zitieren Sie die lateinischen Stellen, die darüber Auskunft geben.

3 Zum zweiten Brief
1. Wie erlebt der einfache Soldat den Krieg in Gallien?
2. Wie beurteilt er Caesar?
3. Welche Stilmittel verwendet der Legionssoldat? Welche Funktion haben sie jeweils?
4. Wie ist es zu erklären, dass Caesar im ersten Brief ganz anders beurteilt wird als im zweiten?

4
1. Wie hat der Bildhauer, der die Caesarbüste S. 101 geschaffen hat, Caesar dargestellt?
2. Wie wirkt der »Sterbende Gallier« S. 100 auf den Betrachter?

5
Stellen Sie aus den Texten dieser Lektion alle lateinischen Wörter und Wendungen zusammen, die zum Sachfeld »Krieg« gehören.

6
Verwandeln Sie ins Passiv (im Lernvokabular bis Lektion 13 steht das hierfür benötigte PPP/Partizip der Vorzeitigkeit jeweils in Klammern).

dīlēxit, perdidit, dēpulerās, mīserātis, iussistis, posuerant, condiderat, quaesīvistī, vīdī, accēpisse, dēcēpimus, vīceram, abdūxerāmus, interrogāvistī, scrīpsērunt, prōmīsisse.

7 Die Schlacht um Alesia aus der Sicht eines Kriegsberichterstatters. Schreiben Sie die vollständigen Sätze in Ihr Heft und übersetzen Sie.

a) Titus nārrat Caes▨▨▨ Alesiam expūgnārī iuss▨▨▨.
b) Titus nārrat bell▨▨▨ Alesi▨▨▨ difficile fui▨▨▨.
c) Titus nārrat Alesi▨▨▨ in monte sit▨▨▨ ā mīlitibus Rōmānīs obs▨▨▨ ▨▨▨.
d) Titus nārrat mūnītiōn▨▨▨ māgnīs labōribus fact▨▨▨ ▨▨▨.
e) Titus nārrat Arvern▨▨▨ et Vercingetorīgem saepe ex oppidō vēn▨▨▨, cum nostrīs pūgn▨▨▨, sed semper rep▨▨▨ ▨▨▨.
f) Titus nārrat Rōmān▨▨▨ dēnique Ales▨▨▨ expūgnā▨▨▨.
g) Titus nārrat Arvern▨▨▨ fame sitīque vic▨▨▨ ▨▨▨ et Vercingetorīgem ipsum Rōmānīs dēdid▨▨▨.

difficile *Akk. Sg. n.*: schwierig

8 Suchen Sie die *participia coniūncta* aus dem zweiten Brief heraus und versuchen Sie, die Partizipialkonstruktionen nacheinander mit einem Gliedsatz, einem Hauptsatz, wörtlich und mit einer präpositionalen Verbindung wiederzugeben.

9 Übersetzen Sie und verfahren Sie wie in Aufgabe 8. Geben Sie jeweils die semantische Funktion des Partizips an.

a) Agricolae ā patriciīs coāctī agrōs suōs vendidērunt.
b) Camilla in diēs metū māiōre vexāta sē sine auxiliō Lūciī rēs suās servāre posse putābat.
c) At frūmentum tempestāte dēlētum Camillae līberīsque dēerat.
d) Patria ā peditibus servāta mīlitēs suōs nōn bene accēpit.
e) Mārcus ab Aulō missus pecūniam mūtuam datam ab Lūciō postulāvit.
f) Pater Camillae pecūniam Lūciō nōn dīlēctō salūtis fīliae causā dedit.

patricius, iī *m.*: Patrizier – **mūtua data:** geliehen

10 Ein Sachverhalt kann unterschiedlich ausgedrückt werden. Übersetzen Sie und beschreiben Sie jeweils die Konstruktion.

1. a) Oppidum ā Rōmānīs multōs diēs obsessum expūgnātum est.
   b) Oppidum ā Rōmānīs expūgnātum est, postquam multōs diēs obsessum est.
   c) Oppidum multōs diēs a Rōmānīs obsidēbātur. Dēnique expūgnātum est.

2. a) Lūcius bovem vendere in animō habuit, quod Aulum timēbat.
   b) Lūcius timōre Aulī commōtus bovem vendere in animō habuit.
   c) Lūcius bovem vendere in animō habuit; nam Aulum timēbat.

3. a) Menelāus amōre incēnsus Helenam nōn vocāvit, quod Trōiānōs timēbat.
   b) Menelāus, quamquam amōre incēnsus erat, Helenam nōn vocāvit, quod Trōiānōs timēbat.
   c) Menelāus amōre Helenae incēnsus erat; tamen Helenam nōn vocāvit, quod Trōiānōs timēbat.

11 Welche Umstände und Gefühle führen zu welchen Handlungen? Bilden Sie sinnvolle Sätze aus den linken und rechten Satzhälften.

fame sitīque coāctus   Orpheus dominum umbrārum adīre studet
īrā commōtus   agricola bovem vendit
dolō dēceptī   Titus senātor vīlicum vituperat
amōre incēnsus   Dīdō suā manū occidit
clāmōre territī   Trōiānī equum in urbem trāxērunt
dolōre victa   vīcīnī dormīre nōn possunt

12 Ergänzen Sie die passende Form von *quīdam* und übersetzen Sie.

fuit ▒▒▒dam tempus – erat mōns ▒▒▒dam – verbum philosophī ▒▒▒dam – ▒▒▒dam philosophī dīcunt – rēx ▒▒▒dam ūnum habuit fīlium – ▒▒▒dam cōnsilium – ▒▒▒dam cupīdō – ▒▒▒dam magistrum – ▒▒▒dam tempore.

philosophus, ī *m.*: Philosoph

13 Ein mittelalterliches Trinklied erzählt vom Leben in der Kneipe; übersetzen Sie folgende Strophe.

Quīdam lūdunt, quīdam bibunt,
quīdam indiscrētē vīvunt.
Sed in lūdō quī morantur,
ex hīs quīdam dēnūdantur.
Quīdam ibi vestiuntur,
quīdam saccīs induuntur.
Ibi nūllus timet mortem,
sed prō Bacchō mittunt sortem.

bibere, bibō: trinken
indiscrētē *Adv.*: liederlich, ausgelassen
in lūdō morantur: sie sind mit dem Spiel beschäftigt
dēnūdāre: ausziehen
vestīre, vestiō: bekleiden, anziehen
saccus, ī *m.*: Sack
induere, induō: bekleiden
nūllus, ī *m.*: keiner
prō *m. Abl.*: für
Bacchus, ī *m.*: Bacchus *(Gott des Weines)*, Wein
sortem mittere: das Los werfen

14 Eine Autofirma macht damit Werbung, dass sie beim Kauf eines Neuwagens den Kredit für 1,9 % Zins vergibt. Die Werbung endet: »… bei allen teilnehmenden Händlern«. Welche semantische Funktion verbirgt sich hinter dem Partizip »teilnehmend«?

Gaius Iulius Caesar

Veni, vidi, vici – so soll Gāius Iūlius Caesar einmal einen seiner militärischen Erfolge selbst kommentiert haben. Viele sahen und sehen in Caesar den großen Feldherrn und Politiker. Andere kritisieren seine Skrupellosigkeit, mit der er sich über geschriebene und ungeschriebene Gesetze hinwegsetzte. *Alea iacta est*,
»der Würfel ist gefallen«, ist ein anderer berühmter Ausspruch Caesars: Mit seinen Truppen überschritt er 49 v. Chr. den Rubikon, den Grenzfluss zwischen der Provinz Gallia Cisalpina (Gallien diesseits der Alpen, also Oberitalien) und Italien, obwohl in Italien keine Truppen stehen durften. Der Zug gegen Rom löste einen Bürgerkrieg aus, an dessen Ende im Jahr 45 Caesars Alleinherrschaft als Diktator auf Lebenszeit stand.

Gaius Iulius Caesar (100–44 v. Chr.) stammte aus einem der ältesten und vornehmsten Geschlechter Roms, doch die gens Iulia war verarmt. So wuchs Caesar zunächst in der Subura, einem wenig vornehmen Viertel, auf. Sein eigener Ehrgeiz und der seiner Familie sollten aber dazu führen, dass er einer der bedeutendsten Politiker des 1. Jahrhunderts v. Chr. wurde.

Dieses Jahrhundert war in Rom gekennzeichnet durch mehrere Bürgerkriege. Zunächst geriet Caesar in die Auseinandersetzungen zwischen den Optimaten unter Führung von Sulla und den Popularen, an deren Spitze Marius stand. Die Optimaten traten für die Vormachtstellung der senatorischen Familien ein, die Popularen stützten sich auf die Volksversammlung und gaben vor, sich für die benachteiligten Volksschichten einzusetzen, wobei sie allerdings oftmals nur ihre eigenen Ziele verfolgten. Caesar, der sich auf die Seite der Popularen stellte, durchlief nach dem Ende des Bürgerkrieges zwischen Marius und Sulla die senatorische Ämterlaufbahn, den *cursus honorum*, und wurde nacheinander Quästor, Ädil und Prätor. Im Jahr 60 ging er ein Bündnis mit den damals mächtigsten Männern Roms, dem Feldherrn Pompeius und dem Bankier Crassus, ein (sog. Triumvirat). Nach seinem Konsulatsjahr 59 wurde Caesar Statthalter der Provinz Gallia transalpina (jenseits der Alpen), wo ihm die Aufgabe zukam, die Grenzen der Provinz zu sichern. In den folgenden Jahren (bis 51) eroberte er aber ganz Gallien. Die militärischen Erfolge wurden jedoch in Rom nicht nur positiv gesehen. Viele, allen voran Pompeius, hatten Angst vor der Macht, die Caesar durch seine Siege in Gallien erlangt hatte. Schließlich brach das Dreimännerbündnis auseinander. Die Optimaten versuchten Caesar aus Gallien abzuberufen. Der Senat forderte ihn auf, sein Heer zu entlassen. Dieser Forderung kam Caesar aber nicht nach, sondern führte es 49 v. Chr. gegen Rom und provozierte damit den nächsten Bürgerkrieg. Caesar eroberte Italien und schlug das von Pompeius angeführte römische Heer 48 v. Chr. in Nordgriechenland. Pompeius floh nach Ägypten und wurde dort ermordet.

Lektion 14: Gaius Iulius Caesar

C. Iulius Caesar auf einem Denar, der kurz vor seiner Ermordung (vermutlich im Februar 44 v. Chr.) geprägt wurde. IM steht für *imperator*, PM für *pontifex maximus*. Caesar war der erste römische Politiker, der sein eigenes Porträt auf Münzen setzen ließ (was ihm bekanntlich nicht gut bekommen ist …).

Zwar hatte Caesar die Alleinherrschaft errungen, aber die republikanische Opposition schloss sich zu einer Verschwörung zusammen. Am 15. März 44, den Iden des März, wurde Caesar von etwa 60 Senatoren im Senat erstochen; unter seinen Mördern war auch der mit ihm ursprünglich eng befreundete Marcus Brutus, zu dem er sterbend gesagt haben soll: »*Et tu, mi fili?*« – »Auch du, mein Sohn?«

Caesar hatte die römische Politik grundlegend verändert. Mit ihm endete die alte Republik; sein Tod hatte den nächsten Bürgerkrieg zur Folge, aus dem sein Neffe Oktavian, der spätere Augustus, als Sieger hervorging. Dieser schmückte sich ebenso wie seine Nachfolger mit dem Namen »Caesar«. In der Folge der Geschichte wurden »Caesar«, »Kaiser«, »Zar« zu Titeln.

Nicht nur politisch wirkt Caesars Tun bis in unsere Gegenwart: Unser heutiger, der so genannte Julianische Kalender, geht auf eine Reform Caesars zurück. Caesar hatte den Auftrag gegeben, den Kalender nicht mehr nach dem Mondzyklus, sondern nach dem ägyptischen Sonnenjahr mit 365 Tagen neu zu ordnen. Der Geburtsmonat Caesars bekam den Namen Juli.

---

1. Das 1. Jahrhundert v. Chr. wird oft das »Jahrhundert der Bürgerkriege« genannt. Informieren Sie sich über die Ursachen und den Verlauf dieser Bürgerkriege.
2. Zeichnen Sie einen Zeitstrahl des 1. Jahrhunderts v. Chr. und tragen Sie alle wichtigen Ereignisse sowie die Lebensdaten der wichtigsten Politiker ein.
3. Informieren Sie sich über den *cursus honorum*; nennen Sie die einzelnen Ämter und die Aufgaben, die mit diesen Ämtern verbunden waren.
4. Warum flößten die Siege Caesars in Gallien vielen Senatoren Angst ein?
5. Was wollte Caesar mit dem Satz »*Et tu, mi fili?*« zum Ausdruck bringen?
6. Weshalb trugen wohl alle römischen Kaiser den Titel »Caesar« in ihrem Namen?

Cicero greift Verres scharf an 15

Vergleichen Sie mit Lektion 14:

1. Equitibus ā Caesare in fugam datīs dux Arvernōrum cōpiās in Alesiam oppidum redūxit. *(Einleitung, Z. 1f.)*
2. Oppidō ā Rōmānīs obsessō et expūgnātō māgnus numerus Gallōrum captus et interfectus est. *(Einleitung, Z. 2f.)*
3. Oppidō captō, Vercingetorīge victō, quibusdam dē mīlitibus Rōmānīs vulneribus paene confectīs Caesar bellum nōn fīnīvit. *(Text 2, Z. 4–8)*

Lesen Sie, bevor Sie sich mit diesem Text beschäftigen,
den Informationstext.

Veniō nunc ad istīus,
ut ipse appellat, »studium«,
ut amīcī eius, »morbum et īnsāniam«,
ut Siculī, »latrōcinium«:

5 Negō in Siciliā tōtā
ūllum argenteum vās,
ūllam gemmam aut margarītam,
sīgnum ūllum aēneum, marmoreum, eburneum,
negō ūllam pictūram fuisse,
10 quam Verrēs nōn abstulerit.

Dīcō:
Nihil iste eius modī rērum in tōtā prōvinciā relīquit,
nihil in aedibus – nē hospitis quidem –,
nihil in fānīs,
15 nihil apud Siculum,
nihil apud cīvem Rōmānum.

Aliquis dīcet:
Tot praetōrēs, tot cōnsulēs in Siciliā fuērunt,
tot cupidī, tot improbī, tot avārī –
20 quod aliquō locō auferre potuērunt, sustulērunt.
Quid?
Verrēs nunc ē templīs aufert,
quod nēmō auferre ausus est.

studium, ī *n.*: *hier:* Liebhaberei, Leidenschaft
īnsānia, ae *f.*: Wahnsinn
latrōcinium, ī *n.*: Räuberei

argenteus, a, um: silbern
gemma, ae *f.*: Edelstein
margarīta, ae *f.*: Perle
aēneus, a, um: aus Bronze
marmoreus, a, um: aus Marmor
eburneus, a, um: aus Elfenbein
pictūra, ae *f.*: Gemälde
quam ... abstulerit: das er ... weggenommen hätte

dīcet: er wird sagen
praetor, ōris *m.*: Prätor *(Beamter)*

ausus est: er hat gewagt

Lektion 15: Cicero greift Verres scharf an

Agrigentī nōnne sīgnum Apollinis pulcherrimum
25 ex Aesculāpī fānō sustulistī?
Eō scelere commissō,
eō fūrtō nefāriō factō   **fūrtum,** ī *n.*: Diebstahl
Agrigentīnī ad aedēs sacrās noctū vigiliās agēbant.   **vigiliās agere,** agō: Wache halten
Verrēs Agrigentī –
30 crēdō propter multitūdinem illōrum hominum atque
virtūtem et, quod cīvēs Rōmānī, virī honestī, in illō oppidō
coniūnctissimō animō cum ipsīs Agrigentīnīs vīvunt –   **coniūnctissimō animō:** aufs Engste verbunden
nōn audēbat palam poscere aut tollere, quae placēbant.

Herculis templum est apud Agrigentīnōs nōn longē
35 ā forō, sānctum apud illōs et religiōsum.
Ibī est ex aere simulācrum ipsīus Herculis.
Istō auctōre,
dūce Timarchide
noctū servōrum armātōrum fit concursus atque impetus.   **fit:** es geschieht, entsteht
40 Clāmōre sublātō,
cūstōdibus repulsīs,
fāma tōtā urbe percrēbruit   **percrēbrēscere,** crēbrēscō, crēbruī: sich verbreiten
expūgnārī deōs patriōs.

Der Herakles-Tempel in Agrigent, Sizilien.

Nēmō Agrigentī erat,
45 quī illā nocte eō nūntiō excitātus nōn surrēxerit.
Cūnctī Agrigentīnī tēla, quae fors offerēbat,
rapiunt, ad fānum ferunt.
Concursū factō
dant sē in fugam mīlitēs istīus praeclārī imperātōris.
50 Duo tamen sigilla perparvula sēcum ferunt.

Siculī, etsī rēs nōn sē bene habet,
semper aliquid facētē dīcunt;
in hāc rē aliquis āiēbat:
In labōrēs Herculis nōn minus istum verrem
55 quam illum aprum Erymanthium referrī oportet.

surrēxerit: er hätte sich erhoben
fors: Zufall

sigillum, ī *n.*: kleine Figur, Statuette
perparvulus, a, um: winzig
facētē *Adv.*: witzig
verrēs, is *m.*: männliches Schwein, Eber
aper, aprī *m.*: Eber

Das kriegerische Motto auf dem Wappen
eines französischen Adligen lautet:

■ Ferrum ferō, ferrō feror.

ferrum, ī *n.*: Eisen; *steht hier für:* eiserne Waffe

Götter müssen nicht leiden. Der Mensch muss dagegen viel Kraft aufbringen, um das Leid zu bewältigen. In diesem Punkt ist er den Göttern sogar überlegen; daher die Aufforderung des Philosophen Seneca:

■ Ferte fortiter!

fortiter *Adv.*: tapfer

Der Grundsatz eines Historikers:

■ Relāta referō.

Fischer bergen eine Statue des Hercules aus dem Meer. Römisches Weihrelief an Hercules. Ostia.

Lektion 15: **Aufgaben**

1 Verres wurde »Kunstraub in großem Stil« vorgeworfen. Sammeln Sie alle Ausdrücke zu den Sachfeldern »Kunst« und »Raub«. Ordnen Sie diese nach Wortarten.

2 1. Gliedern Sie den Text. Achten Sie dabei auch auf formale Elemente, die bei der Gliederung helfen können (z. B. Wechsel der angesprochenen Person, Stilmittel …).
2. Fassen Sie den Inhalt der Abschnitte auf Deutsch stichwortartig zusammen.

3 1. Wie verhielten sich die Statthalter bei der Verwaltung einer Provinz in der Regel? Zitieren Sie die Begriffe aus dem Lektionstext, die hierüber Auskunft geben, lateinisch.
2. Weshalb waren die Vergehen des Verres besonders verwerflich?

4 1. Wie beschreibt Cicero die Einstellung und das Verhalten der Bewohner von Agrigent?
2. Informieren Sie sich über das antike Agrigent, betrachten Sie die Bilder und versetzen Sie sich in die Lage der Agrigentiner. Versuchen Sie die Menschen, ihre Geschichte und ihre Reaktionen auf die römische Herrschaft zu beschreiben.

5 In dieser Rede werden ganz besonders viele stilistische Mittel verwendet. Stellen Sie diese zusammen und untersuchen sie, welche Wirkung Cicero mit ihnen erzielen will.

6 Ersetzen Sie die folgenden Formen von *portāre* durch die entsprechenden von *ferre*.

portā! – portāverāmus – portātī estis – portābāmur – portās – portāvērunt – portātus – portābam – portātis – portāris – portārī – portat – portābant – portāte! – portātae erātis.

7 Übertragen Sie die Tabelle in Ihr Heft und füllen Sie die freien Felder aus.

Nom. Sg.					
Gen. Sg.					alicuius corporis
Dat. Sg.			alicui exercituī		
Akk. Sg.	aliquam rem				
Abl. Sg.				ab aliquō	
Nom. Pl.					
Gen. Pl.		aliquōrum virōrum			
Dat. Pl.					
Akk. Pl.					
Abl. Pl.					

8 Suchen Sie alle *ablātīvī absolūtī* aus dem Text heraus und übersetzen Sie sie auf möglichst viele verschiedene Arten (Gliedsatz, Hauptsatz, präpositionale Verbindung). Unterstreichen Sie dann die jeweils beste Übersetzung.

9 Viele Sachverhalte in den früheren Lektionstexten könnte man als *ablātīvus absolūtus* formulieren (und damit Wörter einsparen!). Übersetzen Sie.

a) Cōnsiliīs deōrum ā Tantalō hominibus prōditīs deī īrātī fuērunt.
b) Trōiā decem annōs oppūgnātā vir callidus dolum invēnit.
c) Equō in urbem tractō Sinōn sīgnum dedit.
d) Trōiā victā exercitūs Graecī urbem incendērunt.
e) Aenēās multīs perīculīs superātīs ōrae Italiae appropinquāvit.
f) Carthāgine relictā Aenēās in Italiā patriam novam invēnit.
g) Rōmulus Remō necātō urbem condidit.
h) Bellō ā peditibus fīnītō patria mīlitēs nōn bene accēpit.

10 Übersetzen Sie folgende *ablātīvī absolūtī* jeweils durch drei verschiedene Gliedsätze – eingeleitet durch eine temporale, eine kausale und eine konzessive Subjunktion. Ergänzen Sie jedes Mal auf Deutsch einen Satzzusammenhang, in dem die unterschiedlichen Übersetzungen einen Sinn ergeben.

Beispiel:

Sīgnīs pulcherrimīs sublātīs

1. Nachdem die schönsten Standbilder weggeschafft worden waren, (kehrte Verres nach Rom zurück).
2. Weil die schönsten Standbilder weggeschafft worden waren, (hatten die Sizilianer kein Vertrauen mehr zu den Römern).
3. Obwohl die schönsten Standbilder weggeschafft worden waren, (resignierten die Sizilianer trotzdem nicht).

a) Scelere commissō
b) Dolō inventō
c) Mīlitibus in fugam datīs
d) Hōc permissō
e) Nūntiīs missīs
f) Oppidō incēnsō

11 Die Römer liebten Schimpfwörter. Nachfolgend einige der harmloseren Sorte. Ordnen Sie die richtige Bedeutung zu.

1. fānāticus	13 (a) Drückeberger
2. effēminātus	8 (b) Schwein
3. amātor	10 (c) Zuchthäusler
4. macer	6 (d) Ungeheuer
5. sūs	7 (e) Zinken
6. mōnstrum	5 (f) Sau
7. nāsō	4 (g) Bohnenstange
8. porcus	9 (h) Scheißer
9. cacātor	14 (i) Kloake
10. carcer	15 (j) Wahnsinniger
11. idiōta	12 (k) verkommenes Stück
12. corruptus	1 (l) Fanatiker
13. fugitīvus	11 (m) Idiot
14. cloāca	3 (n) Casanova
15. dēmēns	2 (o) Weichei

Provinzverwaltung – Marcus Tullius Cicero

Die Römer waren bis zum 3. Jahrhundert v. Chr. nach und nach Herren über Italien geworden. 241 v. Chr. eroberten sie mit Sizilien zum ersten Mal ein Gebiet außerhalb des Festlands und machten es zu einer *Provinz*. An ihre Spitze wurde ein Prätor gestellt, der die Aufgabe hatte, sich für die Belange der dort lebenden römischen Bürger einzusetzen, die Provinz zu verwalten, Recht zu sprechen und die Steuerzahlung zu überwachen. Unterstützt wurde er dabei von einer kleinen Zahl römischen Personals, vor allem aber von einheimischen Kräften. Im Laufe der Zeit wurden noch zahlreiche weitere Provinzen eingerichtet.

Cicerobüste aus Arpino.

Die – zunächst jährlich wechselnden – Statthalter besaßen weitgehende Vollmachten, die sie allerdings oft missbrauchten, um sich persönlich zu bereichern. Doch da der Senat die Prätoren meist gewähren ließ, schlossen sich nur selten Bürger der unter den Statthaltern leidenden Provinzen zusammen, um gegen die Ausbeutung zu klagen.

Sizilien besaß bereits eine lange Geschichte, bevor die Insel römische Provinz wurde. Die Kultur der Karthager und vor allem die der Griechen hatte überall ihre Spuren hinterlassen. Ohne Zweifel eroberten die Römer mit Sizilien eine Insel, die von Menschen bewohnt war, die ihnen kulturell weit überlegen waren. Die Ausbeutung der Provinz und der Kunstraub in großem Stil, den Verres als Statthalter bis 71 v. Chr. betrieb, waren gewiss keine Einzelfälle, aber doch so schwerwiegend, dass schon während Verres' Amtszeit Klagen nach Rom getragen wurden. Marcus Tullius Cicero, geboren 106 v. Chr. in Arpinum (Mittelitalien), übernahm die Anklage gegen Verres. Er bereiste die ganze Insel und sammelte Beweismaterial; dabei kam es ihm zugute, dass er Sizilien bereits kannte. Denn er hatte 75 v. Chr. einen Teil Siziliens als Quästor verwaltet und sich dabei ganz im Gegensatz zu Verres als unbestechlich gezeigt. Obwohl Verres zahlreiche taktische Manöver versuchte und von einflussreichen Freunden unterstützt wurde, gelang es Cicero, ihn in kürzester Zeit zum Aufgeben zu bringen. Verres wurde schuldig gesprochen und ging freiwillig ins Ausland. Cicero war durch diese Anklage zum bedeutendsten Redner Roms geworden.

Cicero stammte aus keiner senatorischen Familie. Deshalb galt er zeit seines Lebens als *homo novus*, als Emporkömmling. Mit großem Ehrgeiz und korrekter Amtsführung gelang es ihm trotzdem, auf dem *cursus honorum* in kürzest möglicher Zeit bis zum Konsulat aufzusteigen, das er mit 43 Jahren im Jahr 63 v. Chr. bekleidete. Danach geriet er in die Mühlen der Auseinandersetzungen zwischen den Mächtigen. Unter dem sog. Triumvirat (s. Informationstext zu Lektion 14, S. 106) politisch kaltgestellt, sogar für ein Jahr aus Rom verbannt, wandte er sich der Philosophie, vor allem der Staatsphilosophie, zu. Ciceros Verdienst ist es, dass die Philosophie in Rom heimisch wurde. Er betrachtete sie

nicht als Disziplin, die nur für wenige Fachleute zugänglich sein sollte, sondern verschaffte ihr einen Platz in der Mitte des Lebens.
50 Cicero hatte nach der Ermordung Caesars 44 v. Chr. gehofft, dass die alte *res publica* wiederhergestellt werden könnte. Doch in dieser Hoffnung sah er sich rasch getäuscht: Oktavian (der spätere Kaiser Augustus), auf den Cicero gesetzt hatte, schloss sich 43 v. Chr. mit Antonius und Lepidus zu einer Diktatur zusammen. Cicero, der Antonius in 14 Reden zuvor scharf angegriffen hatte, kam auf
55 die Liste der Geächteten (Proskriptionen) und galt somit als vogelfrei. Den Mordkommandos, die viele Senatoren und Ritter umbrachten, fiel auch Cicero zum Opfer; sein Kopf und seine Hände wurden auf Befehl des Antonius abgeschlagen und an der Rednerbühne auf dem Forum befestigt.

1. Wieso konnten viele Statthalter ihre Provinzen regelrecht ausbeuten?
2. Informieren Sie sich über die Geschichte Siziliens.
3. Erstellen Sie einen tabellarischen Lebenslauf Ciceros. Gehen Sie von dem Informationstext aus und ziehen Sie weitere Hilfsmittel hinzu.

An diesem 2500 Jahre alten Ölbaum, der beim Tempel der Hera in Agrigent steht, könnte Cicero vorbeigegangen sein, als er Quästor auf Sizilien war. Im Hintergrund der Concordia-Tempel.

Tiberius Gracchus spricht 16

Multīs cīvibus convocātīs
Tiberius Gracchus hanc ōrātiōnem habuit:

Quirītēs!
Nūper per Italiam iter fēcī:
5 Ibī multa praedia dēserta, nōnnūllōs agrōs incultōs esse vīdī.   **praedium,** ī *n.*:
Sed vīdī etiam lātifundia flōrentissima,   Landgut
in quibus numerus ingēns servōrum labōrābat …   **lātifundium,** ī *n.*:
  Großgut
Quam diū servī aliēnī agrōs vestrōs colent?   **flōrentissimus,** a,
Quam diū sēdēs vestrae ā dominīs aliēnīs habitābuntur?   um: überaus
10 Bēstiae, quae in Italiā sunt, sēdēs latebrāsque suās habent,   blühend
sed vōs, quī prō patriā proelia ācria committēbātis,   **latebrae,** ārum *f.*:
praediīs vestrīs expulsī   Schlupfwinkel
cum uxōribus līberīsque per Italiam errātis.
Vōs tandem Rōmam convēnistis, quod auxilium quaerēbātis.
15 Sed senātor vel patricius
semper sōlās rēs suās cūrat, cūrābat, cūrābit.
Vōs enim
senātōribus patriciīsque cūrae nōn estis, nōn erātis, nōn eritis.

Quam diū istam vītam difficilem et indīgnam ferētis?
20 Quam diū fame vexābiminī?
Quam diū uxōrēs līberīque vestrī rēbus necessāriīs carēbunt?
Nōnne eōs miserōs esse vidētis?
Num eōs semper miserōs futūrōs esse vultis?
Num eōs dominīs aliēnīs servītūrōs esse vultis,   **vultis:** ihr wollt
25 quod aliō modō vīvere nōn potuērunt?

Rechte Seite oben: *Forum Romanum* mit Blick auf den Kapitolshügel, heute.
Unten: *Forum Romanum* mit Blick auf den Kapitolshügel, wie es in der Kaiserzeit ausgesehen haben dürfte. Von links nach rechts: *Basilica Iulia; Templum Saturni,* darüber *Templum Iovis; Templum Vespasiani; Templum Concordiae; Arcus Septimii Severi.* Im Vordergrund die *Rostra,* die Rednertribüne, im Hintergrund in der Mitte das *Tabularium.*

Vergleichen Sie die Situation eines Redners im Deutschen Bundestag mit der eines Redners auf dem *Forum*.

Lektion 16: Tiberius Gracchus spricht

Mihi crēdite: Is, cui omnia sunt, semper plūs cupiet.
Avāritia dīvitum vōs vexāre numquam dēsinet.
Itaque lēge agrāriā novā nōbīs opus est.
Hāc lēge iī, quī mīlitēs patriam suam dēfenderint,
30 praemia sua obtinēbunt:
agrōs, quibus alentur,
sēdēs, quās cum uxōribus atque līberīs sēcūrī habitābunt.

Itaque vōs ōrō atque obsecrō:
Tribūnum plēbis creāte mē, Tiberium Semprōnium Gracchum!
35 Ego tribūnus vōbīs omnibus et rēbus omnibus vestrīs cōnsulam.
Vītam, quae vōbīs nunc miseriae atque labōrī sit,
vacuam omnibus cūrīs futūram esse prōmittō.
Agrōs vōbīs reddam. Brevī tempore domum redībitis.
Uxōrēs atque līberī sēcūrī vīvere poterunt.
40 Fēlīcēs eritis.
Reddam vōbīs lībertātem, honōrem, dīgnitātem.
Haec dēnique vīta erit dīgna virō Rōmānō.

agrārius, a, um: Acker-
dēfenderint: sie haben verteidigt
sit: er/sie/es ist

Ein juristischer Grundsatz:
Nūlla poena sine lēge

Der römische Dichter Horaz (65–8 v.Chr) sagte von sich:
Brevis esse labōrō.
Nōn omnis moriar.

Eine Bankrotterklärung?
Īgnōrāmus et īgnōrābimus.

nūllus, a, um: kein
poena, ae *f.*: Strafe
moriar: ich werde sterben

1 1. An welcher Stelle des Lektionstextes wird klar, dass es sich um eine Wahlkampfrede handelt? Wie baut Tiberius also seine Rede auf?
2. Zitieren Sie lateinisch die Formulierungen, mit denen Tiberius das gegenwärtige Leben der meisten Römerinnen und Römer beschreibt. Welche Formulierungen wählt er dagegen, um das Leben der Reichen zu schildern?
3. In welchen Sätzen spricht Tiberius von der Zukunft?
4. Vor welche Alternative stellt Tiberius seine Zuhörer? Zitieren Sie lateinisch.
5. Mit welchen rhetorischen Mitteln versucht er seine Zuhörer zu überzeugen?
6. Lesen Sie den Text laut vor Ihren Mitschülerinnen und Mitschülern und versuchen Sie durch Mimik, Gestik und sinnvolle Betonung zu überzeugen.

Lektion 16: **Aufgaben**

2 Zeichnen Sie folgende Tabelle in Ihr Heft und tragen Sie die Futurformen aus dem Text ein.

ā-Konj.	ē-Konj.	kons. Konj.	kons. Konj. m. i-Erw.	ī-Konj.	esse	posse	ferre	ire

3 Setzen Sie die Reihe fort, indem Sie die passende Form der in Klammer stehenden Verben bilden.

1. dēserō, expulī, serviam, careō, obtinuī, obsecrābō, (alere), (creāre), (reddere), (prōmittere), (auferre), (appellāre).
2. poscitur, excitābuntur, relātum est, cōgitur, perdentur, dēlētum est, (fīnīre), (dīligere), (servāre), (expōnere), (opprimere), (cūstōdīre).
3. invītārī, interesse, līberātūrum esse, pōnī, habitāre, victūrum esse, (scrībere), (salūtāre), (referre), (flectere), (dormīre), (mittere).

4 Wie sieht meine Zukunft aus? Bilden Sie passende Futurformen und übersetzen Sie.

Dīvesne (esse)? Lībertāsne, domus pulchra, coniūnx, līberī mihi (esse)? Mundusne tōtus (dēlēre)? Vītamne dūram (ferre)? Rēsne necessāriās semper (habēre)? Dominīsne aliēnīs (servīre)? Autocinetumne (possidēre)?

autocinetum, ī *n.**: Auto (s. Fußnote S. 120)

5 Schreiben Sie folgende Sätze ab und vervollständigen Sie die Reihe der Infinitive.

Beispiel:

Scītō mē tē semper amāvisse, amāre, amātūrum esse.

a) Scītō Gāium semper _____, vincere, _____.
b) Scītō mē Gāiō semper adfuisse, _____, _____.
c) Scītō Gāium semper virum vērē Rōmānum _____, esse, _____.
d) Scītō nōs mīlitēs amīcōs in bellō vulnerārī et caedī semper _____, _____, vīsūrōs esse.

6 Ein-, Zwei-, oder Dreiender? Schreiben Sie ab und ergänzen Sie die passenden Endungen.

a) labōrem difficil__ – vīta difficil__ – proelium difficil__.
b) servōs omn__ – bēstiās omn__ – templa omn__.
c) dolōrum ācr__ – sitis ācr__ – arma ācr__.
d) Scaurus fēlī__ – tempora fēlī__ – victōriam fēlī__.
e) numerus ingē__ – pecūnia ingē__ – corpus ingē__.

7 Schreiben Sie ab und ergänzen Sie die freien Felder.

Nom. Sg.		vīta brevis				ācre tēlum
Gen. Sg.	bellī ingentis					
Dat. Sg.						
Akk. Sg.			patrem fēlīcem			
Abl. Sg.						
Nom. Pl.				omnēs rēs		
Gen. Pl.						
Dat. Pl.						
Akk. Pl.					itinera difficilia	
Abl. Pl.						

8 Wer heute lateinisch sprechen will – z. B. der Vatikan in seinen Verlautbarungen –, benötigt viele Wörter, die es in der Antike noch nicht gab, die also künstlich gebildet werden müssen.* Überlegen Sie, welche der drei Bedeutungen jeweils die richtige ist.

Eine *taberna discothecaria* ist	a) ein CD-Laden b) eine Diskothek c) ein Sportgeschäft
Eine *birota montana* ist	a) eine zweispurige Gebirgsstraße b) eine Bergziege c) ein Mountainbike
Ein *socius pecuniarius operis* ist	a) ein Bankangestellter b) ein Aktionär c) ein Opernsänger
Eine *adumbrata via* ist	a) eine Allee b) ein dunkles Viertel c) eine Seitenstraße
Ein *instrumentum radiotelescriptorium* ist	a) ein Radiogerät b) ein Fernsehgerät c) ein Funkfernschreiber

* Die Vokabeln dieser Übung sind entnommen aus: Neues Latein Lexikon – Lexikon recentis latinitatis. Hrsg.: Libraria Editora Vaticana. Übersetzung aus dem Italienischen: Stefan Feihl. Bonn 1998.

Die römische Republik

»*Est igitur res publica res populi*«, so definiert Cicero in seiner Schrift *De re publica* den Staat. Er hoffte immer noch auf den *consensus omnium*, die Übereinstimmung aller Bürger, die die Grundlage dafür bildete, dass die *res publica* zusammenhielt. Doch diesen *consensus* gab es im 1. Jahrhundert v. Chr. nicht mehr, sodass sich am Ende der Bürgerkriege, die nach Caesars Tod 44 v. Chr. bis zum Sieg Oktavians 31 v. Chr. unzählige Opfer forderten – zu denen auch Cicero selbst gehörte –, eine neue Staatsform, der Prinzipat, herausbildete (s. Informationstext zu Lektion 17, S. 129).

Bereits die vorausgegangenen Jahrhunderte waren von sozialen Spannungen und Auseinandersetzungen in der römischen Gesellschaft geprägt. Zwar hatten sich die Plebejer immer weitere Rechte erkämpft (s. Informationstext zu Lektion 13, S. 99), die Kluft zwischen Arm und Reich blieb jedoch erhalten. Die führenden Aristokraten hatten sich in den Kriegen und bei der Verwaltung der Provinzen bereichert und immer mehr Land erworben. Die kleinen Bauern verarmten; viele wanderten nach Rom ab und bildeten ein städtisches Proletariat. Der Volkstribun Tiberius Gracchus setzte in dieser Lage ein Ackergesetz durch, das den Grundbesitz beschränkte und eine Neuaufteilung des Landes an Besitzlose vorsah. Bei den gewaltsamen Auseinandersetzungen um dieses Gesetz kam er 133 v. Chr. zusammen mit 200 seiner Anhänger ums Leben, seine Leiche wurde in den Tiber geworfen.

Die folgenden 100 Jahre standen im Zeichen der Bürgerkriege. Blutige Auseinandersetzungen in der Innenstadt von Rom, wo sich früher kein Bewaffneter aufhalten durfte, waren nun an der Tagesordnung. Die Soldaten gehorchten nicht mehr den Anordnungen des Senats, sondern nur noch ihren Feldherren: Cornelius Sulla marschierte gegen Rom und löste in der Hauptstadt des *imperium Romanum* einen Bürgerkrieg aus. Mit beispielloser Grausamkeit setzten Sulla und sein Gegenspieler Marius alles daran, sich und ihre jeweiligen Anhänger gegenseitig zu vernichten. Als Marius starb, gelang es Sulla die alte Vormachtstellung des Senats wiederherzustellen, allerdings nur für kurze Zeit. Die zahlreichen außenpolitischen Aufgaben machten es notwendig, dass der Staat einzelnen Personen große Machtbefugnisse übertrug. Diese Männer hatten vielfach durch die Heere, die ihren Anführern und nicht mehr dem Staat ergeben waren, die tatsächliche Herrschaft inne; Caesars Machtübernahme ist ein Beispiel dafür.

Tatsächlich kann bereits in dieser Endphase der Republik von republikanischer Freiheit kaum mehr die Rede sein. So sah zwar die römische Verfassung für Krisenzeiten die Einsetzung eines Diktators vor, in Wirklichkeit übte jedoch Caesar, nachdem er zum Diktator auf Lebenszeit bestimmt worden war, die abso-

lute Macht aus. Als Oktavian 27 v. Chr. am Ende der Bürgerkriege dem Senat
die *res publica* zurückgab, war auch dies nur ein formaler, propagandistischer
Akt; denn niemand sehnte sich nach dem Chaos des 1. vorchristlichen Jahrhunderts zurück. Die einzige Sehnsucht galt dem inneren Frieden, und diesen
konnte Oktavian, der den Ehrennamen *Augustus*, »der Erhabene«, erhielt, tatsächlich für rund 40 Jahre sicherstellen.

1. Was meint Cicero mit seiner Staatsdefinition »*Est igitur res publica res populi*« (Z. 1)?
2. Welche Ursachen führten zum Untergang der Republik?

Statue eines »Togatus«, sog. »Arringatore«. Etruskisch. 2./1. Jh. v. Chr. Archäologisches Museum, Florenz.

Erkundigen Sie sich, was man unter einem »togatus« verstand.

Dē Sabīnā Poppaeā 17

Vortext

Ein juristisches Prinzip:

■ Audiātur et altera pars!

Der Anfang des Senatsbeschlusses, mit dem der Staatsnotstand ausgerufen wurde:

■ Videant cōnsulēs, nē quid rēs pūblica dētrīmentī capiat!

nē quid ... dētrīmentī capiat: dass ... keinen Schaden nehme

Der Anfang eines Cicero-Verses:

■ Cēdant arma togae!

toga, ae *f.*: Toga *(Gewand des Römers in Friedenszeiten)*

Wie lange nach Meinung des Dichters Horaz an einem Meisterwerk gearbeitet werden muss:

■ Nōnumque premātur in annum!

nōnus, a, um: neunter
premere, premō: verbergen

Eine Floskel, mit der man sich für ein Wort oder einen Ausdruck entschuldigt:

■ Sit venia verbō!

venia, ae *f.*: Nachsicht

Aus der Spruchsammlung des Pūblilius Syrus (1. Jh. v. Chr.):

■ Amēs parentem, sī aequus est; sī aliter, ferās.
Dulce etiam fugiās, quod fierī amārum potest.
Ferās, nōn culpēs, quod mūtārī nōn potest.
Nē plūs prōmittās, quam praestārī possit!
Ōrātiōnī vīta nē dissentiat!

parēns, ntis *m.*: Vater
aequus, a, um: gerecht
aliter *Adv.*: anders
dulcis, e: süß, angenehm
fierī: werden
amārus, a, um: bitter, unangenehm
culpāre, culpō: tadeln, beschuldigen
mūtāre, mūtō: ändern
nē *beim Wunsch*: nicht
quam ... possit: als ... kann
praestāre, stō: leisten
dissentīre, sentiō *m. Dat.*: im Widerspruch stehen zu

1 1. Zeichnen Sie die Tabelle in Ihr Heft und tragen Sie die entsprechenden Konjunktivformen aus dem Vortext ein.

	ā-Konj.	ē-Konj.	kons. Konj.	kons. Konj. mit i-Erw.	ī-Konj.	esse	ferre
1. Sg.							
2. Sg.							
3. Sg.							
1. Pl.							
2. Pl.							
3. Pl.							

2. Was ist bei den einzelnen Konjugationen das Kennzeichen für den Konjunktiv Präsens/Konjunktiv I der Gleichzeitigkeit?

Villa Oplontis. Diese Villa bei Pompeji ließ Kaiser Nero für Sabina Poppaea bauen.

Die *villa Oplontis* ist mit vielen schönen Fresken ausgestattet. Dieses zeigt eine Theatermaske und einen Pfau, das Lieblingstier der Göttin Iuno. Es ist anzunehmen, dass es auch Sabina Poppaeas Lieblingstier war, denn in der Villa gibt es noch zahlreiche andere Pfauendarstellungen.

Dē Sabīnā Poppaeā

Est in cīvitāte Sabīna Poppaea,
cui cūncta alia sunt praeter honestum animum;
sermō cōmis nec absurdum ingenium;
modestiam praefert,
5 ut in prīvātō vitiīs sē facilius dēdere possit.
Rārō in pūblicum exit,
idque vēlātā parte ōris,
nē aut cōgnōscātur aut satiet aspectum.
Quamquam Rufriō Crīspīnō equitī nūpta est,
10 Othō eam illicit fōrmā iuventūteque
et quod amīcus Nerōnis putātur.
Nec mora, quīn Poppaea Othōnī nūbat.

absurdus, a, um: unbegabt, unfähig

satiāre aspectum, satiō: die Neugier *der Leute, die sie sehen wollen,* befriedigen
illicere, liciō, lēxī, lectum: verführen
nec mora, quīn *m. Konj.:* und es dauert nicht lange, bis

Apud prīncipem comitēsque eius
ille fōrmam ēlegantiamque uxōris laudat,
15 ut fēlīcitātem suam mōnstret et omnibus admīrātiōnī sit.
Optat etiam, ut invidia Nerōnis accendātur.
Paulō post Poppaea rē vērā ūnā cum marītō
in domum auream invītātur.
Quod prīncipī placēre cupit,
20 sē fōrmā Nerōnis captam esse simulat labōratque,
ut eum blandīmentīs atque aliīs artibus illiciat.

Mox prīnceps ācrī amōre accēnsus
»Utinam« clāmat »tū tantā cupiditāte mē amēs,
quantā ā mē amāris!
25 Nē umquam mē relinquās!«
Poppaea autem sē sine Othōne vīvere posse negat.
Cum Nerō eam obsecrāre nōn dēsinat,
ut semper apud sē maneat,
illa »Optō«, inquit, »ut domum redeam.
30 Timeō enim, nē Othōnem aut laedam aut offendam.
Othō autem per genus vītae,
animum cultumque mihi admīrātiōnī est,
sed tū, Nerō, paelice ancillā Actē dēvinctus,
vītam sordidam agis.«

35 Īrā incēnsus
prīnceps Othōnem prōvinciae Lūsitāniae praeficit.
Quō modō prohibet,
nē aemulus in urbe sit.
Tum Actem ē domō expellit
40 et Poppaeam in mātrimōnium dūcit.

ēlegantia, ae *f.*: Eleganz, feines Benehmen

blandīmentum: Schmeichelei

cum *m. Konj.*: als, weil

paelice ancillā Actē dēvinctus: durch das Verhältnis mit deiner Geliebten Acte, einer Sklavin, gefesselt

■ Mors certa, hōra incerta.

hōra, ae *f.*: Stunde
in-certus, a, um: ?

Lektion 17: Aufgaben

1 Zitieren Sie lateinisch die Eigenschaften, die der Autor Sabina Poppaea zuschreibt; welche bewertet er positiv, welche negativ?

2 1. Versuchen Sie einen Überblick über das Beziehungsgeflecht der genannten Personen zu gewinnen, indem Sie lateinisch zusammenstellen, was jeweils über die Personen und ihre Beziehungen zueinander ausgesagt wird.

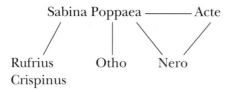

2. Welche Entwicklung ist im Verlauf des Textes festzustellen?

3 Der Text enthält eine Vielzahl versteckter oder offen geäußerter Wünsche und Ziele. Ordnen Sie diese in eine Tabelle nach folgendem Muster ein.

Wunschsätze (Hauptsätze)	Finale Gliedsätze	
	Finale Objektsätze	Finale Adverbialsätze

4 Verwandeln Sie folgende Formen in den Indikativ bzw. Konjunktiv Präsens/Konjunktiv I der Gleichzeitigkeit.

sunt; praefert; possit; cōgnōscātur; laudat; audiat; videat; accendātur; invītāminī; cupiat; amēs; amāris; relinquimur; offendam; maneam; possunt; prohibet; sīs; optō.

5 Wozu tue ich das, was ich tue? Übersetzen Sie die kurzen Zwecksätze.

a) Labōrō, ut vīvam – vīvō, ut labōrem – labōrō, ut dīves sim – labōrō, ut labōrem.
b) Cēnō, ut vīvam – vīvō, ut cēnem.
c) Clāmō, ut audiar – clāmō, ut clāmem.
d) Ad magistrum eō, ut multa discam –
ad magistrum eō, ut cum amīcīs lūdam –
ad magistrum eō, nē nihil agam.

6 Verwandeln Sie die Aussagesätze in Wunschsätze. Beispiel:

Tū, Nerō, vītam sordidam agis. (Utinam nē) – Utinam nē tū, Nerō, vītam sordidam agās.

a) Sabīnae Poppaeae animus honestus est. (Utinam)
b) Sabīna Poppaea rārō in pūblicum exit. (Utinam)
c) Sabīna Poppaea in pūblicō cōgnōscitur. (Utinam nē)
d) Othō amīcus Nerōnis putātur. (Utinam nē)
e) Othō apud prīncipem fōrmam Sabīnae Poppaeae laudat. (Utinam nē)
f) Sabīna Poppaea apud Nerōnem manet. (Utinam nē)
g) Tū, Othō, numquam mē relinquis. (Utinam)
h) Vōs, virī, fōrmā Sabīnae Poppaeae illiciminī. (Utinam nē)

illicere, liciō: verführen

7 Die Menschen, die unter Neros Schreckensherrschaft leben mussten, trauten ihm alles zu. Sie wurden Tag und Nacht von vielen Ängsten geplagt.

1. Übersetzen Sie.

a) Timeō, ut Nerō mē ad cēnam invītet.
b) Timeō, nē Nerō mē ad cēnam invītet.
c) Timeō, nē hodiē ē domō aureā domum meam nōn redeam.
d) Timeō, nē Nerōnī placeam.
e) Timeō, nē avāritia Nerōnis mihi omnia rapiat.
f) Timeō, nē verbīs meīs Nerōnem offendam.
g) Timeō, nē Nerōnī odiō sim.
h) Timeō, nē ā Nerōne dolōribus maximīs vexer et necer.

Setzen Sie die lateinischen Sätze in den Plural.

a) Timēmus, …

8 Übersetzen Sie.

1. ōrāre atque obsecrāre – metus et timor – amāre atque dīligere – fāma atque invidia – dūcere et trahere – impius et ingrātus.

2. nōn parvus – nōn īgnōrāre – nōn iī dēfuērunt, quī … – nōn nescīre.

9 Nicht weit von Pompeji wurde eine sehr gut erhaltene kaiserliche Villa ausgegraben, die *villa Oplontis* (vgl. Abb. S. 124 u. S. 125). Wahrscheinlich hat Kaiser Nero sie für Sabina Poppaea gebaut.

1. Referieren Sie über die *villa Oplontis.*
2. Referieren Sie über die Regierungszeit Kaiser Neros.

Das Zeitalter des Augustus und die Rolle der Frau

Augustus – eigentlich C. Iulius Octavianus – beschreibt in den von ihm selbst verfassten *res gestae*, dem »Tatenbericht«, sein politisches Leben und Wirken für den Staat. Er beginnt mit seinem 19. Lebensjahr, dem Todesjahr Caesars (44 v. Chr.), und endet mit seinem 76. Lebensjahr, ein Jahr vor seinem Tod 14 n. Chr. Über das Jahr 27 v. Chr. schreibt er (Kap. 34): »... nachdem ich die Bürgerkriege beendet und mit Übereinstimmung aller die Macht in allen Bereichen erlangt hatte, habe ich den Staat aus meiner Machtbefugnis in die Macht des Senats und Volkes von Rom übertragen. Für dieses mein Verdienst wurde mir auf Senatsbeschluss hin der Name ›Augustus‹ verliehen.« Formal gab Augustus also 27 v. Chr. die außerordentlichen Vollmachten, die er während des Bürgerkrieges innehatte, an den Senat zurück und stellte die alte *res publica* wieder her, tatsächlich stand jedoch der Staat unter der Herrschaft eines Monarchen. Er selbst bezeichnete sich als *princeps* (erster Mann im Staat). Die alten Organe der römischen Verfassung wie der Senat und die Volksversammlung blieben zwar erhalten, in Wirklichkeit hatten sie aber ihre politische Macht verloren.

Unter dem *Prinzipat* des Augustus lebten die Römer in einer Zeit des innenpolitischen Friedens. Der Bürgerkriege und der Parteienkämpfe überdrüssig, zogen sich viele ins Private zurück, zumal die Möglichkeiten, politisch Einfluss zu nehmen, gering waren. Friede und Wohlstand begannen die Gesellschaft zu verändern: Man wandte sich der Kultur und Literatur zu, die im Zeitalter des Augustus eine Blüte erlebten und die der Kaiser über seinen »Kulturminister« Maecenas förderte.

In dieser Zeit ist auch eine deutliche Emanzipation der römischen Frau festzustellen: Bis zum 1. Jahrhundert v. Chr. besaß die Frau keine Geschäftsfähigkeit, da sie nicht als juristische Person anerkannt war. Bei der Eheschließung wurde sie von der *patria potestas*, der absoluten Gewalt des Familienoberhaupts über die ganze *familia*, in die Rechtsgewalt des Mannes *(in manum)* übergeben. Zunehmend wurde nun die *usus*-Ehe die übliche Eheform (*usus*: Brauch, Gewohnheit). Dabei musste die Frau ein Jahr lang mit ihrem Mann zusammenwohnen, allerdings durfte sie nicht drei Nächte und mehr außerhalb des Hauses verbringen, wenn sie in die Rechtsgewalt des Mannes übergehen sollte. Die Möglichkeit, eine Ehe zu vermeiden, bestand daher in der *emancipatio*, also dem Sichherauslösen aus der Hand des Mannes, indem die Dreitagesfrist regelmäßig überschritten wurde.

Deutlich zu unterscheiden ist das Leben der Frauen aus der Unterschicht von dem der großstädtischen Oberschicht. Die Bäuerin musste selbstverständlich

auf dem Acker mitarbeiten, um für den Lebensunterhalt der Familie zu sorgen.
Es sind uns 103 Frauenberufe von der Hebamme, Ärztin und Verkäuferin über
40 Berufe im Handwerk bis zur Wirtin, Schauspielerin und Tänzerin überliefert.
Das Bild von der Hausherrin, der *domina*, die zu Hause blieb und über einen
großen Hausstand und ein Heer von Sklavinnen und Sklaven gebot, trifft nur
auf die dünne Oberschicht zu.

Frauen der Oberschicht nahmen sich zunehmend das Recht, in der Öffentlich-
45 keit ein freies und – wie der Dichter Ovid schildert – manchmal auch freizügi-
ges Leben zu führen.

1. Weshalb ließ sich Augustus nicht wie Caesar zum *dictator* ernennen, sondern wählte die Bezeichnung *princeps*?
2. Warum entspricht das Bild vom Leben einer römischen Frau, wie es uns die meisten antiken Schriftsteller vermitteln, oft nicht der Wirklichkeit?
3. Was bedeutete für die römische Frau *emancipatio*?

Römisches Grabrelief einer jungen Frau. Aquileia.

1. Vergleichen Sie diesen Grabstein mit einem modernen.
2. Weshalb ließ die Familie die junge Frau so darstellen?

Seneca

Teil 1: Äußerungen Senecas über den Tod

Text 1

Nēmō tam imperītus est, ut nōn sibi cōnscius sit
sē aliquandō mortem obitūrum esse.
Tamen cum accessit, timet, gemit, lāmentīs sē dēdit.
Nōnne tibi vidētur stultissimus omnium,
5 quī flēvit, quod ante annōs mīlle nōn vīxerat?
Aequē stultus est, quī flet, quod post annōs mīlle nōn vīvet.
Haec paria sunt. Restat, ut dīcam: Nōn eris neque fuistī.

lāmenta, ōrum *n.*: Klagen
vidētur: er, sie, es, scheint

Text 2

Nēmō tam puer est, ut Cerberum timeat et Orcī tenebrās.
Mors nōs aut cōnsūmit aut līberat.
Līberātīs meliōra restant onere corporis dētractō,
cōnsūmptīs nihil restat,
5 bona pariter malaque summōta sunt.

cōnsūmere, sūmō, sūmpsī, sūmptum: *hier*: vernichten
summovēre, moveō, mōvī, mōtum: entfernen

Text 3

Cum advēnit hōra illa inēvītābilis,
videant hominēs,
ut aequō animō abeant.

inēvītābilis, e: unvermeidlich

Text 4

Cūrēmus, nōn ut diū vīvāmus, sed ut satis;
nam ut diū vīvās, fātō opus est, ut satis, animō.
Longa est vīta, sī plēna est.
Obsecrō tē, Lūcīlī: Hoc agāmus,
5 ut vīta nostra nōn multum pateat, sed multum pendeat.

multum patēre: viel Raum einnehmen, lange dauern
pendēre: wiegen, Gewicht haben

Teil 2: Senecas Ende

Nerō Senecam contrā imperātōrem sē coniūrāvisse putābat.
Itaque philosophus capitis damnātus est.
Nūntiō allātō cum Paulīnā uxōre diū dēlīberat:
»Quid faciam? Tēcum ex urbe fugiam?
5 Tēcum Rōmae maneam? Quid faciāmus, Paulina mea?«
Dēnique »praestat« inquit »mortem sibi cōnscīscere
quam ā satellitibus Nerōnis necārī«.

sē coniūrāre: sich verschwören
mortem sibi cōnscīscere: sich umbringen
satelles, itis *m.*: Helfershelfer

Postquam amīcōs convocātōs dē cōnsiliō suō certiōrēs fēcit,
illī tam maestī sunt, ut lacrimās nōn retineant.
10 Seneca autem: »Nē dēspērēmus!

Peter Paul Rubens (1577–1640), Der sterbende Seneca. Bayerische Staatsgemäldesammlungen, Alte Pinakothek, München.

Wie stellt Rubens Senecas Tod dar? Vergleichen Sie mit dem Text »Senecas Ende«.

Lektion 18: Seneca

Praeceptōrum sapientiae memorēs sīmus!
Nōnne philosophia nōs mortem malum nōn esse docuit?«

Tum vēnās ferrō exsolvit.
Sed corpus Senecae senectūte tam tenuātum est,
15 ut lenta effugia sanguinī praebeat.
Nē venēnum quidem haustum efficit,
ut mortem obeat.
Postrēmō sē in balneum ferrī iubet
et vapōre eius exanimātur.

vēnās exsolvere: *hier*: sich die Pulsadern aufschneiden
tenuātus: geschwächt
lenta effugia sanguinī praebēre: das Blut zu langsam abfließen lassen
haurīre, hauriō, hausī, haustum: trinken
balneum: Bad
vapōre exanimārī: im Dampf ersticken

Tod
■ Mors est nōn esse.

Zeit
■ Dum differtur vīta, trānscurrit.

Besinnung auf sich selbst
■ Sē contentus est sapiēns.

Quī sē habet, nihil perdidit.

Freude
■ Vērum gaudium rēs sevēra est.

Reisen
■ Animum dēbēs mūtāre, nōn caelum.

Philosophie
■ Facere docet philosophia, nōn dīcere.

differre, ferō: verschieben
trānscurrere, currō: vorübereilen
sapiēns, entis *m.*: der Weise

perdere, perdō: *hier*: verlieren

sevērus, a, um: ernst

mūtāre, mūtō: ändern

Dum differtur vīta, trānscurrit. Graffiti. Matala (Süd-Kreta).

Zu Teil 1

1 *Zu Text 1*
1. In welchen Sätzen spricht Seneca von der Zukunft, in welchen von der Vergangenheit?
2. Tragen Sie diese lateinischen Formulierungen auf einem Zeitstrahl nach folgendem Muster ein.

3. Welche lateinischen Formulierungen sind dem kognitiven (= die Erkenntnis betreffenden) Bereich zuzuordnen, welche dem Bereich der Emotionen (= Gefühle)?
4. Erklären Sie, weshalb Seneca das Verhalten der Menschen für inkonsequent hält.
5. Inwiefern unterstreicht die stilistische Gestaltung der Zeilen 5 und 6 die inhaltliche Aussage?
6. Nehmen Sie Stellung zu Senecas Aussagen.

2 *Zu Text 2*
1. Gegen welche Ängste der Menschen wendet sich Seneca in Zeile 1?
2. Welche Alternative zeigt er in den Zeilen 2–5 auf? Welche Konsequenzen ergeben sich jeweils? Übertragen Sie das Schema in Ihr Heft und ergänzen Sie es.

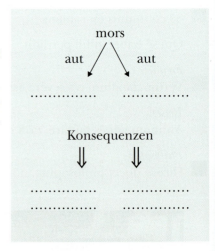

3 *Zu Text 3*
1. Mit welcher inneren Einstellung sollen die Menschen dem Tod begegnen?
2. Auf welche Weise kann man zu dieser Einstellung gelangen: Welche Wege zeigt Seneca in den Texten 1 und 2 auf? Welche Wege halten Sie für denkbar?

4 *Zu Text 4*
1. Welche lateinischen Begriffe stellt Seneca hier einander gegenüber?
2. Wie begründet er seine in Zeile 1 geäußerte Aufforderung?
3. Was verstehen Sie unter einer *vita plēna* (Z. 3)?

Lektion 18: **Aufgaben**

5 Zu Teil 2

1. Welche Abschnitte des Textes haben beschreibenden, welche auffordernden Charakter? In welchen Sätzen überlegt Seneca, was zu tun ist?
2. Inwiefern lässt sich Senecas Entscheidung aus den *praecepta sapientiae* erklären?

6 Zu allen Texten

1. Ordnen Sie die konjunktivischen Hauptsätze, die in den Texten vorkommen, in eine Tabelle nach folgendem Schema ein.

Deliberativer Konjunktiv	Adhortativer Konjunktiv	Iussiver Konjunktiv

2. Übersetzen Sie folgende kurze Sätze und ordnen Sie sie ebenfalls in die Tabelle ein.

Quid faciāmus? – Hoc faciāmus! – Eat. – Vīvāmus! – Nē dēspērēmus! – Veniant. – Cūr id ferāmus? – Eāmus! – Valeat. – Dēlīberēmus! – Nē timeāmus! – Hominum vīta plēna, nōn longa sit. – Amīcōs adiuvēmus! – Maneant.

7 Verwandeln Sie in den Indikativ bzw. Konjunktiv.

ferō, eam, intersumus, invenītur, nārrant, laederis, numerentur, offertur, opprimunt, ōrāmus, pārētis, potes, possidētis, prōpōnat, fleātis, iubeō, abīmus, adsunt, ambulēmus, apportantur, celebrētur, circumit, commovēris, effugimus, sītis, colligantur, dēsināmus, dormīs, expūgnātur, expōnit, dēfendis, auferor, dēlectēmur, vinciminī.

8 Wiederholen Sie:

avārus und avāritia
modus und modestia

Von welchen Wörtern können Sie folgende Substantive ableiten und was bedeuten sie?

amīcitia – cōnscientia – dūritia – laetitia – neglegentia – pigritia.

9 Latein für alle Lebenslagen: Übersetzen Sie folgende lateinische Sprüche und geben Sie jeweils die semantische Funktion des Konjunktivs an.

a) Gaudeāmus igitur, iuvenēs dum sumus.

b) Dō, ut dēs.

c) *Formel für die Exkommunikation aus der katholischen Kirche:* Anathema sit.

d) Mulier taceat in ecclēsiā.

e) Vīvat, crēscat, flōreat!

f) Ergō bibāmus.

g) *Seneca übt Kritik an übertriebenen Gelagen:* Vomunt, ut edant; edunt, ut vomant.

iuvenis, is: jung

anathema: verflucht
ecclēsia, ae *f.*: Kirche
crēscere, crēscō: wachsen
flōrēre, flōreō: blühen
ergō *Adv.*: also
bibere, bibō: trinken
vomere, vomō: sich erbrechen
edere, edō: essen

Römische Philosophie

»Graecia capta ferum victorem cepit«: »Das besiegte Griechenland hat den wilden Sieger besiegt«. Der Dichter Horaz (65–8 v. Chr.), der zur Zeit des Kaisers Augustus lebte, beschreibt mit diesem Satz einerseits einen militärischen Sieg – die Römer waren nach dem Sieg über die Makedonen (168 v. Chr.) und der Zerstörung Korinths (146 v. Chr.) die unumstrittenen Herren Griechenlands geworden –, andererseits spielt er auf den langen Siegeszug der griechischen Kultur an. Mit der Eroberung Griechenlands kamen gebildete Sklaven nach Rom, die besonders die Kinder der römischen Oberschicht unterrichteten. Sie brachten den jungen Römern die Sprache und die Werke Homers, der Tragiker und der Philosophen nahe. Athen wurde zum Studienort für alle, die auf Bildung Wert legten. Dabei gab es durchaus kritische Stimmen gegenüber dieser Form des griechischen Einflusses: Der Politiker Marcus Porcius Cato ließ 155 v. Chr. eine Gesandtschaft aus Athen, die aus Vertretern der wichtigsten Philosophenschulen bestand, kurzerhand aus der Stadt verweisen. Dennoch verbreitete sich die griechische Literatur und Kultur rasch in der römischen Welt.
Marcus Tullius Ciceros (s. Informationstext zu Lektion 15, S. 114f.) besonderes Verdienst ist es, den Römern die griechische Philosophie vermittelt und diese mit römischer Denkweise verbunden zu haben. Auch wenn es für ihn selbst stets vorrangiges Lebensziel war, sich durch die aktive Beteiligung an der Politik für die *res publica* einzusetzen, haben seine philosophischen Werke die Philosophie Platons, der Stoiker und Epikureer (s. Informationstext zu Lektion 19, S. 143f.) in Rom bekannt gemacht.

Die Agora (Marktplatz) in Athen. In der Bildmitte die rekonstruierte Stoa.

Die Römerinnen und Römer interessierten sich besonders dafür, wie sich theoretisch gewonnene Erkenntnisse in die Lebenspraxis umsetzen ließen. Der Philosoph Seneca (um 4 v. Chr.–65 n. Chr.) beschäftigte sich vor allem mit Grundfragen menschlicher Existenz: Wie können wir zu einem selbstbestimmten, glücklichen Leben gelangen? Wie können wir uns von der Fremdbestimmung durch Materielles, wie von dem Streben nach Macht, Ruhm und Reichtum, wie von der Furcht, vor allem von der Todesfurcht, befreien? Wie können wir unsere eigene Lebenszeit bewusst leben? Wie kann uns dabei die Philosophie helfen? Seneca kleidete seine Philosophie vielfach in kurze, zugespitzt formulierte Sätze, die zum Nachdenken herausfordern.

Die Werke der griechischen und römischen Philosophie wurden durch alle Jahrhunderte hindurch gelesen. Das europäische Denken ist bis heute von ihnen maßgeblich beeinflusst.

1. Erklären Sie, was Horaz mit seinem oben zitierten Satz meint.
2. Weshalb ließ wohl Cato die Philosophengesandtschaft aus der Stadt verweisen?
3. Weshalb kann man sagen, dass die meisten philosophischen Aussagen durch den Fortschritt nicht überholt werden?

Soll man sich politisch betätigen? 19

Titō, cum in viīs ambulāret, Sextus senātor obviam iit.
Amīcō vīsō tantō gaudiō commōtus est,
ut cōnsisteret et eum manū retinēret.

Titus: Salvē, Sexte, cūr tantopere properās? Quō properās?
5 Nōnne sōlem lūcēre vidēs? Hortōs adeāmus!
Sextus: Salvē, Tite. Utinam nē mē retineās!
Cum hodiē in senātū dē māgnīs rēbus disputētur,
ōtium mihi nōn est.
T.: Quārē semper labōrāre dēbēs?
10 Rēs pūblica molestiae est, animum exagitat et sollicitat.   **exagitare**, agitō: aufregen, quälen
Tranquillitās animī semper in perīculō est.
Praestat igitur aut ambulāre aut domī manēre,
cum amīcīs cēnāre, bonum vīnum bibere,
dē philosophia disputāre.
15 S.: Ō Tite, tū homō vērē Epicūrēus es!
Cum mē in senātum īre dēbēre sciās,
mē prohibēre studēs, nē officia mea impleam.
Tū vērō nihil in animō habēs nisī voluptātem.
Scīsne, quid Cicerō in illō librō,   **quid ... dīxerit**: was ... er, sie, es gesagt hat
20 quī »dē rē pūblicā« īnscrībitur,
hīs ferē verbīs dīxerit?

Patria enim nōs nōn genuit,
ut tantum nostrīs commodīs servīret,
ut ōtiō nostrō tranquillum ad quiētem locum suppeditāret.
25 Sed hāc lēge nōs ēdūcāvit,
ut plūrimās ac maximās nostrī animī ingeniīque partēs
ad ūtilitātem suam darēmus,
ut populum aut cōnsiliō aut rē adiuvārēmus,
ut cīvibusque nostrīs omnibus in rēbus adessēmus.

30 T.: Potin, Sexte, ut dēsinās.   **Potin ... ut dēsinās**: Hör doch auf zu reden!
Nōnne etiam audīvistī
saepe hominēs nūllā rē bonā dīgnōs
ad rem pūblicam accēdere?
Praetereā: Nōnne vērum est
35 vōs senātōrēs semper cum sordidīs adversāriīs certāre
et multitūdine incitātā
etiam contumēliās subīre plāgāsque accipere?   **plāga**, ae *f*.: Schlag

Lektion 19: **Soll man sich politisch betätigen?**

Rēs cum ita sint semperque essent,
sapientis nōn est ad rem pūblicam accēdere.
40 S.: Ē contrāriō, Tite cārissime!
Sapientī nūlla causa fuit melior ad rem pūblicam adeundī,
quam cīvēs nē improbīs pārērent,
nē rēs pūblica ab illīs lacerārētur …

ad rem pūblicam adeundī: sich politisch (zu) betätigen

Ein Personenschützer weist zu Beginn des SPD-Sonderparteitages am 1. 6. 2003 Bundeskanzler Gerhard Schröder und seiner Frau Doris den Weg zum Podium.

■ Dē mortuīs nīl nisī bene.

■ Sapientī sat.

Cicero über seinen Rückzug aus der Politik:
■ Ōtium cum dīgnitāte.

Wie sich der Dichter Horaz (65–8 v. Chr.) selbst bezeichnete:
■ Epicūrī dē grege porcus.

nīl = nihil

sat = satis

dīgnitās, ātis *f.*: Würde

porcus, ī *m.*: Schwein

1 1. Stellen Sie aus dem Lektionstext die lateinischen Formulierungen zusammen, die einerseits die Lebensweise des Titus, andererseits die des Sextus kennzeichnen.
2. Ordnen Sie diese Begriffe verschiedenen Bereichen des menschlichen Lebens zu.

2 1. Was versteht Sextus unter einem *homō vērē Epicūrēus*?
2. Fassen Sie zusammen: Was ist dem Epikureer Titus im Leben wichtig, was dem Stoiker Sextus? Ziehen Sie auch den Informationstext zurate.

3 Stellen Sie aus dem Lektionstext ein Sachfeld zum Thema »Politik« zusammen.

4 Verwandeln Sie nacheinander in:

a) invenīret – Präsens – Indikativ – Futur – Plural – Perfekt – Plusquamperfekt – 2. Person – Imperfekt – Singular – 3. Person – Konjunktiv.
b) essēmus – Singular – Präsens – Indikativ – Perfekt – 3. Person – Futur – Plural – Plusquamperfekt – Imperfekt – Konjunktiv – 1. Person.
c) commoveam – Passiv – Imperfekt – Indikativ – Perfekt – Plusquamperfekt – Plural – Imperfekt – Konjunktiv – Aktiv – Singular – Präsens.
d) vocārētis – Singular – 1. Person – Passiv – Präsens – Indikativ – Imperfekt – Perfekt – Plusquamperfekt – Plural – Futur – 2. Person – Imperfekt – Aktiv – Konjunktiv.
e) expellitur – Futur – Imperfekt – Konjunktiv – 2. Person – Plural – Präsens – Indikativ – Singular – 3. Person.
f) invītāminī – Perfekt – Plusquamperfekt – Imperfekt – Konjunktiv – Singular – 3. Person – Indikativ – Futur – Präsens – 2. Person – Plural.

5 Schreiben Sie die konjunktivischen Haupt- und Gliedsätze aus dem Lektionstext heraus und ordnen Sie diese in eine Tabelle nach folgendem Muster ein.

Konjunktivische Hauptsätze			Konjunktivische Gliedsätze		
Lateinischer Satz	Eingeleitet mit	Semantische Funktion des Konjunktivs	Lateinischer Satz	Eingeleitet mit	Semantische Funktion des Gliedsatzes

6 Übersetzen Sie folgende Satzgefüge und ordnen Sie diese in die Tabelle von Aufgabe 5 ein.

a) Homō, cum sciat vītam hominum aeternam nōn esse, sē mortem obitūrum esse sibi nōn cōnscius est.
b) Hominī, cum mortem timeat, vīta gaudiō nōn est.
c) Seneca, cum ipse mortem obīre dēbēret, praeceptōrum sapientae memor erat.
d) Homō tam stultus est, ut nōn cūret, ut satis – nōn diū – vīvat.
e) Homō cūret, ut vīta plēna sit.
f) Seneca timuit, nē amīcī dē morte suā dēspērārent.
g) Seneca amīcōs vocāvit, ut eōs dē cōnsiliō suō certiōrēs faceret.
h) Seneca, cum vidēret amīcōs maestōs esse, eōs vituperāvit.

aeternus, a, um: ewig

7 Übersetzen Sie und beschreiben Sie, wie der gleiche Sachverhalt jeweils lateinisch ausgedrückt wird.

a) Hodiē in senātū dē māgnīs rēbus disputātur, cum rēs pūblica in perīculō sit. – Hodiē in senātū dē māgnīs rēbus disputātur; nam rēs pūblica in perīculō est.
b) Multitūdine ā nōnnūllīs incitātā senātōrēs contumēliās sordidās subeunt. – Postquam multitūdō ā nōnnūllīs incitāta est, senātōrēs contumēliās sordidās subeunt.
c) Quamquam mē in senātum īre dēbēre scīs, mē prohibēre studēs, nē officia mea impleam. – Mē in senātum īre dēbēre scīs. Tamen mē prohibēre studēs, nē officia mea impleam.
d) Tranquillitātis animī causā cum amīcīs cēnēmus, bonum vīnum bibāmus, dē philosophiā disputēmus. – Cum amīcīs cēnēmus, bonum vīnum bibāmus, dē philosophiā disputēmus, ut tranquillitās animī nōbīs semper sit.
e) Cīvēs cōnsiliō aut rē adiūtī nōbīs semper favēbunt. – Cīvēs nōbīs semper favēbunt; nam eōs cōnsiliō aut rē adiūvimus.
f) Rēs pūblica animum sollicitat. Itaque tranquillitās animī in perīculō est. – Rēs pūblica animum sollicitat, ut tranquillitās animī in perīculō sit.
g) Herī in viīs ambulābam. Tum amīcus mihi obviam iit. – Herī, cum in viīs ambulārem, amīcus mihi obviam iit.
h) Amīcus tantō gaudiō commōtus cōnstitit. – Amīcus māgnō gaudiō commōtus est. Itaque cōnstitit. – Amīcus tantō gaudiō commōtus est, ut cōnsisteret.

8 Ordnen Sie die Kennzeichen, Pflichten, Aufgaben … der rechten Spalte passenden Personen der linken Spalte zu (es gibt vielfach mehrere Möglichkeiten) und übersetzen Sie.

Sapientis est	puerōs ēducāre
Vīlicī est	mortem nōn timēre
Epicūrēī est	officia implēre
Senātōrum est	cum amīcīs cēnāre, bonum vīnum bibere, dē philosophiā disputāre
Sextī senātōris est	cīvibus adesse
Omnium cīvium est	cēnam parāre
Amīcōrum Senecae est	frūmentum vendere
Magistrī est	praeceptōrum sapientiae memorēs esse
Discipulōrum est	fābulam legere
Servōrum est	salūtī populī Rōmānī cōnsulere

9 Wiederholen Sie:

cīvis und cīvitās – cupidus und cupiditās – dīgnus und dīgnitās – fēlīx und fēlīcitās.

Von welchen Wörtern können Sie folgende Substantive ableiten und was bedeuten sie?

antīquitās – brevitās – difficultās – novitās.

10 Suchen Sie alle Konjunktivformen heraus: Die Anfangsbuchstaben ergeben – hintereinander geschrieben – einen nicht gerade feinen Graffitispruch aus Pompeji. Der vierte und siebte Buchstabe des ersten Wortes ist ein u. Das erste Wort ist ein römischer Name.

scrībit – scrībat – scrībet – vocat – vocābit – vocābat – cūstōdītus est – essem – videō – eō – cēnem – laudor – poterō – invēnit – nārrētur – habuistis – dem – advolat – āit – salūtā – sedērēmus – incitātur – habitet – implērentur – restat – rīdēbimus – cantāret – cantārēminī – certō – accipiās – circumeō – celebrārēs – oportuit – obtinētis – cūstōdiētis – addat – mittimur – mittēmur – mittēbāmur – īgnōrābimus – obsecrātur – traherentur.

x x x u x x u x   x x x   x x x x x.

Stoiker und Epikureer

In der Einleitung zur amerikanischen Unabhängigkeitserklärung wird das Streben des Menschen nach Glück als grundlegendes Menschenrecht bezeichnet. Die Frage, wie man das Glück als höchstes Gut, *summum bonum*, erreichen kann, war bereits in der Antike die zentrale Frage der Philosophie. Zwei Philosophenschulen, die etwa gleichzeitig in Athen gegründet wurden, haben nach Antworten auf Grundfragen menschlichen Lebens gesucht, um so dem Ziel der *vita beata* näher zu kommen: Zenon gründete um 308 v. Chr. die *Stoa*, benannt nach dem Versammlungsort, der *Stoa poikile* auf dem Marktplatz von Athen. Etwa ab 307 v. Chr. lehrte Epikur im *Kepos*, einem Garten, den er für sich und seine Anhänger in Athen gekauft hatte. Zwar waren sich Zenon und Epikur in dem Ziel einig, die »Unerschütterlichkeit der Seele« (griech. *ataraxía*) zu erreichen, ihre Wege waren jedoch so unterschiedlich wie die Versammlungsorte. Beide Philosophenschulen beschäftigten sich mit der Erklärung der Natur, der Physik, und zogen aus den Erkenntnissen Konsequenzen für das menschliche Leben. Nach Überzeugung der Stoiker wirkt in der Welt ein übergreifender *Logos*, eine Weltvernunft, die alles ordnet und durchdringt. Das Leben des Menschen ist durch sie vorherbestimmt; denn alles, was geschieht, geschieht nicht durch Zufall, sondern aus Notwendigkeit. Der Mensch hat mit seinem Geist Anteil am Weltlogos. Deshalb muss er sich vor allem auf die Entfaltung der geistigen Kräfte konzentrieren, mit denen er sein eigenes Leben und Glück gestalten kann. Mittels der *ratio*, der Vernunft, kann der *sapiens* erreichen, dass er unabhängig von Affekten und Leidenschaften wird (griech. *apatheia*). Das einzige Gut ist das sittlich Gute; nach ihm muss der Mensch um seiner selbst und um anderer willen streben. Daher setzt sich der Stoiker auch für den Staat und die Gesellschaft ein. Der Mensch ist Bürger des Kosmos, nicht nur einer Stadt oder eines Landes. Deshalb ist es dem Weisen möglich, überall auf der Welt ein sittlich gutes, glückliches Leben zu führen.

Für Epikur bestehen Mensch und Welt aus Atomen. Die Existenz der Götter leugnet Epikur nicht. Allerdings haben sie nichts mit den Menschen zu tun. Sie leben glücklich in Zwischenwelten und üben keinen Einfluss auf die Welt aus. Deshalb ist die Furcht vor den Göttern, die die Menschen daran hindert, ein glückliches Leben zu führen, unbegründet. Da der Tod nur Zerfall von Atomen ist, betrifft er die Menschen überhaupt nicht, der Mensch kann ohne Angst vor dem Tod leben. Das höchste Gut, *summum bonum*, ist für den Epikureer die *voluptas*, das höchste Übel, *summum malum*, der *dolor*. Epikur wendet sich deutlich gegen eine Lebenshaltung, die nach der Befriedigung jeder Lust strebt; der Mensch muss mit seiner Vernunft, der *ratio*, genau abwägen, ob eine Handlung mehr Lust oder mehr Schmerz mit sich bringt. Im Gegensatz zum Stoiker lehnt der Epikureer die politische Betätigung ab: »Lebe im Verborgenen«, so lautet ein wichtiger Grundsatz Epikurs. Es gilt ein Leben anzustreben, das frei ist von politischen Verpflichtungen und von Machtstreben. Gemeinsam mit gleich gesinnten Freunden lebt der Epikureer in Bescheidenheit und im Einklang mit der Natur.

Beide Lebensmodelle haben viele Anhänger gefunden; sie haben sich im Lauf der Jahrhunderte weiterentwickelt und übten großen Einfluss auf die römische Welt aus. Der Stoiker Seneca nimmt in seinen philosophischen Schriften immer wieder auf Epikurs Lehrsätze Bezug. Um dem Menschen Hilfen zur Lebensbewältigung zu geben, erntet er oft auch im »Gärtchen Epikurs«.

1. Benennen Sie Gemeinsamkeiten und Unterschiede der beiden philosophischen Schulen.
2. Warum lehnt der Epikureer den Einsatz für den Staat ab, warum fordert die Stoa dagegen diesen Einsatz?
3. Überlegen Sie: Sind Sie eher Stoiker oder Epikureer? Begründen Sie Ihre Einschätzung.

Sarkophag des Valerius Valerianus. Pozzuoli. Auffallend ist, dass die spielenden Gestalten Oberschenkel haben, die deutlich Schweinsbacken ähneln. Dies ist ein Hinweis auf die Zugehörigkeit des Verstorbenen zur Philosophenschule der Epikureer.

Tödliche Rasur   20

In Göttingen bediente jahrelang ein Friseur seine Kunden im Sommer im Freien – bis dies das Gewerbeaufsichtsamt verbot. Vielleicht haben die Verantwortlichen von dem tödlichen Fall, der sich in der Antike ereignet hatte, gehört?

Aliquandō tōnsor, cum tempestātem bonam esse vīdisset,
ex cōnsuētūdine fabrōrum
sellam suam in locō pūblicō posuerat.
Vesperī, cum multīs rāsīs aliquōs nummōs accēpisset
5 et sellam domum repōnere iam in animō habēret,
servus quīdam appāruit et sē rādī cupīvit.
Tōnsor autem dīxit:
»Sērō vēnistī. Sī in tempore vēnissēs, tē rāsissem.
Nunc autem domum īre cupiō.«
10 Servus: »Nisī dominus dominaque mē tam diū retinuissent,
libenter prius domō exīssem!
Sī scīrēs istōs mē semper labōribus dūrīs vexāre,
misericordiā commovērēris.
Sī scīrēs
15 eōsdem māgnās hirūdinēs esse,
tū etiam grātuītō mē rāderēs!«
Tōnsor rīsit:
»Sī nōn tam procāx essēs, certē melius tractārēris.«
Tamen barbam servī tondēre coepit.
20 Eōdem tempore nōnnūllī iuvenēs in hunc locum vēnērunt,
ut mōre Rōmānōrum pilā lūderent.
Cum ibī māgna cōpia hominum esset,
summō cum studiō currēbant, clāmābant,
pilās iactābant, exsultābant.

tōnsor, ōris *m.*: Friseur, Barbier

hirūdō, dinis *f.*: Blutsauger

25 Subitō pila ad manum tōnsōris volāvit,
gulā praecīsā servus mortem obiit.
Iuvenēs, cum ā servī dominō in iūs vocātī essent,
dē morte servī accūsātī sunt.

gula, ae *f.*: Kehle
praecīdere, cīdō, cīdī, cīsum: durchschneiden

Quamquam iūdicium iūdicum īgnōrāmus,
30 tamen causam cōgnōvimus,
quod nōnnūllī iūris cōnsultī dē eā respondērunt.
Aliī iuvenēs per iniūriam accūsātōs esse cēnsuērunt,
sed tōnsōrem mortis servī tenērī putāvērunt:
Sī tōnsor, quī sē in locō perīculōsō labōrāre scīverat,
35 sellam suam ibī nōn posuisset,
rēs dēlēta nōn esset.
Aliī autem etiam in servō esse culpam dīxērunt:
Nisī in locō pūblicō sē rādī cupīvisset,
mortem nōn obīsset.

iūris cōnsultus, ī *m.*: Rechtsgelehrter
tenērī alicuius reī: sich einer Sache schuldig gemacht haben

■ Sī tacuissēs, philosophus mānsissēs.
Summum iūs summa iniūria.
Duo cum idem faciunt, non est idem.

Juristischer Grundsatz:
■ Nē bis in idem.

bis *Adv.*: zweimal

1 Notieren Sie lateinisch
1. die Personen, die in vorliegendem Rechtsfall eine Rolle spielen,
2. den Ort der Geschehnisse und seine nähere Beschreibung,
3. die äußeren Umstände.

2 Welche Aspekte der Geschichte lassen den Todesfall besonders schlimm erscheinen?

3 1. Welche Alternativen für die Beantwortung der Schuldfrage werden im Text vorgestellt?
2. Wie wurde der Fall »Tod eines Sklaven« juristisch bewertet?
3. Was meinen Sie: Wer könnte Klage erheben? Gegen wen würden Sie klagen? Diskutieren Sie den Fall in der Klasse.
4. Legen Sie den Fall einem Ihnen bekannten Juristen vor.

4 Betrachten Sie die irrealen Bedingungsgefüge näher: Weshalb eignet sich der vorliegende Rechtsfall besonders gut zur Einführung dieses grammatischen Themas?

5 Was würde geschehen, wenn …? Was wäre geschehen, wenn …? Übersetzen Sie die folgenden Satzgefüge.

Helena denkt nach:
a) Sī Paris mē amāret, mē Spartā Trōiam abdūceret. b) Sī mē Trōiam abdūceret, Menelāus īrā commōtus Trōiam venīret, ut mē Spartam referret. c) Nisī cōgnōvissem verba virōrum vāna esse, cum Paride Trōiam abīrem. d) Sī Paris prius vēnisset et nōs prius convēnissēmus, nunc Trōiae vīverem.

Cicero in seiner Rede gegen Verres:
e) Sī ē Siciliā, ut tot cōnsulēs cupidī, tot praetōrēs avārī, nihil nisī pecūniās māgnās sustulissēs, nōn tē accūsārem. f) Nisī e templīs sīgna deōrum pulcherrima sustulissēs, cīvēs Siciliae, virī honestī, ā mē auxilium nōn petīvissent.

Tiberius Gracchus spricht:
g) Nisī ex agrīs nostrīs expulsī essēmus, cum uxōribus līberīsque nōn per Italiam errārēmus. h) Sī sēnātōribus patriciīsque cūrae essēmus, istam vītam indīgnam ferre nōn dēbērēmus. i) Nisī avāritia dīvitum nōs vexāret, lēge hāc opus nōn esset.

praetor, ōris *m.*: Praetor – **vānus,** a, um: leer

6 Übersetzen Sie und geben Sie die Semantik der Konjunktive bzw. Gliedsätze an.

a) Veniat. – Veniāmus! – Veniamne? – Venīrem, sī invītātus essem. – Optō, ut veniās. – Optāvī, ut venīrēs. – Cum venīrem, tū āfuistī.
b) Labōrēmus! – Nōnne labōrēmus? – Labōrent. – Labōrāvissent, nisī tam aegrōtī fuissent. – Cum labōrāvissem, nōn laudātus sum.
c) Cūr legāmus? – Legāmus! – Legātur. – Legāmus, ut multa discāmus. – Sī plūs legerētur, plūs discerētur. – Tam multa didicērunt, ut omnia scīrent.
d) Num amīcōs adiuvēmus? – Amīcōs adiuvēmus! – Studeāmus, ut amīcōs adiuvēmus! – Cum amīcōs adiūvissēmus, istī nōs nōn adiūvērunt. – Sī amīcī nōs adiūvissent, servātī essēmus.

7 Verwechslungsgefahr! Diese verflixten Pronomina! Übersetzen Sie die folgenden Wendungen.

Hic liber – iste liber – īdem liber – liber eius – tē ista, ea, eadem docēbō – haec fēmina – huius uxor – uxor ipsa – uxor istīus – ei adsumus – nōs ipsī ei adsumus – num nōs istī adsīmus? – ad portam ipsam – ad hanc portam – ad portam istam – bellum istum – id bellum – idem cōgitāre – haec cōgitāre – haec ipsa cōgitāre – idem vērum putāre – id ipsum vērum putāre – verbō eō laedere – verbō istō laedere – verbō eōdem laedere – eā rē dēlectāre – eādem rē dēlectāre – rē ipsā dēlectāre – hoc ipsum tibi dīcō – tibi ipsī hoc dīcō – tibi ipse hoc dīcō – idem tibi dico – id tibi dīcō.

8 Wiederholen Sie:

gladius und gladiātor.

Von welchen Wörtern können Sie folgende Vokabeln ableiten und was bedeuten sie?

amātor – audītor – cantātor – dēfēnsor – expūgnātor – spectātor – imperāre.

Römisches Recht

Die Römer hatten einen ausgeprägten Sinn für das Praktische; dies gilt auch für ihren Umgang mit Rechtsfragen. Das römische Recht ist nach den Anforderungen der Praxis allmählich gewachsen und beruhte am Anfang auf Gewohnheiten und der Sitte der Vorfahren *(mos maiorum)*. Zwischen 451 und 449 v. Chr.
5 verfasste ein Zehn-Männer-Gremium das erste geschriebene römische Recht, die *Zwölf Tafeln*. Die Gesetzestafeln, die auf dem Forum aufgestellt wurden, enthielten Aufzeichnungen über viele Bereiche des Rechts, z.B. über das Privat-, Sakral-, Straf- und Prozessrecht. Nach dem Lehrbuch des Juristen Gaius (2. Jahrhundert n. Chr.) lagen dem römischen Recht, das im ganzen *imperium Ro-*
10 *manum* Gültigkeit besaß, folgende Rechtsquellen zugrunde: Gesetze, Plebiszite, also Entscheidungen der Volksversammlung, Senatsbeschlüsse, also Entscheidungen des Senats, Bestimmungen des Kaisers, Edikte von dazu befugten Beamten und Gutachten von Juristen. Die obersten Gerichtsbeamten *(Prätoren)* wurden jährlich gewählt. Ein wichtiger Grundsatz des römischen Rechts lau-
15 tete: *Wo kein Kläger, dort auch kein Richter.* Es gab daher keinen Staatsanwalt, der von Staats wegen Anklage erhob, sondern jeder Bürger konnte sich direkt an den Prätor wenden. Dieser richtete sich in den Grundsätzen, nach denen er Recht sprach, nach den Entscheidungen der Vorgänger und nach dem Rat er-

fahrener Juristen. Auf die Weiterentwicklung des Rechts übten diese schriftlichen Auskünfte von Rechtsgelehrten *(iuris consulti)* einen entscheidenden Einfluss aus.

In der Kaiserzeit gewannen die Beschlüsse des Kaisers und seiner Verwaltung immer mehr an Bedeutung. Unter Kaiser Justinian erstellte eine Kommission 529 n. Chr. den *codex Iustinianus*, in dem alle gültigen Rechtsquellen zu einem großen Gesetzeswerk zusammengefasst wurden. Zusammen mit einigen weiteren Sammlungen wurde dieser Kodex zum *corpus iuris civilis*, auf dem das moderne Recht der westlichen Welt beruht. Auch das Bürgerliche Gesetzbuch (BGB), das 1900 in Deutschland in Kraft trat, ist vom *corpus iuris civilis* stark geprägt.

1. Auf welchen Grundlagen beruhte das römische Recht?
2. Nennen Sie Gemeinsamkeiten und Unterschiede zu unserem modernen Rechtssystem.

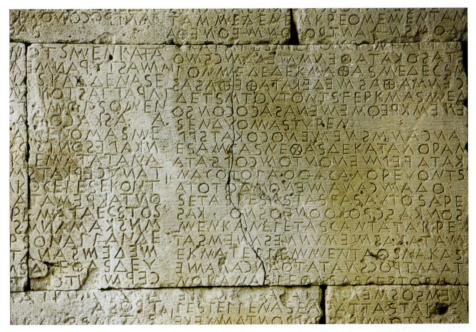

Gesetzestafeln von Gortys (Kreta). Sie wurden zwischen 500 und 450 v. Chr. abgefasst und beinhalten das älteste Stadtrecht Europas. Die 42 Steinblöcke standen auf dem Marktplatz, sodass sich alle Bürger über das geltende Recht informieren konnten. Die altgriechischen Gesetzestexte sind so zu lesen, »wie ein Ochse pflügt«, d.h. von links nach rechts, weiter von rechts nach links und wieder von links nach rechts. Die Zeilen, die rechts beginnen, sind daher in Spiegelschrift geschrieben (s. z.B. das umgedrehte E).

Die Einflüsse des Klimas 21

Vortext

Sextus narrat:
Herī cum in senātum properārem,
Titus mihi obviam īit et ex mē quaesīvit,
cūr prīdiē mē in thermīs nōn vīdisset.
5 Deinde quaesīvit,
num cum eō hortōs adīrem.
Respondī mihi ōtium nōn esse, mē in senātum īre dēbēre.
Tum mihi dīxit,
cūr ipse ad rem pūblicam
10 neque accessisset neque accēderet:
animum semper sollicitārī;
praestāre igitur aut ambulāre aut domī manēre,
cum amīcīs cēnāre, bonum vīnum bibere,
dē philosophiā disputāre.
15 Tum ei, quid egō cēnsērem, dīxī:
»Num īgnōrās, quantō in perīculō rēs pūblica sit?
Sī scīrēs, mē nōn retinērēs.«
Cōgitāvī autem mēcum:
»Num īgnōrās, quantō odiō interdum Epicūrēī mihi sint?
20 Sī scīrēs, nē interrogārēs quidem,
tēcumne ambulārem.«

prīdiē *Adv.*: tags zuvor
thermae, ārum *f.*: Thermen
deinde *Adv.*: dann

Die Einflüsse des Klimas

Vitrūvius sextō librō, quī dē architectūrā īnscrībitur,
haec ferē dīxit:
In hōc librō explicābō,
quōmodo prīvātae domūs aedificentur.
5 Hae autem rēctē dispōnuntur,
sī prīmō interrogātum est,
in quibus regiōnibus mundī cōnstituerentur.
Nam aedificia aliter in Aegyptō, aliter in Hispāniā,
aliter in Pontō, nōn eōdem modō Rōmae cōnstruuntur,
10 quod aliā parte sōlis cursū premitur tellūs,
aliā longē ab eō distat,
aliā per medium temperātur.

architectūra, ae *f.*: Baukunst, Architektur

per medium: durch die mittlere Entfernung (zur Sonne)

Lektion 21: Die Einflüsse des Klimas

Eōdem librō explicat,
quā dē causā gentēs septentriōnālēs
15 longē distent ā merīdiānīs.
Loca enim, quae ā sōle dēflagrantur,
ūmōre prīvantur.
In regiōnibus frīgidīs autem
ūmor ā calōre sōlis nōn exhaurītur,
20 sed ex caelō rōscidus āēr in corpora fundit ūmōrem.
Itaque gentēs, quae sub septentriōnibus vīvunt,
māgnīs corporibus, candidīs colōribus,
dīrēctō capillō et rūfō,
oculīs caerulīs, sanguine multō sunt.
25 Ē contrāriō gentēs, quae cursuī sōlis subiectī sunt,
brevibus corporibus, colōre fuscō, crispō capillō,
oculīs nigrīs, sanguine exiguō sunt.
Item propter tenuitātem caelī
merīdiānae gentēs
30 facilius ad cōnsiliōrum cōgitātiōnēs moventur,
sed septentriōnālēs crassitūdine caelī īnfūsae
stupidās habent mentēs.
Merīdiānī autem fortēs nōn sunt,
quod habent exhaustās ab sōle animōrum virtūtēs.
35 Quī vērō in frīgidīs regiōnibus nātī sunt,
māgnīs virtūtibus sunt.
Sed tarditāte animī ut sine timōre,
ita sine cōnsiliō cum hostibus pūgnant.

Cupisne scīre, quid Vitrūvius dē cīvibus suīs sentiat?
40 Eōdem librō hic locus invenītur:
In Italiā autem, quod inter septentriōnēs et merīdiem sita est,
hominēs et māgnā fortitūdine et optimō animō sunt.
Ita dīvīna mēns cīvitātem populī Rōmānī
in ēgregiā temperātāque regiōne collocāvit,
45 ut dominī orbis terrārum essent.

septentriōnālis, e: nördlich
merīdiānus, a, um: südlich
dēflagrāre, flagrō: verbrennen
ūmor, ōris *m.*: Feuchtigkeit
calor, ōris *m.*: Hitze
rōscidus, a, um: taureich
septentriōnēs, um *m. Pl.*: Norden
dīrēctus, a, um: gerade
rūfus, a, um: rothaarig
caerulus, a, um: blau
fuscus, a, um: dunkel
crispus, a, um: gekräuselt
tenuitās, ātis *f.*
caelī: leichte, dünne Luft
ad cōnsiliōrum cōgitātiōnēs movērī: Anschläge ersinnen
crassitūdō, dinis *f.*: Dicke, Dichte
īnfūsus, a, um: durchdrungen
tarditās, ātis *f.*: Langsamkeit, Trägheit

■ Fortēs fortūna adiuvat.
Timeō hominem ūnīus librī.

fortūna, ae *f.*: Schicksal, Glück
ūnīus: *Gen. Sg. von* ūnus

Lektion 21: **Die Einflüsse des Klimas**

Haussa-Haus aus Lehm, Niger (die Haussa sind eine der großen Volksgruppen in Niger).

Mortsund, ein Fischerdorf auf den Lofoten (im Nordmeer Norwegens).

Emmentaler Haus in Bern, Schweiz.

Hütte mit Strohdach in Südindien.

Welcher Zusammenhang besteht zwischen Klima und Bauweise?

Lektion 21: **Aufgaben**

Zum Vortext

1 Übertragen Sie die Tabelle in Ihr Heft und ordnen Sie die Haupt- und Gliedsätze den entsprechenden zeitlichen Ebenen zu.

noch früher	gestern (herī)	Gegenwart

2 Welche Verbformen stehen bei Gleichzeitigkeit zu einem übergeordneten Präsens, welche bei Gleichzeitigkeit zu einem übergeordneten Perfekt, welche bei Vorzeitigkeit zu einem übergeordneten Perfekt?

Zum Haupttext

3 1. Lesen Sie den lateinischen Text und ordnen Sie lateinische Begriffe verschiedenen Sachfeldern zu.
2. Geben Sie den drei Abschnitten Überschriften.

4 *Zum ersten Abschnitt*

1. Welche Gesichtspunkte hat ein Architekt beim Hausbau zu berücksichtigen?
2. Mit welchen stilistischen Mitteln hebt Vitruv die Bedeutung dieser Überlegungen hervor?
3. Weshalb bezieht Vitruv auch Länder wie Ägypten, Spanien und Pontus in seine Überlegungen mit ein?

5 *Zum zweiten Abschnitt*

Zitieren Sie aus dem lateinischen Text:
1. Welche verschiedenen Gruppen von Menschen beschreibt Vitruv?
2. Welche Gegenden, in denen sie leben, nennt er?
3. Welche Auswirkungen des Klimas auf die Menschen in den verschiedenen Regionen beschreibt Vitruv?
4. Welche Gründe dafür, dass sich die Menschen in der jeweils beschriebenen Weise entwickeln, führt Vitruv an?

6 *Zum dritten Abschnitt*

1. Welche besonderen klimatischen Bedingungen herrschen in Italien vor?
2. Welche Auswirkungen haben diese Bedingungen auf die dort lebenden Menschen?
3. Wie begründet Vitruv die besondere Situation in Italien? – Nehmen Sie Stellung.

7 Schreiben Sie ab und bilden Sie in den indirekten Fragesätzen die richtige Verbform.

Pater fīlium interrogat,

a) num id vērum (esse).
b) cūr hodiē domī (manēre).
c) num sē hodiē (adiuvāre).
d) quid nunc facere (in animō habēre).

8 Gleichzeitig oder vorzeitig? Wenn beide Auffassungen möglich sind, bilden Sie beide Formen.

Pater fīlium interrogāvit,

a) num id vērum (esse).
b) cūr domī (manēre).
c) num prīdiē amīcam (vīsitāre).
d) quid facere (in animō habēre).
e) cūr magister eum (vituperāre).

prīdiē *Adv.*: am Tag zuvor

9 Alles echt griechisch-römische Qualität! Ordnen Sie die Ablative einem Beziehungswort zu (es gibt mehrere Möglichkeiten), schreiben sie die Ausdrücke ab und übersetzen Sie sie.

Caesar, vir	impiā crūdēlitāte
Ulixēs, homō	māgnā audāciā
Achillēs, Graecus	ācrī ingeniō
Verrēs, vir	praeclārā dīgnitāte
Remus, vir	callidā audāciā
hostēs, hominēs	māgnō rōbore
Nerō, imperātor	summā avāritiā et cupiditāte
senātōrēs, virī	malā fāmā

10 Wiederholen Sie:

multī und multitūdō.

Von welchen Wörtern können Sie folgende Substantive ableiten und was bedeuten sie?

pulchritūdō – beātitūdō – firmitūdō – māgnitūdō – valētūdō.

11 Suchen Sie das »schwarze Schaf« und begründen Sie Ihre Antwort.

a) vulnerāvissēmus, vīsitet, repōnat, postulētur, possīdēret, mittātis, manet, fuisset.
b) esset, laudārent, manērēmus, afferet, mitterēminī, advolāret, alerētur, cōnsisterētis, conderēmur, appārēret, possent, interrogārent.
c) amārer, āmittātur, apportātus esset, cultus esset, lātus est, caedantur, expūgnāta esset, expellerentur, dēfendāminī.
d) invītāberis, numerat, gaudeāmus, obsidēmus, fugiēmus, gemimus, afficimus, āit, alō.
e) dem, tenēbimus, serviētis, reddentur, rādam, praeficiēs, praepōnēris, redībimus, repellar, properābitur.

Technik

Die Namen großer griechischer Wissenschaftler aus der Antike – z.B. Thales (ca. 624–546 v. Chr.), Euklid (ca. 365–300 v. Chr.) und Archimedes (ca. 287–212 v. Chr.) – sind aus den Mathematik- und Physikbüchern bekannt. Diese Forscher versuchten die Welt zu erklären und in ihr Gesetzmäßigkeiten zu erkennen. Ihr Kenntnisstand war dabei in vielen Bereichen weit höher als der des Mittelalters. So hatte bereits Eratosthenes im 3. Jahrhundert v. Chr. den Erdumfang ziemlich genau berechnet. Namen römischer Wissenschaftler sind hingegen weniger bekannt.

Die römischen Ingenieure versetzen uns aber noch heute in Staunen. Ihnen war die Umsetzung wissenschaftlicher Erkenntnisse in die Praxis wichtig mit dem Ziel, das Leben schöner und angenehmer zu machen. Noch immer rollt in vielen alten Römerstädten wie in Trier oder Rom der Verkehr über Brücken, die vor rund 2000 Jahren für ganz andere Verkehrsverhältnisse erbaut wurden. Aquädukte (s. Informationstext zu Lektion 5, S. 36 und Abb. S. 37) stellten die Wasserversorgung sicher und belieferten die Thermen mit stets frischem Wasser. Bei der Hypokaustenheizung zirkulierte heiße Luft in Hohlziegeln unter dem Fußboden und in den Wänden und sorgte so für ein angenehmes Raumklima (s. Informationstext zu Lektion 5, S. 38 und Abb. S. 32 und S. 38). Die Villen in Pompeji zeugen von einer Architektur, die praktischen Nutzen und Schönheit zu verbinden wusste. Riesige Gewölbe in den Thermen, Großbauten wie Amphitheater, Marktplätze und Markthallen beweisen die perfekte Kenntnis statischer Gesetze. Das *opus caementicium* hatte die Architektur revolutioniert: Der Mörtel, der in eine Verschalung gegossen wurde, wurde beim Trocknen so fest, dass nach Abnahme der Verschalung keine Stützen mehr nötig waren. Die Decke des Pantheon in Rom ist ein Beispiel für die souveräne Beherrschung dieser Technik. Auch für militärische Zwecke nutzten die Römer ihre Kenntnisse: Feindliche Städte wurden mit Belagerungsmaschinen, Katapulten und Rammböcken angegriffen.

Wichtigste Energiequelle war die Muskelkraft. Das große Heer der Sklaven erledigte in der Antike einen erheblichen Teil der schweren Arbeiten. Wohl auch deshalb ist eine Mechanisierung von Arbeitsprozessen im Bereich des Handwerks nur im Ansatz zu erkennen. Dennoch gibt es technische Entwicklungen, die die Arbeit der Menschen erleichterten. Ein Beispiel hierfür ist die Hebelmühle, mit der das Mahlen von Getreide sehr erleichtert wurde. Die Kraft der Tiere ersetzte bei dieser Rotationsmühle die menschliche Muskelkraft.

Nach der menschlichen und tierischen Muskelkraft war Holz die zweitwichtigste Energiequelle. Das Abholzen der Wälder ist die Ursache für manche Umweltprobleme, die insbesondere im Süden Italiens und in Sizilien bis heute zu spüren sind. In der Kaiserzeit wurde vermehrt auch die Wasserkraft, z.B. bei Getreidemühlen, eingesetzt.

Automaten dienten in der Antike meist nicht zur Erleichterung der menschlichen Arbeit und zur Produktion, sondern zur Unterhaltung. Es gab z.B. Wunderhörner, aus denen bald Wasser, bald Wein, bald beides vermischt ausströmte. Bewegungen, die scheinbar ganz von allein abliefen und deren Ursachen dem Betrachter nicht erklärbar waren, versetzten ihn in Erstaunen und sorgten z.B. bei aufwändigen Gastmählern für das Amüsement der Gäste.

Römische Brücke in Kyrrhos (Syrien). Erbaut wahrscheinlich im 2. Jh. n. Chr.

1. Referieren Sie über Eratosthenes von Kyrene und seine Methode, mit der er den Erdumfang berechnet hat.
2. Stellen Sie römische Bauten und besondere Ingenieurleistungen aus Ihrer weiteren Umgebung vor.
3. Referieren Sie über die Funktionsweise einer Hypokaustenheizung.

Lektion 21: **Technik** 157

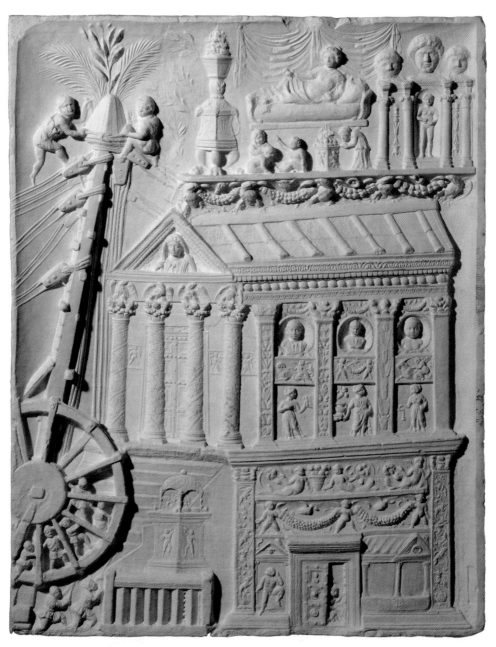

Marmorrelief von einem Familiengrab bei Rom. 2. Jh. n. Chr. Gipsabguss, Archäologisches Institut der Universität Göttingen.

Beschreiben Sie, was auf dem Relief dargestellt ist.

Antike Medizin 22

Text 1: Der gesunde Mensch

Sānus homō, quī et bene valet et suae spontis est,   **suae spontis esse:** sein
nūllās lēgēs sequī dēbet,   eigener Herr sein
neque medicō neque iātralīptā eget.   **iātralīptēs,** ae *m.*: Masseur,
Hunc ipsum oportet varium habēre vītae genus: Physiotherapeut
5 modo rūrī esse, modo in urbe, saepius in agrō;
nāvigāre, vēnārī, quiēscere interdum,
sed frequentius sē exercēre.   **frequentius** *Adv.*: häufiger
Nē labōrēs vereātur.
Īgnāvia enim corpus hebetat, labor firmat;   **hebetāre,** hebetō:
10 illa mātūram senectūtem,   schwächen
hic longam adulēscentiam reddit.
Prōdest interdum lavārī, interdum aquīs frīgidīs ūtī,
modo unguī, modo id ipsum neglegere.   **unguī:** sich einsalben
Sānus homō eadem genera cibī sūmere dēbet,
15 quibus populus ipse ūtitur.
Prōdest interdum in convīctū esse,   **convīctus,** ūs *m.*: Gesellig-
interdum ab eōdem sē retrahere.   keit, Gesellschaft
Melius est bis diē quam semel cibum capere   **retrahere,** trahō: zurück-
et semper quam plūrimum.   ziehen
   quam plūrimum: möglichst viel

Text 2: Alkohol

Seneca Lūcīliō, amīcō suō,
praecepta philosophiae explicāns
haec ferē scrīpsit:
Quibusdam interrogantibus,
5 cūr vir bonus ēbrius fierī nōn dēbeat,   **fierī:** werden
dīc,
quam turpe sit stomachī suī nōn nōvisse mēnsūram.   **stomachī nōvisse**
Ēbrietās mentem perturbāns   **mēnsūram:** das Maß/die
nihil aliud esse vidētur quam voluntāria īnsānia.   Größe des Bauchs/Magens
10 Ēbrietāte omne vitium incendente et aperiente   kennen
verēcundia malōs cōnātūs prohibēns tollitur.   **īnsānia,** ae *f.*: Wahnsinn
Nōn facit ēbrietās vitia, sed latentia in lūcem vocat.
Adice illam īgnōrātiōnem suī, incertōs oculōs,   **īgnōrātiō,** ōnis **suī** *f.*: *hier*:
gradum errantem, caput dolēns.   Trübung des Bewusstseins

15 Velut turbine tōtam domum circumagente
   mūrī ipsī mōbilēs videntur.
   Corpore istō modō aegrōtante
   animus sānus esse nōn potest.

   Mīrārisne
20 iam auctōrēs temporum antīquōrum
   dē hominibus vīnō immodicē ūtentibus
   scrībere solitōs esse?

circumagere, agō: im Kreis drehen

immodicē *Adv.*: maßlos

■ Medice, cūrā tē ipsum.

■ Sit mēns sāna in corpore sānō.

Und etwas zum Knobeln:
■ Nōn cūrātur, quī cūrat.

■ Nūllus agentī diēs longus est.

■ Amantēs āmentēs.

■ Amantium īrae amōris integrātiō.

■ Duōbus lītigantibus tertius gaudet.

āmēns, āmentis: von Sinnen

integrātiō, ōnis *f.*: Erneuerung

lītigāre, lītigō: streiten
tertius, a, um: dritter

Zu Text 1

1 Zitieren Sie die Ratschläge, die Celsus dem Leser gibt, damit er ein *sānus homō* wird bzw. bleibt. Wovon rät er ab? Zeichnen Sie eine kleine Tabelle nach folgendem Muster und tragen Sie die entsprechenden lateinischen Formulierungen ein.

Zu empfehlen ist:	Zu meiden ist:

2 Welche Wörter werden oft wiederholt? Welchen Grundsatz für eine gesunde Lebensführung kann man aus der Wiederholung dieser Wörter ableiten?

3 Vergleichen Sie die Empfehlungen des Celsus mit denen, die ein Arzt heute geben würde. Nennen Sie Parallelen und Unterschiede.

4 Über welche Empfehlungen des Celsus wundern Sie sich? Wie erklären Sie sich diese Empfehlungen?

5 Wie definiert Celsus zu Beginn des Textes den *sānus homō*? Was meint er mit *nūllās lēgēs sequī*? Sind Sie selbst nach Celsus' Definition ein *sānus homō*? Warum (nicht)?

6 Zitieren Sie die Formen der Deponentien, die in diesem Text vorkommen, und ordnen Sie sie den verschiedenen Konjugationsklassen zu.

7 Ersetzen Sie die folgenden Formen von *timēre* durch die entsprechenden von *verērī*.

timētis – timuistī – timeat – timērēmus – timeō – timuerant – timēbimus – timēbāmus – timēs – timeās – timuit – timuissēs – timuerās – timē!

8 Suchen Sie das »schwarze Schaf« und begründen Sie Ihre Antwort.

a) sequere – verēre – lavāre – exercēre – ūtere – vēnāre.
b) sequerēminī – verērer – laudārēris – dēserēris – firmārentur – lavārēmur – dēlectārētur – dētinērēris.
c) sequar – dēfendam – poterunt – dēbet – lūdet – prōderitis – abībunt – inveniētur – quaerēminī.
d) ūtiminī – laudāte – opprimite – cūstōdīte – vēnāminī – lavāminī – exercēte – verēminī – certē – adiuvāte – adeste.

Zu Text 2

9 Welche Folgen hat übermäßiger Alkoholgenuss? Vergleichen Sie Ihre Auflistung mit Senecas Äußerungen. Zitieren Sie lateinisch Parallelen und Unterschiede.

10 Welche Partizipialformen werden in diesem Text attributiv verwendet, welche als *participium coniūnctum*, welche stehen in einem *ablātīvus absolūtus*?

11 Übersetzen Sie folgende *ablātīvī absolūtī*. Ergänzen Sie die Ausdrücke jeweils auf Deutsch zu einem sinnvollen Satz.

Beispiel:

Capite dolente …: Wenn der Kopf schmerzt, hilft manchmal eine Tablette.

a) Homine sānō nūllō medicō egente …
b) Ēbrietāte mentem perturbante …
c) Amīcā āmissā …
d) Magistrō appārente …
e) Virtūte sublātā …
f) Nūllō amīcō mē adiuvante …
g) Omnibus cōnsulentibus …

h) Philosophīs disputantibus …
i) Metū victō …
j) Ōrātiōne habitā …
k) Paucīs omnia possidentibus …
l) Homine cūncta prōmittente …
m) Patre librum recitante …
n) Magistrō discipulōs semper vituperante …

12 Wiederholen Sie:

ōrāre und ōrātiō.

Von welchen Wörtern können Sie folgende Substantive ableiten und was bedeuten sie?

ambulātiō – damnātiō – dēditiō – dēlīberātiō – disputātiō – ēducātiō – expūgnātiō.

13 Wenn Sie die Anfangsbuchstaben aller Konjunktivformen hintereinander schreiben, erhalten Sie den Gesundheitstipp eines englischen Politikers.

ūtuntur – videntur – verēbāris – nesciam – lavābiminī – ūsī sumus – incendis – oportēret – sequāris – putāverat – positum esset – obsecrābit – negleget – oppūgnēmus – quaeritur – rīdērēmus – onerātur – positus erat – tangēs – audiētis – trahat – vituperāmus – sedēbās – audiēbātis – sequerēminī – it.

Antike Medizin

»Ich schwöre und rufe Apollo, den Arzt, und Asklepios und Hygieia und Panakeia und alle Götter und Göttinnen zu Zeugen an, dass ich diesen Eid und diesen Vertrag nach bestem Können und Urteil erfüllen werde … Ärztliche Maßnahmen werde ich treffen zum Nutzen der Kranken nach meiner Fähigkeit und meinem Urteil, Schädigung und Unrecht aber ausschließen … Was ich bei der Behandlung oder auch außerhalb im Leben der Menschen sehe oder höre, das man nicht nach außen tragen darf, werde ich verschweigen und geheim halten …«
Dieser Eid des Hippokrates (ca. 460–370 v. Chr.) hat bis heute für das Selbstverständnis der Ärzte große Bedeutung. Hippokrates von Kos, der berühmteste griechische Arzt, lehrte um 420 v. Chr. in Athen. Seine Schule sah den menschlichen Körper als Gesamtorganismus an; Gesundheit verstand man als ein

Gleichgewicht, insbesondere der Körperflüssigkeiten. Sowohl Krankheiten als auch Charakterunterschiede erklärte man aus der Mischung von vier verschiedenen Flüssigkeiten: Blut *(sanguis)*, weiße Galle (griech. *cholê*), schwarze Galle (griech. *melancholê*) und Schleim (griech. *phlegma*) sollen beim gesunden Menschen im richtigen Verhältnis zueinander stehen. Wenn einer der vier Säfte überwiegt, ergeben sich Gesundheitsstörungen, vor allem der Charakter der Menschen wird beeinflusst: Unser Reden vom fröhlichen Sanguiniker, vom jähzornigen Choleriker, vom trübsinnigen Melancholiker und vom trägen Phlegmatiker rührt daher.

Als die Römer Griechenland eroberten, kamen auch griechische Ärzte als Sklaven nach Rom. Der römische Politiker und Schriftsteller Cato (234–149 v. Chr.) warnte vor allem griechischen Einfluss und insbesondere vor den griechischen Ärzten. In seinen Schriften gab er Ratschläge für eine gesunde Lebensführung. Zu seinen praktischen Anweisungen, mit denen jeder sich selbst vor Ort helfen konnte, passte die medizinische Theorie der Griechen nicht; für sie brauchte es den Fachmann oder – seltener – die Fachfrau, und das war Cato suspekt.

Das Ansehen der Ärzte als Berufsstand war eher gering, es gab aber auch Ausnahmen: So hatten die kaiserlichen Privatärzte einen etwas höheren Status als die anderen Berufskollegen. Die Medizin war im Wesentlichen Privatsache, an der der Staat wenig Anteil hatte; es existierten weder eine Krankenversicherung noch Krankenhäuser, allenfalls konnten frisch Operierte ein paar Tage lang in der Pflege des Arztes bleiben. Die Tiberinsel war seit dem 3. Jahrhundert v. Chr. Aesculapius, dem Gott der Heilkunst, geweiht; dorthin pilgerten Kranke, um die Gunst des Gottes zu erbitten, wie Votivtafeln zeigen. Dort befand sich auch eine Art Notlazarett für kranke Sklaven, die möglicherweise am Äskulapheiligtum ausgesetzt wurden.

Letztlich gibt es jedoch bis heute keine gesicherten Erkenntnisse über das medizinische Versorgungssystem. So viel lässt sich jedoch belegen: Man wagte sich auch an schwierigere chirurgische Eingriffe wie die Entfernung von Blasensteinen. Ausdrücklich wird jedoch im hippokratischen Eid die Entfernung von Blasensteinen den Ärzten verboten: »Ich werde aber die nicht operieren, die an Blasensteinen leiden und dies den Chirurgen überlassen, die die handwerkliche Fähigkeit für diese Tätigkeit besitzen«. Für uns ist es unvorstellbar, welche Schmerzen die Patienten bei diesen Operationen erleiden mussten. Denn eine wirksame Narkose wurde erst im 19. Jahrhundert entwickelt.

1. Vergleichen Sie das antike Gesundheitswesen mit dem heutigen deutschen Gesundheitssystem.
2. Versetzen Sie sich in die antike Welt: Wie sah für einen Landbewohner wohl die medizinische Versorgung aus, wie für einen (reichen) Städter?

Lektion 22: **Antike Medizin**

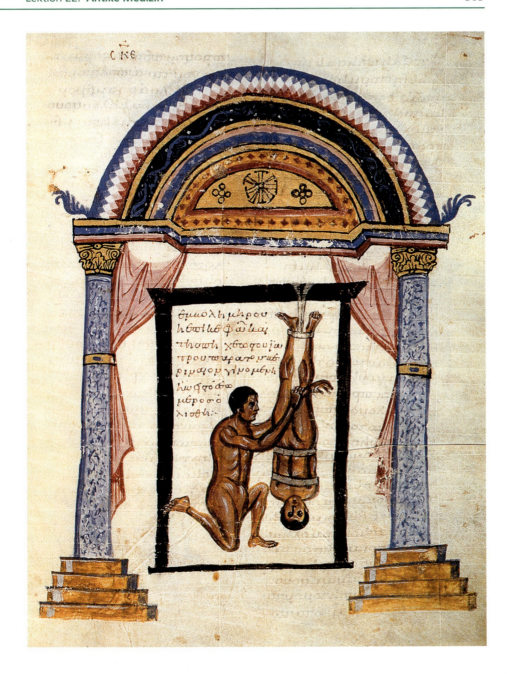

Abbildung aus einer byzantinischen Kopie (10. Jh. n. Chr.) der illustrierten römischen Fassung eines Kommentars, den Apollonios von Kition (1. Jh. v. Chr.) über eine der hippokratischen Abhandlungen verfasst hatte. Die Illustration zeigt, wie ein Patient wegen eines ausgerenkten Knies behandelt wird.

Plinius und die Christen

Text 1: C. Plīnius Trāiānō imperātōrī

Omnia, dē quibus dubitō, ad tē, domine, referre soleō.
Quis enim sapientior benīgniorque est quam tū,
quis melius hūmāniusque tē
īgnōrantiam meam īnstruere potest?

5 Prōpositus est mihi libellus sine auctōre
nōmina multōrum Chrīstiānōrum continēns.
Eōs, quī sē Chrīstiānōs esse aut fuisse firmē negābant,
dīmīsī, cum deōs appellāvissent,
imāginem tuam fidēliter venerātī essent,
10 praetereā maledīxissent Chrīstō.
Cōnstat enim eōs, quī rē vērā sunt Chrīstiānī,
ad illa minimē cōgī posse.
Nōnnūllī autem affirmābant
sē statō diē ante lūcem convenīre,
15 carmen Chrīstō quasi deō dīcere,
sē sācrāmentō nōn in scelus aliquod obstringere solēre,
sed nē fūrta, nē latrōcinia, nē adulteria committerent,
nē fidem fallerent.

Necessārium esse crēdidī ex duābus servīs,
20 quid esset vērum,
etiam per tormenta quaerere.
Sed nihil aliud invēnī
quam superstitiōnem stupidissimam turpissimamque.
Itaque dīlātā cōgnitiōne tē cōnsuluī:
25 Scīre velim,
liceatne mē hunc āctum sequī pergere:
Eōs, quī ad mē tamquam Chrīstiānī dēlātī sunt,
interrogō, num sint Chrīstiānī.
Sī negāvērunt, eōs dīmittō.
30 Sīn sē Chrīstiānōs esse cōnfessī sunt,
supplicium minātus iterum ac tertiō interrogō.
Eōs, quī perseverāvērunt,
ad supplicium dūcī iubeō.
Pertinācia enim eōrum quam sevērissimē dēbet pūnīrī.

īgnōrantia, ae *f.*: Unwissenheit
libellus, ī *m.*: Büchlein, Heft

appellāre, appellō: *hier*: anbeten

status, a, um: festgesetzt, bestimmt
carmen, inis *n.*: *hier*: Gebet
adulterium, ī *n.*: Ehebruch

velim: ich möchte
āctus, ūs *m.*: Verfahrensweise

pertinācia, ae *f.*: Hartnäckigkeit, Starrsinn

Calixtus-Katakomben, Rom. 3. Jh. n. Chr.

Informieren Sie sich über den Ursprung und die Aufgabe einer Katakombe.

Text 2: Trāiānus Plīniō Secundō

Certior factus sum
tē in prōvinciā officia tua optimē implēre,
quod mihi māgnō gaudiō est.
Etiam multō maiōre gaudiō cōgnōvī
5 tē in diēs spectātiōrem honestiōremque fierī.
Ita fit,
ut etiam auctōritās atque dīgnitās prīncipis augeātur.

Quaesīvistī ex mē,
num Chrīstiānōs bene rēctēque tractārēs.
10 Modum agendī, quō iam ūsus es, Secunde cārissime,
in cōgnitiōnibus Chrīstiānōrum tibi sequī licet.
Cavē autem, nē sevērior fīās.
Sī quis dēlātus et convictus est, pūnīrī dēbet,
sed eum sevērius pūnīrī aliīs scelestīs nōn licet.
15 Praetereā Chrīstiānōs conquīrī nōn cupiō.
Item libellī, quī sine auctōre tibi prōpōnuntur,
in nūllō crīmine locum habēre dēbent.
Nam et pessimī exemplī nec nostrī saeculī est.

spectātus, a, um: angesehen

agendī: des Handelns/ Tuns

quis = aliquis
scelestus, ī *m.*: Verbrecher

libellus, ī *m.*: Büchlein, Heft
locum habēre: Berücksichtigung finden

■ Fiat lūx (et facta est lūx).

■ Fiat iūstitia, pereat mundus.

■ Miserrima est fortūna, quae inimīcō caret.

iūstitia, ae *f.*: Gerechtigkeit

fortūna, ae *f.*: Schicksal, Glück

inimīcus, ī *m.*: Feind

Zu Text 1

1 An welchen formalen Merkmalen lässt sich erkennen, dass es sich bei vorliegendem Text um einen Ausschnitt aus einem Brief handelt?

2 In welchen Abschnitten wendet sich Plinius an den Kaiser, in welchen beschreibt er das Verhalten der Christen, in welchen erläutert er, wie er bisher vorgegangen ist bzw. welche Vorgehensweise er vorschlägt?

3 Auf welche verschiedenen Gruppen von Christen traf Plinius bei seinen Untersuchungen? Wie ging er mit ihnen bei seinen Untersuchungen um? Zitieren Sie lateinisch jeweils die Gruppen und ihr Verhalten sowie Plinius' Reaktion. Legen Sie hierzu eine Tabelle nach folgendem Muster an.

Gruppen der Christen und ihr Verhalten	Reaktion des Plinius	Äußerungen Trajans *(Spalte für Aufgabe 6)*

4 Welches Verhältnis des Plinius zu Kaiser Trajan spricht aus diesem Brief? Belegen Sie Ihre Antwort aus dem Text.

Zu Text 2

5 Stellen Sie die Adjektive zusammen, mit denen Trajan Plinius anspricht bzw. charakterisiert. Ziehen Sie Rückschlüsse auf die Haltung Trajans zu Plinius.

6 Wie geht Trajan auf einzelne Punkte, die Plinius in seinem Bericht vortrug, ein? Ergänzen Sie die Tabelle zu Aufgabe 3.

7 Werten Sie die Ergebnisse aus: Wie beurteilt Trajan Plinius' Vorgehen?

8 Hier muss man genau hinsehen. Bestimmen Sie die kurzen Formen (es stehen keine Längenzeichen!).

a) sit – fit – it – ait. b) fis – is (2) – his (6) – aes. c) fiet – fiat – eat – fuit.

Lektion 23: **Aufgaben**

d) fio – eo (3) – isto (2) – o.
e) fieret – erat – alat – dat.
f) fiunt – eunt – sunt – flebunt.
g) fimus – ius (2) – mos – nos (2).

9 So viele verschiedene Ablative kommen in den besten Familien vor, hier im Hause des Odysseus und der Penelope!

> locī, temporis, modī, īnstrūmentī, causae, sociātīvus, sēparātīvus, mēnsūrae, līmitātiōnis, quālitātis und comparātiōnis

Übersetzen Sie und geben Sie jeweils die semantische Funktion des Ablativs an.

a) Pēnelopē uxor mente ācerrimā fuit. – b) Quis fuit callidior coniuge eius? – c) Pēnelopē bellō Trōiānō maesta fuerat. – d) Nam Ulixēs patriā domōque cum sociīs Trōiam abierat. – e) Pēnelopē Ulixem omnēs virtūte et ingeniō superāre sciēbat, sed fidē …? – f) Decem annōs Graecī Trōiam oppūgnābant, sed decimō annō Ulixēs dolō Trōiam expūgnāvit. – g) Graecī Trōiā expūgnātā multīs cum labōribus domum nāvigābant. – h) Ulixēs cum filiō Telemachō vīcēsimō annō procōs omnēs domī necāvit. – i) Prīmō Pēnelopē coniugem nōn cōgnōvit et multīs modīs ex eō quaesīvit. – j) Sed paulō post argūmentīs certīs ūsa Ulixem coniugem esse cōgnōvit. – k) Quis fēlīcior hīs esse potuit? – l) Quis Ulixem domī mānsisse et in lectō librum aliquem lēgisse putat?
… Et nisī mortuī sunt, etiam hodiē vīvunt …

Pēnelopē, ēs *f.*: *Frau des Odysseus* – **Tēlemachus**, ī *m.*: *Sohn des Odysseus und der Penelope* – **vīcēsimus, a, um**: *zwanzigster* – **procus**, ī *m.*: *Freier* – **argūmentum**, ī *n.*: *Beweis*

10 Bilden Sie zu den Adjektiven der linken Spalte jeweils die Adverbform, ordnen Sie diese einem passenden Verb der rechten Spalte zu und übersetzen Sie die Wendung (es gibt viele Kombinationsmöglichkeiten).

fortis	agere
callidus	neglegere
vērus	dēfendere
ēgregius	vīvere
impius	referre
miserrimus	dīcere
certus	disputāre
pūblicus	vituperāre

11 Tragen Sie alle Adjektive (in der im Text vorkommenden Form) und alle Adverbien des Textes in eine Tabelle ein und vervollständigen Sie die Zeilen nach folgendem Muster.

Positiv	Komparativ	Superlativ
z. B. sapiēns	sapientior	sapientissimus

12 *Quam* – ein Wörtchen mit vielen Bedeutungen. Übersetzen Sie.

1. Rēs, quam Plīnius ad Trāiānum rettulit, difficilis fuit.
2. Quam fēlīx sum!
3. Quam superstitiōnem invēnistī?
4. Officia tua quam optimē implē!
5. Tua vīta miserior quam nostra est.
6. Ista vīta, quam tū agis, miserrima est!

13 Der Elativ muss nicht immer mit farblosem »sehr« übersetzt werden. Schreiben Sie die zueinander gehörenden Paare auf.

pulcherrima	außer sich vor Freude
improbissimus	strohdumm
stultissimus	bildhübsch
cupidissimus	stinkfaul
optimus	erstklassig
aegrōtissimus	blitzgescheit
sēdulissimus	brandneu
novissimus	bienenfleißig
laetissimus	uralt
sapientissimus	ein ganz mieser Typ
pigerrimus	ein richtiger Geizhals
antīquissimus	todkrank
avārissimus	ganz versessen auf

Rom und die Christen

Als im Jahre 64 n. Chr. ein verheerender Brand einen großen Teil der Stadt Rom zerstörte, gab es Gerüchte, Kaiser Nero selbst habe das Feuer gelegt, um ein neues Rom nach seinen Plänen aufbauen zu können. Um diesen Gerüchten entgegenzutreten, nahm Nero die Christen als Sündenböcke, Leute, so berichtet der Historiker Tacitus (*Annalen* 15,44), »die durch ihre Schandtaten verhasst waren … Der verderbliche Aberglaube wurde zunächst eingedämmt, brach dann aber wieder aus, nicht nur in Judäa, dem Ursprungsland dieses Übels, sondern sogar in Rom, wohin ja alles Grässliche oder Verabscheuenswerte von überall her zusammenkommt und dann ausgeübt wird. Also wurden zunächst die gefasst, die sich öffentlich dazu bekannten, dann, auf deren Geständnis hin, eine große Menschenmenge. Diese wurden nicht so sehr der Brandstiftung als des Hasses gegen das Menschengeschlecht überführt. Bei ihrer Hinrichtung trieb man noch Spott mit ihnen, sodass sie in Tierhäute gesteckt und von wilden Hunden zerfleischt wurden oder ans Kreuz geschlagen und angezündet wurden und so, sobald es Nacht wurde, als Fackeln dienten und verbrannt wurden«.
Wenn man diese Zeilen des Tacitus liest und noch mehr, wenn man Hollywood-Filme (z. B. *Quo vadis*) anschaut, gewinnt man den Eindruck, dass die Christen in Rom unter ständiger Verfolgung litten. Dies ist unrichtig, denn die Römer waren fremden Kulten gegenüber grundsätzlich tolerant. Voraussetzung hierfür war allerdings, dass die Staatsgötter anerkannt wurden; das jedoch war für die Christen kaum möglich, da sie nur an den einen Gott glaubten.
Bis ins 3. Jahrhundert n. Chr. gab es keine gesetzliche Regelung für das Verhalten des Staates gegenüber den Christen. Im Wesentlichen lag es im Ermessen der jeweiligen Beamten, ob sie etwas gegen die Christen unternehmen wollten oder nicht und wie sie vorgingen.

Reste der Kolossalstatue des Kaisers Konstantin im Hof der Kapitolinischen Museen, Rom.

Welche Rückschlüsse auf das Verhältnis der Christen zu den antiken Göttertempeln lassen sich ziehen?

Tempel des Antoninus und der Faustina, *forum Romanum*. Kaiser Antoninus Pius ließ ihn 141 n. Chr. für seine verstorbene und vergöttlichte Frau Faustina errichten. Im 11. Jh. wurde die Kirche San Lorenzo in Miranda in den Tempel hineingebaut.

Die erste oben beschriebene Christenverfolgung blieb auf Rom beschränkt. Auch Petrus und Paulus fielen ihr mit großer Wahrscheinlichkeit zum Opfer. Unter Kaiser Domitian kam es 96 zu einer weiteren Verfolgung der Christen in Rom und Kleinasien. Durch eine gesetzliche Regelung unter Septimius Severus im Jahr 201, nach der der Übertritt zum christlichen Glauben verboten wurde, verstärkten sich die Verfolgungen und erreichten unter Diokletian einen Höhepunkt: Er erließ 303 ein Edikt, wonach die Kirchen zerstört, Gottesdienste verboten und die Christen versklavt werden sollten.

Bald jedoch veränderte sich die Situation grundlegend: Konstantin der Große wollte nicht gegen die Christen, sondern mit ihnen die Einheit des Reiches erhalten. Der Legende nach sahen er und sein Heer vor einer entscheidenden Schlacht am Himmel das Kreuzzeichen mit der Inschrift *»In hoc signo vinces«* (»In diesem Zeichen wirst du siegen«). Er ließ seine Soldaten das Kreuz auf die Schilde malen – und siegte. Sein Mailänder Toleranzedikt von 313 n. Chr. duldete das Christentum. Er selber ließ sich wahrscheinlich kurz vor seinem Tod taufen. 391 n. Chr. erklärte Kaiser Theodosius das Christentum zur Staatsreligion, verbot alle heidnischen Kulte und schloss die Tempel der alten Götter.

1. Beschreiben Sie die Haltung des Tacitus gegenüber den Christen.
2. Weshalb kann man nicht von einer generellen Verfolgung der Christen durch die Römer sprechen?

Christen vor Gericht   24

Am 17. Juli des Jahres 180 n. Chr. fand in Karthago ein Prozess gegen mehrere Christen statt. Sie stammten aus Scili, einem Ort in Numidien, der zur Provinz *Āfrica prōcōnsulāris* gehörte. Folgender Text dokumentiert das Verhör vor dem Prokonsul. Es ist das älteste christliche Schriftstück in lateinischer Sprache.

Sāturnīnus prōcōnsul dīxit:
Potestis indulgentiam dominī nostrī imperātōris prōmerērī,
sī ad bonam mentem redīre vultis.

Spērātus dīxit:
5 Numquam malefēcimus, inīquitātī nūllam operam dedimus,
numquam maledīximus, sed male acceptī grātiās ēgimus;
item imperātōrem nostrum observāmus.

Sāturnīnus prōcōnsul dīxit:
Et nōs religiōsī sumus et simplex est religiō nostra,
10 et iūrāmus per genium dominī nostrī imperātōris
et prō salūte eius supplicāmus, quod etiam vōs facere dēbētis.

Spērātus dīxit:
Sī parātus es ad audiendum,
dīcō mystērium nostrae simplicitātis.

15 *Sāturnīnus prōcōnsul dīxit:*
Dīcentī tibi mala dē sacrīs nostrīs aurēs praebēre nōlō;
sed potius iūrā per genium dominī nostrī imperātōris.

Spērātus dīxit:
Illī deō servīre mālō,
20 quem nēmō hominum vīdit nec videndō cōgnōscere potest.
Fūrtum nōn fēcī,
sed sī quid emō, telōnēum reddō.

Sāturnīnus prōcōnsul dīxit cēterīs:
Dēsinite huius esse persuāsiōnis,
25 nōlīte huius dēmentiae esse participēs,
parātī este ad iūrandum per genium dominī imperātōris nostrī.

indulgentia, ae *f.*: Nachsicht
prōmerērī, mereor: erwerben
malefacere, faciō, fēcī, factum: Böses tun
inīquitās, ātis *f.*: Unrecht
male acceptī: »wenn man uns schlecht behandelt hat«
observāre, servō: achten

mystērium, ī *n.*: Geheimnis

quid = aliquid
telōnēum reddere, reddō: Steuern bezahlen
persuāsiō, ōnis *f.*: Überzeugung
dēmentia, ae *f.*: Torheit

Cittīnus dīxit:
Nōs nōn habēmus alium, quem timēmus,
nisī dominum deum nostrum, quī est in caelīs.

Dōnāta dīxit:
Honōrem Caesarī quasi Caesarī; timōrem autem deō ūnī.   **ūnī:** *Dativ von* ūnus

Vestia dīxit:
Chrīstiāna sum.

Secunda dīxit:
Quod sum, id ipsum volō esse.

Sāturnīnus prōcōnsul Spērātō dīxit:
Num persevērās Chrīstiānus esse,
nōnne iūrāre per genium dominī imperātōris nostrī vīs?

Spērātus dīxit:
Chrīstiānus sum et esse volō.

Et cum eō omnēs cōnsēnsērunt.

Sāturnīnus prōcōnsul dīxit:
Dēlīberāre licet. Numquid ad dēlīberandum spatium vultis?   **numquid:** etwa?

Spērātus dīxit:
In rē tam iūstā nūlla est necessitās diū dēlīberandī.
Nēmō nostrum dēlīberāre vult.

Sāturnīnus prōcōnsul dīxit:
Quae sunt rēs in capsā vestrā?   **capsa,** ae *f.*: Behälter *für Buchrollen*

Spērātus dīxit:
Librī et epistulae Paulī, virī iūstī.

Sāturnīnus prōcōnsul dīxit:
Moram trīgintā diērum habēte et facultātem omnia recordandī.

Spērātus item dīxit:
Chrīstiānus sum.

Et cum eō omnēs cōnsēnsērunt.

Sāturnīnus prōcōnsul dēcrētum ex tabulā recitāvit:
Spērātum, Nartzalum, Cittīnum, Dōnātam, Vestiam, Secundam
et cēterōs rītū Chrīstiānō sē vīvere cōnfessōs,
quoniam oblātā sibi facultāte ad mōrem Rōmānōrum redeundī
60 obstinanter persevērāvērunt, gladiō animadvertī placet.

obstinanter *Adv.*: hartnäckig

Spērātus dīxit:
Deō grātiās agimus.

Nartzalus dīxit:
Hodiē martyrēs in caelīs sumus. Deō grātiās.

martyr, martyris *m./f.*: Märtyrer, Märtyrerin

65 *Sāturnīnus prōcōnsul per praecōnem dīcī iussit:*
Spērātum, Nartzalum, Cittīnum, Veturium,
Fēlicem, Aquilīnum, Laetantium, Iānuāriam,
Generōsam, Vestiam, Dōnātam, Secundam dūcī iussī.

praecō, ōnis *m.*: Ausrufer

dūcī: *erg.* ad mortem

Ūniversī dīxērunt:
70 Deō grātiās.

Et statim dēcollātī sunt prō nōmine Chrīstī. Āmēn.

dēcollāre, collō: enthaupten

Als der Apostel Paulus gegeißelt werden sollte, wehrte er sich mit den Worten dagegen: »Cīvis Rōmānus sum«.

Docendō discimus.

Idem velle atque idem nōlle, ea dēmum firma amīcitia est.

Aut prōdesse volunt aut dēlectāre poētae.

Possum, sed nōlō.

Nōlī mē tangere!

Nōlī turbāre circulōs meōs!

dēmum *Adv.*: erst
amīcitia, ae *f.*: Freundschaft
poēta, ae *m.*: Dichter
turbāre, turbō: durcheinander bringen
circulus, ī *m.*: Kreis

1 1. Was fordert der Statthalter von den Christen? Was wirft er ihnen vor? Zitieren Sie lateinisch.
2. Welche Argumente bringen die angeklagten Christen vor?
3. Welche Gründe nennt der Statthalter für sein Urteil?
4. Vergleichen Sie Ihre Ergebnisse aus 1–3 mit der Vorgehensweise des Statthalters Plinius (Lektion 23).

2 1. Welche Einstellung des Prokonsuls zeigt sich beim Verhör? Wie führt er das Verhör? Vergleichen Sie erneut mit Lektion 23.
2. Beschreiben Sie die Haltung der Christen.

3 1. Was spricht für die Annahme, dass der Text von Christen verfasst wurde?
2. Welches ist die Zielgruppe des Textes? Welchem Zweck dient er?

4 Ersetzen Sie die Formen von *optāre* durch die entsprechenden von *velle* bzw. *nōlle*:

a) optās – optābis – optābās – optāvistī.
b) optāns – nōn optātis – nōn optābunt – nōn optō.
c) optat – optāvit – optēs – optārēmus – optāvērunt.
d) optem – nōn optārem – nōn optāvissētis.

5 Bestimmen Sie folgende Formen. – Vorsicht: Die Formen von *velle, nōlle, mālle* können leicht verwechselt werden (es stehen keine Längenzeichen!).

a) vis, viis (2), viris (2), vivis, vitis (2), vitiis (2), volebas, volabas, volares, velles, voles (2), volunt.
b) nolo, novo (4), nescis, nobis (2), noli, non vis.
c) malo (5), mavis, malis (7), malles, maius (3), manes, magnis (6), malam (2).

6 Übersetzen Sie.

a) Migrāre mōlitōrī gaudiō est.
b) Mōlitor migrāre amat.
c) Mōlitor cupidus migrandī est.
d) Mōlitor migrandō sē dēlectat.
e) Mōlitor semper ad migrandum parātus est.

migrāre, migrō: wandern – **mōlitor,** ōris *m.*: Müller

7 Übersetzen Sie folgende Ausdrücke; manchmal können sie mit einem Wort wiedergegeben werden.

ars scrībendī – ars vīvendī – ars cēnandī – magister dīcendī – magister cantandī – cupidus discendī – cupidus bibendī – ars vēra ac falsa dīiūdicandī – discendī causā.

dīiūdicāre, iūdicō: unterscheiden

8 Lateinkenntnisse helfen zu verstehen, was die Ärzte meinen, wenn sie medizinische Fachausdrücke benutzen. Welche der drei Bedeutungen ist jeweils richtig?

Ambulante Behandlung: a) Heilung durch tägliches Spazierengehen – b) Behandlung in der Arztpraxis – c) Medizinische Versorgung nach einem übertriebenen Spaziergang.

Stupidität: a) Geistig-seelische Stumpfheit – b) Eine Form der Stupsnase – c) Eine besonders strenge Form der Diät.

Lokalanästhesie: a) Alkoholverbot – b) Überempfindlichkeit gegen Gaststättengerüche – c) Örtliche Schmerzbetäubung.

Karenz: a) Wartezeit – b) Teures Medikament – c) Liebesentzug.

indolent: a) unerträglich – b) sehr schmerzhaft – c) schmerzlos.

Frigidität: a) Gefühlskälte der Frau – b) Untertemperatur – c) Empfindlichkeit gegen Kälte.

Dentale Infektion: a) Zahnstein – b) Von den Zähnen ausgehende Infektion – c) Negativer Bescheid des Zahnlabors.

devital: a) leblos – b) lebhaft – c) lebenslustig.

desensibilisieren: a) Das Gleiche wie desinfizieren – b) übertrieben empfindlich sein – c) unempfindlich machen.

Das frühe Christentum

Die Apostelgeschichte, die dem Evangelisten Lukas zugeschrieben wird, und die Briefe des Apostels Paulus sind die wichtigsten Quellen, die Auskunft über das Zusammenleben der Christen und die Ausbreitung des Christentums in der frühen Zeit geben. Die ersten Mitglieder der Jesus-Gemeinden nannten sich
5 untereinander »Jünger« und »Brüder« und »Schwestern«, von außen wurden sie oft mit »Nazoräer« – zurückgehend auf Jesus, den »Nazarener« – genannt. Die Jerusalemer Gemeinde besaß eine hervorgehobene Stellung: Dort wirkten die Apostel unter Führung des Petrus und es lebten noch viele, die Jesus persönlich gekannt hatten. Wie es in der Apostelgeschichte heißt, verkündeten die
10 Jünger das Wort Jesu zunächst nur den Juden (Apg. 11,19). Barnabas und Paulus verließen als Erste den jüdisch geprägten Raum, um in Gegenden das Evangelium zu verkünden, in denen die griechische Kultur bestimmend war. In Antiochia (Kleinasien) nannte man die Jünger zum ersten Mal *christianoi*, »Christen« (Apg. 11,26).

Petrus und Paulus. Relief aus dem 4. oder 5. Jh. n. Chr.

Welche Bedeutung hatten Petrus und Paulus für die Ausbreitung des Christentums? Lesen Sie dazu den Informationstext.

Bislang waren alle Jünger selbstverständlich Juden gewesen. Mussten nun die Griechen in Antiochia und anderswo Juden werden, bevor sie Christen werden konnten? Die Auseinandersetzung darüber fand auf dem sog. Apostelkonzil in Jerusalem statt, an dem Paulus und Barnabas als Abgesandte Antiochiens teilnahmen. Nach der Apostelgeschichte entschied Petrus, dass ein offizieller Übertritt zum Judentum mit Beschneidung nicht erforderlich war. Somit war die Einheit von »Heidenchristen« und »Judenchristen« zunächst gewahrt. Als jedoch die Zahl der Heidenchristen durch die Missionsarbeit immer mehr wuchs und die Judenchristen in eine Minderheitenrolle gerieten, entstanden Konflikte zwischen den beiden Gruppen. Die Christen grenzten sich gegen die Juden ab, man vergaß die gemeinsamen Wurzeln und es kam immer wieder zu Auseinandersetzungen.

Das Christentum verbreitete sich rasch im Mittelmeerraum. Paulus besuchte christliche Gemeinden auf seinen Reisen: Die erste führte ihn 45–48 n. Chr. nach Zypern und Kleinasien; auf seiner Fahrt kam er über Kleinasien nach Europa, wo er die Gemeinden von Philippi, Thessaloniki, Athen und Korinth gründete. Die dritte Reise unternahm er nach Galatien, Phrygien und Ephesus, weiter nach Griechenland, zurück nach Milet, Cäsarea und Jerusalem, wo er von den Römern gefangen genommen wurde. Vermutlich brachte man ihn im Jahre 64 n. Chr. nach Rom, wo er der ersten Christenverfolgung unter Nero zum Opfer fiel.

Paulus war *die* herausragende Persönlichkeit in der frühen Missionsarbeit der Christen. Die Zeiten waren günstig: Über die römischen Straßen und Handelswege kam das Christentum in die Zentren der Mittelmeerwelt zu einer Zeit, in der die *pax Romana* herrschte. Das stärkste Ausbreitungsgebiet war Kleinasien, besonders in den Gegenden, die von der hellenistischen Bildung geprägt waren. Im 3. Jahrhundert war das Christentum zur stärksten religiösen Gemeinschaft geworden.

Als die Kräfte des *imperium Romanum* nachließen, sahen viele Römer in der Abkehr von dem Glauben an die alten Götter die Ursache für den Niedergang. Der Kirchenlehrer Tertullian (um 200 n. Chr.) verteidigte die Christen dagegen in seinem *Apologeticum* (Verteidigungsschrift; s. Lektionstext 25). Er und andere christliche Schriftsteller suchten die Vorwürfe zu widerlegen, indem sie sich – selbst in lateinischer und griechischer Literatur bewandert – mit ihren Schriften an die Gebildeten unter den Nichtchristen wandten. So entfaltete sich eine eigenständige christliche Literatur der *patres* (Kirchenväter). Ihre Schriften zählen neben der Bibel noch heute zu den Grundlagen des christlichen Glaubens. Von besonderer Bedeutung war die lateinische Bibelübersetzung des Kirchenvaters Hieronymus (um 400 n. Chr.), die später als *Vulgata* bezeichnet wurde. Die Literatur der berühmten römischen Schriftsteller wurde vielfach christlich umgedeutet. So kursierte ein (unechter) Briefwechsel zwischen Seneca und dem Apostel Paulus. Kirchenväter wie Hieronymus und Augustinus empfahlen, aus der römischen Literatur das zu übernehmen, was auch für einen Christen nützlich sein könnte.

Welche Faktoren trugen dazu bei, dass sich das Christentum so rasch ausbreitete?

Petersdom, Rom. Über dem Grab des Petrus hatte schon Kaiser Konstantin eine fünfschiffige Basilika bauen lassen.

Tertullian verteidigt die Christen 25

Lesen Sie vor dem Übersetzen den Informationstext zu Lektion 24, S. 175 ff.

Illī in odium bonōrum et probōrum cōnspīrant,
quī adversus sanguinem innocentium conclāmant,
praetexentēs ad odium dēfendendum
illam quoque vānitātem,
5 quod exīstimant omnis pūblicae clādis,
omnis populāris incommodī
Chrīstiānos esse in causam.
Sī Tiberis ascendit in moenia,
sī Nīlus nōn ascendit in campōs,
10 sī caelum stetit,
sī terra mōvit,
sī famēs,
sī luēs,
statim: »Chrīstiānōs ad leōnem!« acclāmātur.
15 Tantōs ad ūnum?

Ōrō vōs, ante Tiberium, id est ante Chrīstī adventum,
quantae clādēs et pauperibus et dīvitibus,
et prīncipibus et īnfimīs,
dēnique urbibus et tōtī orbī terrārum illātae sunt!

20 Ubī vērō tunc
– nōn dīcam deōrum vestrōrum contemptōrēs Chrīstiānī –,
sed ipsī deī vestrī,
cum tōtum orbem terrārum cataclysmus abolēvit?
Nec Campānia dē Chrīstiānīs
25 in miseriīs ferendīs querēbātur,
cum Pompēiōs dē suō monte perfūdit īgnis.
Nēmō Rōmae
deum vērum populī servandī causā adōrābat,
cum Hannibal apud Cannās
30 Rōmānōs ānulōs in caedibus faciendīs
modiō mētiēbātur.

Et tamen veterēs clādēs comparēmus:
Leviōra nunc accidunt,
ex quō Chrīstiānōs ā deō ipsō orbis terrārum accēpit.

illī: *gemeint sind die Gegner der Christen*
cōnspīrāre, spīrō: sich verschwören
conclāmāre, clāmō: laut auffordern, aufrufen
praetexere, texō: als Vorwand gebrauchen, vorschieben
vānitās, ātis *f.*: Unwahrheit, Lüge
in causam esse *m. Gen.*: die Ursache sein für
caelum stetit: »das Wetter will nicht umschlagen«
movēre: *hier*: beben
luēs, is *f.*: Seuche, Pest
acclāmāre, clāmō: boshaft rufen

contemptor, ōris *m.*: Verächter
cataclysmus, ī *m.*: Sintflut
abolēre, oleō, olēvī, olitum: vernichten
perfundere, fundō, fūdī, fūsum: übergießen

modius, ī *m.*: Scheffel (*römisches Getreidemaß, 8,75 l*)

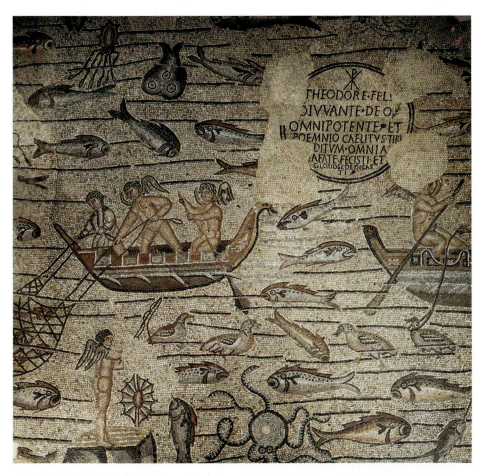

Bodenmosaik einer frühchristlichen Kirche in Aquileia (3./4. Jh. n. Chr.). Fische und geflügelte kleine Menschen wurden in der Antike oft abgebildet. Im christlichen Verständnis sind die Flügelwesen Sinnbilder für die Seele. Der Fisch wurde von den Christen wie ein »Logo« gebraucht: Die griechischen Buchstaben des Wortes Fisch »ichthys« bilden die Anfangsbuchstaben für Jesus Christus – Gottes Sohn – Retter.

35　Ex eō enim
　　et innocentia inīquitātēs veterēs saeculī temperāvit
　　et Chrīstiānī dēprecātōrēs deī ūnīus esse coepērunt.

　　Dēnique cum imber hībernus dēfēcit
　　et annus cūrae est,
40　vōs dīvitēs quidem cōttidiē pāstī
　　statimque cēnārum iterum parandārum cupidī

inīquitās, ātis *f.*: Ungerechtigkeit
saeculum, ī *n.*: *hier*: Welt
dēprecātor, ōris *m.*: Fürsprecher

pāscī, pāscor, pāstus sum: fressen

balneīs et caupōnīs et lupanāribus operantibus
aquilicia Iovī immolātis,
nūdipedālia populō ad īram deōrum plācandam
45 dēnūntiātis,
caelum apud Capitōlium quaeritis,
nūbila ūlla dē laqueāribus templōrum exspectātis,
aversī ab ipsō et deō et caelō.
Nōs vērō ieiūniīs ferendīs āridī
50 et omnī continentiā expressī,
in saccō et cinere volūtantēs
deī venerandī studiōsī
caelum tundimus,
deum tangimus et,
55 cum misericordiam extorsimus
– Iuppiter honōrātur.

At illud dētrīmentum tōtīus reī pūblicae
nēmō cōgnōscit,
illam iniūriam cīvitātis nēmō expendit,
60 cum tot iūstī impendimur,
cum tot innocentēs ērogāmur.
Nōs ergō sōlī innocentēs!
Quid mīrum, sī necesse est?
Enimvērō necesse est.
65 Innocentiam ā deō ēdoctī
et perfectē eam nōvimus,
ā perfectō magistrō revēlātam,
et fidēliter cūstōdimus,
ab incontemptibilī dīspectōre
70 ad vītam agendam mandātam.

Nach erfolgreicher Papstwahl wird verkündet:
Habēmus pāpam.

Fast zwei Meter hohe Inschrift an der Innenseite der Kuppel im Petersdom:
Tū es Petrus et super hanc petram
aedificābō ecclēsiam meam
et tibi dabō clāvēs rēgnī coelōrum.
(Matth. 16,18)

Segen des Papstes an hohen Festtagen:
Urbī et orbī.

balneae, ārum *f.*: Badeanstalt
caupōna, ae *f.*: Kneipe
lupānar, āris *n.*: Bordell
operārī, operor: arbeiten, in Betrieb sein
aquilicium, ī *n.*: Bittgang *um Regen*
immolāre, molō: weihen
nūdipedālia, ium *n.*: Prozessionen mit nackten Füßen
dēnūntiāre, nūntiō: anordnen
nūbila, ōrum *n.*: Wolken
laquear, āris *n.*: getäfelte Decke
ieiūnium, ī *n.*: Fasten
expressus, a, um: *hier*: ausgemergelt
in saccō et cinere volūtāre, volūtō: sich in Sack und Asche wälzen
tundere, tundō: hämmern an, bestürmen
extorquēre, torqueō, torsī, tortum: entwinden, abringen
honōrāre, honōrō: ehren, verherrlichen
expendere, pendō: erwägen, beachten
impendere, pendō: opfern
ērogāre, rogō: zugrunde richten
enimvērō *Adv.*: in der Tat, allerdings
ēdoctus, a, um *m. Akk.*: genau unterrichtet in
revēlāre, vēlō: offenbaren
incontemptibilis, e: der nicht verachtet werden darf
dīspector, ōris *m.*: Lenker
pāpa, ae *m.*: Papst

petra, ae *f.*: Fels
ecclēsia, ae *f.*: Kirche
clāvis, is *f.*: Schlüssel
coelōrum = caelōrum

Lektion 25: **Aufgaben**

1 1. An welchen Stellen des Textes spricht Tertullian die Gegner der Christen direkt an?
2. Welche Einstellung gegenüber den Christen wirft ihnen Tertullian vor? Zitieren Sie die Schlüsselwörter lateinisch.

2 *Zum ersten Abschnitt (Z. 1–15)*
1. In welcher Lage befinden sich die Christen?
2. Welche stilistischen Mittel verwendet Tertullian, um dem Leser die Situation der Christen nachdrücklich vor Augen zu führen? Beschreiben Sie die Wirkung der Stilmittel.
3. Interpretieren Sie die kurze Frage »*Tantōs ad ūnum?*« am Ende des Abschnitts.

3 *Zum zweiten und dritten Abschnitt (Z. 16–31)*
1. Welche Ereignisse führt Tertullian in seiner Argumentation an? Was ist ihnen gemeinsam?
2. Was sollen die Beispiele belegen?

4 *Zum vierten und fünften Abschnitt (Z. 32–56)*
1. Welche positiven Eigenschaften haben die Christen nach Tertullians Darstellung? Zitieren Sie lateinisch.
2. Was können die Christen mit diesen Eigenschaften bewirken?
3. Wie kann der Mensch nach Tertullians Darstellung Entscheidungen Gottes und damit seine eigenen Lebensumstände beeinflussen?
4. Mit welchen stilistischen Mitteln hebt Tertullian den Gegensatz zwischen dem Verhalten der Menschen, die an der altrömischen Religon festhalten, und dem der Christen hervor?

5 *Zum letzten Abschnitt (Z. 57-Ende)*
1. Zitieren Sie die lateinischen Wörter, mit denen Tertullian die Christen charakterisiert.
2. Welche Einstellung gegenüber den Nichtchristen zeigt sich (indirekt) in diesem Abschnitt?
3. Weshalb bewirkt das Verhalten des Staates gegenüber den Christen ein »*dētrīmentum tōtīus reī pūblicae*«?

6 Fassen Sie zusammen:
1. Mit welchen Mitteln argumentiert Tertullian?
2. Beschreiben Sie seine religiöse Überzeugung.
3. Wie hat wohl der vorliegende Text auf die Christen bzw. auf die Gegner der Christen gewirkt?

7 1. Stellen Sie aus dem Text die Gerundivkonstruktionen zusammen und versuchen Sie diese auf verschiedene Arten zu übersetzen.

2. Übersetzen Sie die folgenden weiteren Verbindungen. (Achtung: Es haben sich auch zwei Gerundia eingeschlichen!)

in amīcīs ēligendīs – ad rem pūblicam administrandam – ad cēnam parandam – dē bellō gerendō – amīcae quaerendae causā – in agrīs colendīs – ad patriam līberandam – cōnsilium relinquendae Italiae – diem reī gerendae cōnstituere – studium multa agendī – studiōsus rērum novārum cōgnōscendārum – in lēgibus scrībendīs – in itinere faciendō – ad vīllam aedificandam – aquae bibendae cupidus – dē cōnsiliō capiendō cōgitāre – facultās magistrī interrogandī – ad beātē vīvendum – ad medicum vīsitandum – dē dōnō accipiendō nārrāre.

administrāre, ministrō: verwalten

8 Bestimmen Sie die folgenden Formen (es stehen keine Längenzeichen!); für einige Formen gibt es mehrere Möglichkeiten.

i i – ii – nulli – ibi – dici – cibi – aliqui – dei – diei – denti – hi – qui – cui – si – soli – fieri – diviti – ipsi – mihi – pauperi – tui – ubi – uti – viri – abi.

e paupere – aegre – aeque – aere – ale – amice – amore – appare – beate – bene – de – die – esse – gaude – divite – ille – ipse – laede – longe – Marce – minime – ne – opere – posse – e.

o voco – uno – tuo – timeo – sto – sermo – sero – scio – religio – quo – solo – pulchro – raro – primo – praefero – meo – eo – o.

9 Ein wenig Lexikonarbeit.

1. Folgende Sätze enthalten ein bislang nicht gelerntes Wort: *contendere*. Übersetzen Sie die Sätze mithilfe des Lexikons.

a) Tertulliānus contendit, ut Chrīstiānī iniūriīs līberārentur.
b) Statim domum contendere dēbeō.
c) Meam vītam cum tuā contendere nōlō.
d) Hoc vērum esse contendō.
e) Rōmānī cum Carthāginiēnsibus multīs bellīs contendērunt.
f) Māter māgnā vōce contendit, ut līberī sē audīrent.

Carthāginiēnsēs, um *m.*: Karthager

2. Unter welcher Form steht das Verb im Lexikon?
3. Worauf muss man achten, um die passende Bedeutung zu finden?
4. Was bedeuten folgende Abkürzungen? *poet. – abs. – m. ut od. m. Akk. – alqud.*

Zeiten des Umbruchs

Das römische Reich hatte in der Kaiserzeit gewaltige Ausmaße erlangt: Es erstreckte sich vom Atlantik bis zum Euphrat, von Britannien bis zur Sahara. Die Verwaltung und Sicherung des *imperium Romanum* erforderten große Anstrengungen und verursachten hohe Kosten, die über Steuern finanziert werden mussten. Völker aus dem Norden und Osten bedrängten immer mehr die Reichsgrenzen; im 3. Jahrhundert n. Chr. kam es wiederholt zu Angriffen von germanischen und anderen Stämmen im Norden und von den Persern im Osten. Ein Gefühl der Unzufriedenheit und Unsicherheit machte sich breit, die Steuerlast, die zur Finanzierung der Streitkräfte erforderlich war, wurde immer drückender, der Wohlstand sank. Die Identifikation mit dem römischen Staat ließ nach und die Intellektuellen zogen sich aus der Politik ins Private zurück. Neue Lebensformen entstanden: Das Asketentum, das einsame, meditative und kontemplative Leben, wurde zur Idealvorstellung. Die christliche Askese fand in vielen Aussagen des Neuen Testaments ihre Grundlagen. Sie relativierten die irdischen, materiellen Werte und wiesen auf die Vergänglichkeit dieser Welt hin. Andererseits traf die asketische Bewegung auf eine Welt, der eine enthaltsame Lebensführung bekannt war. So hatte auch die stoische Philosophie asketische Züge: Der Mensch muss sich frei machen von dem Ballast der Scheingüter (z. B. Reichtum, Macht), um die *eudaimonía*, das vollkommene Glück, zu erreichen. Die »Selbstbetrachtungen«, die der Kaiser Marcus Aurelius, den man auch den »Philosophen auf dem Kaiserthron« nennt, im 2. Jahrhundert n. Chr. schrieb, zeugen von diesen stoischen Überzeugungen.

Außerhalb der christlichen Gemeinden entstand eine neue Form asketischen Lebens. Ihren Anfang nahm diese Bewegung in Ägypten; als deren Vater gilt Antonius, ein reicher junger Mann aus Mittelägypten: Er verließ um 275 seine Heimat, um in die Wüste zu ziehen, und wurde ein *mónachos* (griech.), ein allein Lebender.

Ein Eremit lebte in einer Höhle oder einer selbst gebauten Hütte, konzentrierte sich auf das ständige Gebet und verwendete nur so viel Energie auf die materiellen Güter, wie für die Beschaffung des bescheidenen Lebensunterhalts unbedingt erforderlich war. Rasch bildeten sich Eremitenkolonien und im späten 4. Jahrhundert war das Mönchtum zum festen Bestandteil der ägyptischen Kirche geworden.

Die Christen, die nicht wie die Mönche aus der Gesellschaft auszogen, standen vor der Schwierigkeit, dass die Loyalität, die dem Staat gegenüber gefordert war, oft im Widerspruch zu ihren Glaubensgrundsätzen stand. Sie durften den Kaiser nicht als Gott verehren und auch keinen Militärdienst leisten. Parallel dazu gab es Bemühungen, einen *modus vivendi* für Christen in einem heidni-

schen Staat zu finden. Clemens von Alexandrien (ca. 160–215 n. Chr.) entwarf
in seinem *Paedagogus* ein Modell für eine christliche Lebensführung. Was er in
Bezug auf Nahrung, Kleidung, Haus, Ehe und Kinder empfahl, war durchaus
mit bürgerlichen, vielfach an der Stoa orientierten Grundsätzen vereinbar.

Das Christentum hatte sich inzwischen in allen gesellschaftlichen Schichten
ausgebreitet; auch Sklaven galten als vollwertige Gemeindemitglieder. Die Ortsgemeinden boten eine religiöse Heimat. Ihnen konnte sich grundsätzlich jeder
anschließen; nationale, berufliche oder ständische Aufnahmekriterien gab es
nicht. Die Verpflichtung zu Werken der Nächstenliebe war durch feste Gemeindeordnungen geregelt. Dazu gehörten die Gastfreundschaft, der Besuch der
Kranken und Gefangenen, die Bestattung der Toten und die Sorge für die Armen, Witwen und Waisen durch freiwillige Abgaben. Die Verantwortung hierfür trugen Bischöfe; vor Ort zuständig waren Diakone und Diakoninnen. Ohne
Zweifel trug das soziale Engagement der Gemeinden wesentlich zur Attraktivität des Christentums bei.

1. Beschreiben Sie die Situation des *imperium Romanum* im 3. Jahrhundert n. Chr.
2. Welche Lebensformen der Christen innerhalb und außerhalb der Gesellschaft kommen im Text zur Sprache?

Paulus (von Theben!) und Antonius der Eremit. Altarbild von Matthias Grünewald auf dem sog. Isenheimer Altar, Colmar.

Dē rēgulā Benedictī 26

Abtei Monte Cassino. 529 von Benedikt von Nursia gegründet; nach der Zerstörung 1943/44 wieder aufgebaut.

Benedictus iuvenis
nōnnūllīs cum amīcīs in sōlitūdinem recessit,   **sōlitūdō,** dinis *f.*: Einsamkeit
quī Chrīstum vērē quaerere cupiunt.
Monastēriō in monte Casīnō conditō
5 hominibus praecepta sequenda dedit,
quae monachī ōrdinis Benedictīnī
ūsque ad hunc diem observant.

Ex rēgulā Benedictī:

Gehorsam

Prīmus humilitātis gradus est oboedientia sine morā.   **humilitās,** ātis *f.*: Demut
Haec oboedientia hīs praebenda est,
quī Chrīstum vērē quaerere cupiunt.
Iī, quibus ad vītam aeternam gradiendī amor est,
5 angustam viam arripiunt
– unde Dominus dīcit:
Angusta via est, quae dūcit ad vītam.

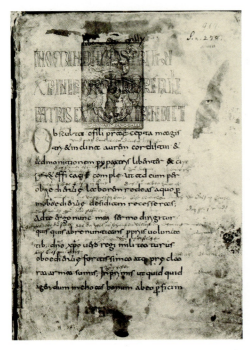

Regula Benedicti, Beginn des Vorworts.
Handschrift, geschrieben um 817.

    Quod eis nōn suō arbitriō vīvendum est
    neque dēsīderia sua sequenda sunt
10 neque voluptātibus suīs ab eīs pārendum est,
    abbātem sibi praeficī cupiunt.
    Certē hī tāles illam Dominī imitantur sententiam,
    quā dīcit: *Nōn vēnī facere voluntātem meam,*
    sed eius, quī mīsit mē.

15 Sed haec ipsa oboedientia tunc acceptābilis erit Deō,
    sī id, quod iubētur, sine morā aut murmure efficiātur,
    quia oboedientia, quae magistrīs praebētur,
    Deō praebētur;
    ipse enim dīxit: *Quī vōs audit, mē audit.*
20 Et oboedientia discipulīs bonō cum animō praebenda est,
    quia *hilarem datōrem dīligit Deus.*
    Sī discipulus nōn sōlum ōre,
    sed etiam in corde murmurāverit,
    etiam sī impleat iussiōnem,
25 id tamen acceptum nōn erit Deō,
    quī cor eius videat murmurāns;
    et prō tālī factō nūlla sequitur grātia.

abbās, abbātis *m.*: Abt

acceptābilis, e: wohlgefällig
murmur, murmuris *n.*: Murren

hilaris, e: fröhlich
dator, ōris *m.*: Geber
murmurāverit: *Fut. 2 von* murmurāre, murmurō: murmeln, murren; *übersetzen Sie mit Perf.*
iussiō, ōnis *f.*: Befehl, Anordnung

Müßiggang

Ōtiōsitās inimīca est animae,
et itaque certīs temporibus occupārī dēbent frātrēs
in labōre manuum,
certīs iterum hōrīs in lēctiōne dīvīnā.
5 Ante omnia quidem ēligantur ūnus aut duo seniōrēs,
quī circumeant monastērium hōrīs,
quibus vacant frātrēs lēctiōnī;
et videant, nē frāter inveniātur,
quī in lēctiōne dīvīnā occupātus esse dēbeat,
10 quī vacat ōtiō aut fābulīs
et nōn sōlum sibi nocet, sed etiam aliīs.
Seniōrēs eōs, quī in illā rē peccāverint,
abbātī pūniendōs trādant.

ōtiōsitās, ātis *f.*: Müßiggang, Untätigkeit

lēctiō, ōnis *f.*: Lektüre

Strafen

Sī quī frāter contrārius sānctae rēgulae
et praeceptīs seniōrum suōrum contemptor inventus sit,
hic secundum Dominī nostrī praeceptum
sēcrētē admoneātur ā seniōribus suīs.
5 Sī seniōrēs eum nōn ēmendāverint,
vituperētur pūblicē cōram omnibus.
Is autem frāter, quī graviōris culpae noxius sit,
suspendātur et ā mēnsā et ab ōrātōriō.

quī: *hier*: irgendein
contemptor, ōris *m.*: Verächter

suspendere, pendō: entfernen
ōrātōrium, ī *n.*: Bethaus, -saal

Eigentum

Praecipuē hoc vitium rādīcitus tollendum est
dē monastēriō,
nē quis aliquid det aut accipiat sine iussiōne abbātis;
neque licet aliud habēre proprium, nūllam omnīnō rem.
5 Omnia vērō necessāria
ā patre exspectanda sunt monastēriī,
nec quicquam liceat habēre,
quod abbās nōn dederit aut permīserit.

rādīcitus *Adv.*: mit der Wurzel, völlig
quis: *hier*: jemand

■ Ōrā et labōrā!

■ Nam loquī et docēre magistrum condecet,
tacēre et audīre discipulum convenit.

condecet: es gehört sich
convenit: es gehört sich

1 Zitieren Sie lateinisch die Ziele, die Benedikt selbst anstrebte und denen seine Regeln dienen.

2 *Zum Abschnitt »Gehorsam«*
1. Was versteht Benedikt unter Gehorsam?
2. Wie begründet er die Notwendigkeit des Gehorsams?
3. Welche Rolle hat der Abt, welche haben die *magistrī*?

3 *Zum Abschnitt »Müßiggang«*
1. Welchen Tätigkeiten müssen die Mönche nachgehen? Zitieren Sie lateinisch.
2. Was hat man sich wohl unter diesen Tätigkeiten vorzustellen?
3. Erläutern Sie den Satz »quī vacat ōtiō aut fābulīs et nōn sōlum sibi nocet, sed etiam aliīs«.

4 *Zum Abschnitt »Strafen«*
1. In welchen Abstufungen hat bei Fehlverhalten eines Mönchs eine Bestrafung zu erfolgen?
2. Erscheint Ihnen dieses Verfahren sinnvoll? Warum (nicht)?

5 *Zum Abschnitt »Eigentum«*
1. Weshalb hielt Benedikt wohl diese strikte Anweisung für notwendig?
2. Nehmen Sie Stellung.

6 Beschreiben Sie anhand der vorliegenden Ausschnitte aus der *Rēgula Benedictī* den Alltag der Mönche. Informieren Sie sich über den Tagesablauf eines Benediktiners/einer Benediktinerin.

7 1. Stellen Sie aus den Texten die Gerundivkonstruktionen zusammen. Weshalb eignen sich die Texte besonders gut zu deren Einführung?

2. Übersetzen Sie folgende weitere Gerundivkonstruktionen und geben Sie dabei jeweils an, wie das Gerundivum verwendet ist (attributiv, prädikativ, als Prädikatsnomen).

Tibi librum legendum dō. – Liber tibi legendus est. – ad librum legendum – librī legendī causā – dē librō legendō – Abbātī ā frātribus oboedientia praebenda est. – Benedictus dē oboedientiā praebendā scrībit. – Seniōrēs frātrem abbātī pūniendum trādunt. – Frātribus ōrandum et labōrandum est. – Mihi agendum est. – Praecepta abbātis frātribus neglegenda nōn sunt. – Iūs omnibus colendum est. – dē iūre colendō loquī – Deī vōbīs colendī sunt. – Id neglegendum nōn est.

abbās, ātis *m.*: Abt

Lektion 26: Aufgaben

8 Übersetzen Sie und geben Sie die semantische Funktion der kursiv gedruckten Satzglieder an.

a) Chrīstiānī, *quī nūllam iniūriam fēcerint*, ā Sāturnīnō damnantur. – *Quamquam Chrīstiānī nūllam iniūriam fēcērunt*, ā Sāturnīnō damnantur.
b) Chrīstiānī, *cum deō servīre mālint*, nōn per genium imperātōris iūrant. – Chrīstiānī, *quī deō servīre mālint*, nōn per genium imperātōris iūrant.
c) *Cum Sāturnīnus Chrīstiānīs moram trīgintā diērum det*, dēlīberāre nōlunt. – Chrīstiānī, *quibus Sāturnīnus moram trīgintā diērum det*, dēlīberāre nōlunt.
d) Chrīstiānī, *quod deum ūnum timent*, imperātōrem nōn venerantur. – Chrīstiānī, *quī deum ūnum timeant*, imperātōrem nōn venerantur.
e) Chrīstiānī nūllum alium habent, *quem timeant*.
f) Sāturnīnus facultātem dēlīberandī Chrīstiānīs, *quī omnia recordentur*, dat. – Sāturnīnus facultātem dēlīberandī Chrīstiānīs dat, *ut omnia recordentur*.
g) Sāturnīnus Chrīstiānōs, *quī statim dēcollārentur*, dūcī iussit. – Sāturnīnus Chrīstiānōs dūcī iussit, *ut statim dēcollārentur*.

dēcollāre, collō: enthaupten

9 Suchen Sie das »schwarze Schaf« und begründen Sie Ihre Antwort.

a) fēcerim – voluerint – exspectāverimus – dētractī sīmus – dēlectāveritis – fuerimus – poterimus – lēgerimus – conditum sit.
b) adiciās – addās – temperāmus – ambulārem – eam – cōnsuluissēmus – cūrātus essem – commīsissēmus – caesī essētis – convocem – contineāmus – admitterēminī – aedificāta sint.
c) biberam – servīvistī – quaesīvērunt – reppulī – simulō – sollicitābāminī – spectātur – student – es – spectābantur – scrībō – velim – scrībēs.

10 Auf den Zusammenhang kommt es an! Sie haben bereits das Wort *pars* gelernt; aber es kann sehr verschiedene Bedeutungen haben – je nach Zusammenhang.

1. Verwenden Sie ein Lexikon, schlagen Sie auch die in Kapitälchen gesetzten Vokabeln nach und übersetzen Sie.

a) Pars hominum ōrātiōnem Cicerōnis laudāvit.
b) Avis ā sinistrā parte advolāvit.
c) Cicerō suās partēs bene implēvit.
d) Aliī in senātum vēnērunt, pars domī mānsit.
e) Cicerō nōn ā parte Caesaris fuit.
f) Puer cēnam māgnā ex parte ēdit.
g) Egō prō meā parte eam rem recūsāre dēbeō.

2. Unter welcher Form fanden Sie

AVIS – SINISTRĀ – ĒDIT – RECŪSĀRE?

3. Welches Problem kann sich beim Auffinden der Bedeutung von ĒDIT ergeben?

4. Was bedeuten folgende Abkürzungen?

nachkl. – Pl. – übtr.

Klöster

Das östliche asketische Mönchtum (s. Informationstext zu Lektion 25, S. 183f.) übte auch auf Christen im Westen seine Faszination aus. In Rom bildeten sich in der Aristokratie Frauenzirkel, zu denen auch Witwen gehörten, die auf eine zweite Ehe verzichteten: Hieronymus (s. Informationstext zu Lektion 24, S. 177)
5 gab während seines Aufenthalts in Rom in den Jahren 382–384 diesen Frauen biblischen Unterricht. Als Hieronymus Rom verließ, zogen die Frauen aufs Land, um dort ein einfaches Leben gemeinsam mit gleich gesinnten Frauen zu führen. Doch auch in der Stadt Rom entstanden Klöster, wo in einsamer Abgeschiedenheit asketisches Leben gesucht wurde. Die Verbindung zwischen As-
10 kese und Studium wurde für das abendländische Mönchtum selbstverständlich. Unter Bischof Ambrosius (gestorben 397) wurde Mailand monastisches Zentrum. Obwohl Ambrosius selbst nicht Mönch war, gaben seine Schriften dem Mönchtum Richtung und Weisung. Insgesamt spielte das Eremitenleben im Mönchtum des Westens niemals die große Rolle, die es im Osten innehatte. Der
15 Auszug aus den Gemeinden in die Wüste, wie er im Osten als Form der Askese praktiziert wurde, war vor allem eine Lebensform von Männern; von Eremitinnen wird nur wenig berichtet. In den Städten fanden Frauen, die gemeinsam wohnten und lebten, in einer asketischen Lebensweise die Möglichkeit, ihr Leben selbstverantwortlich zu gestalten – allerdings nur, wenn sie gebildet und
20 materiell abgesichert waren. In Nordafrika förderte Bischof Augustinus (gestorben 430) das monastische Leben vor allem in der Form der Gemeinschaft, der *vita communis (communis:* gemeinschaftlich). Mehr als im Osten neigte man seit dem 5. Jahrhundert im Westen zu einer Reglementierung des mönchischen Lebens, meist in Form einer innerklösterlichen Selbstregelung.
25 Die wichtigsten Klosterregeln des 6. Jahrhunderts sind mit dem Namen Benedikt von Nursia (Nursia liegt etwa 130 km nordöstlich von Rom) verbunden. Seine genauen Lebensdaten sind unbekannt (geboren zwischen 480 und 490, gestorben zwischen 550 und 560), wir wissen auch nichts von seiner Herkunft und seinem Leben. Benedikt verfasste seine Regel für das Kloster, das er auf

Lektion 26: **Klöster** 191

Sénanque, Zisterzienserkloster aus dem 12. Jh.
Département Vaucluse, SO-Frankreich.

dem Monte Cassino zwischen Rom und Neapel um 529 gegründet hatte, und wollte mit ihr eine Einführung in das Klosterleben für Anfänger geben. Sie dient dem Ziel, den Mönch in die Lage zu versetzen, »wahrhaft Gott suchen« zu können. Eine besondere Rolle kommt dabei dem Abt zu: Er vertritt die Anliegen Jesu Christi in der Gemeinschaft und hat die unumschränkte Entscheidungsmacht innerhalb des Klosters. Dabei sorgt er stets für das Heil der ihm Anvertrauten; er muss wissen, dass der, der es auf sich nimmt, Menschen zu führen, jederzeit bereit sein muss, Rechenschaft vor Gott abzulegen.
Im Prolog zur Regel schreibt Benedikt, er wolle nichts Hartes oder Schweres *(nihil asperum, nihil grave)* anordnen. Diese Ankündigung setzt er auch in den konkreten Anweisungen um. Der generelle Grundsatz, jedes Übermaß zu vermeiden, trug wesentlich dazu bei, dass die *Regula Benedicti* zur beherrschenden Klosterregel wurde; Benedikt selbst galt als der »römische Abt«.
In den Zeiten der Stürme, die mit der Völkerwanderung über ganz Europa hinwegzogen, waren die Klöster Orte der Stabilität. In ihnen wurde die literarische Überlieferung der Antike erhalten, sie wurden zu Orten der Bildung und Wissenschaft in einer Welt, in der selbst große Persönlichkeiten wie Karl der Große nicht richtig lesen und schreiben konnten.

1. Beschreiben Sie die verschiedenen Formen monastischen Lebens, die in der frühen Kirche entstanden.
2. Welche Gründe trugen dazu bei, dass die *Regula Benedicti* zur wichtigsten Klosterregel wurde?

Dē Antrōniō et Magdaliā 27

Antrōnius:	Quam hīc egō supellectilem videō?
Magdalia:	Nōnne haec supellex tibi ēlegāns esse vidētur?
Antrōnius:	Est certē ēlegantissima,
	sed parum decōra puellae et mātrōnae.
5 Magdalia:	Quamobrem?
Antrōnius:	Quia librōrum plēna sunt omnia.
Magdalia:	Numquam librōs vīdistī in aedibus mātrōnārum?
Antrōnius:	Vīdī, sed Gallicē scrīptōs; hīc videō etiam Latīnōs.
	Sed nōn est muliebre sapere:
10	dominārum est suāviter vīvere.
	Librī vītam suāviōrem nōn reddunt.
Magdalia:	Nē hoc dīxeris! Nōnne omnium est bene vīvere?
Antrōnius:	Ita.
Magdalia:	Quibus ergō in rēbus vīta bona posita est?
15 Antrōnius:	In somnō, in convīviīs,
	in lībertāte faciendī, quae cupis,
	in pecūniā, in honōribus.
Magdalia:	Sī hoc dīcis, vehementer errās.
	Nam sī istīs rēbus Deus addiderit sapientiam,
20	nōnne vīvās multō melius suāviusque?
Antrōnius:	Quid tū appellās sapientiam?
Magdalia:	Hoc est, sī intellegerēs
	hominem nōn esse fēlīcem nisī bonīs animī.
Antrōnius:	Vīta hominum tuā sapientiā suāvior nōn fit.
25	Suāve est vēnārī aut āleā lūdere,
	suāvius autem in convīviīs esse,
	vīnum bibere, colloquia inter amīcōs habēre.
Magdalia:	Īnfēlīx essem, sī ista vīta mihi agenda esset.
Antrōnius:	Egō autem nōn vīverem,
30	sī illīs voluptātibus prīvārer.
	Utique monachī meī librōs nōn legere iussī sunt.
Magdalia:	Quamobrem?
Antrōnius:	Hoc facere coāctus sum:
	Quō ērudītiōrēs, eō audāciōrēs sunt:
35	Verbīs mēcum contendere nōn dēsinunt.
	Praetereā nōlō
	quemquam meōrum doctiōrem esse mē.

supellex, supellectilis *f.*: Hausrat, Einrichtung

ālea, ae *f.*: Würfel

Lektion 27: **Dē Antrōniō et Magdaliā**

»*At hanc sapientiam docent mē librī.*« Bibliothek des Kusanusstifts in Bernkastel.

Magdalia:	Istud vītārī possit, sī tū dēs operam,	
	ut quam plūrimum sapiās.	**quam plūrimum:**
40 Antrōnius:	Mihi nōn est ōtium …	möglichst viel
Magdalia:	Sed dīc mihi: Nōnne mātrōnae est	
	administrāre rem domesticam, ēducāre līberōs?	
Antrōnius:	Est.	
Magdalia:	Num rem tantam exīstimās	
45	administrārī posse sine sapientiā?	
Antrōnius:	Nōn arbitror.	
Magdalia:	At hanc sapientiam docent mē librī.	
Antrōnius:	Num librī Latīnī?	
	Haec autem lingua mātrōnās minimē decet.	
50 Magdalia:	Quā dē causā?	
Antrōnius:	Neque philosophīs neque poētīs	
	fidēs habenda est:	
	Aliī aliud dīcere trāduntur atque facere,	**aliud atque:**
	aliī semper amōrem praedicāre, pudōrem tollere,	anderes als
55	deōs contemnere intelleguntur.	

		Quā rē fit,	
		ut mulierēs nōn iam pāreant	
		et officia sua oblīvīscantur.	
		Marītōs, līberōs, rem domesticam neglegunt.	
60		Familiāritās librōrum Latīnōrum parit īnsāniam.	**īnsānia,** ae *f.*:
		Nam istī librī fēminīs multum ratiōnis adimunt	Verrücktheit,
		– et illīs iam parum superest.	Wahnsinn
	Magdalia:	Nē fēminās contempseris!	
	Antrōnius:	Nē sīs commōta! Dīcō, quid sentiam.	
65	Magdalia:	Ō Antrōnī, sī – ut dīcunt – tacuissēs,	
		philosophus mānsissēs …	
		Quantum ratiōnis vōbīs supersit, nesciō,	
		sed egō ratiōne meā, etsī minor sit, ūtī pergam:	
		Mālim īnsāna esse quam stulta.	

■ Ut dēsint vīrēs, tamen est laudanda voluntās.

ut *m. Konj.*: wenn auch

■ Sī vīs pācem, parā bellum.

■ Sī invītus pārēs, servus ēs; sī volēns, minister.

minister, strī *m.*: Gehilfe

■ Sī novōs parābis amīcōs, veterum nē oblītus sīs.

Der Wahlspruch der Philosophie der Aufklärung:
■ Sapere audē!

1 1. Sammeln Sie aus dem Text die lateinischen Ausdrücke, die bezeichnen, was Magdalia und Antronius jeweils unter *suāviter et bene vīvere* verstehen.
2. Welche Einstellung hat Magdalia zum Lesen, welche Antronius? Welche haben Sie?
3. Wie begründet Antronius seine Meinung zum Lesen und seine Anweisung an die Mönche?
4. Warum ist Antronius der Auffassung, dass *haec autem lingua mātrōnās minimē decet* (Z. 49)? Was erwartet er von einer Frau?
5. Erläutern Sie den Schlusssatz *mālim īnsāna esse quam stulta*: Was versteht Magdalia unter *īnsāna*, was unter *stulta*?

2 1. Inwiefern widersprechen die Äußerungen des Antronius dem Bild, das man im Allgemeinen vom Klosterleben hat, und den Aussagen in den Informationstexten zu Lektion 25 (S. 183 f.) und 26 (S. 190 f.)?
2. Informieren Sie sich über die Entwicklung der Klöster und versuchen Sie so diesen Widerspruch aufzulösen.

Lektion 27: **Aufgaben**

3 Welche Stilmittel heben die Argumente der beiden Gesprächspartner hervor? Untersuchen Sie, welchen inhaltlichen Aspekt sie jeweils betonen.

4 Untersuchen Sie, welche semantische Funktion die Konjunktive, die in dem Text vorkommen, jeweils haben.

5 1. Richten Sie im Prohibitiv Verbote an die 2. Person Singular bzw. Plural. Beispiel:

Sei kein Angsthase! (timēre) – Nē timueris!

a) Etwas leiser! (clāmāre)
b) Bleib bloß weg! (venīre)
c) Du kannst mir nichts verbergen! (mē dēcipere)
d) Versucht das erst gar nicht! (id temptāre)
e) Sei nicht so ein Jammerlappen! (querī)
f) Lasst lieber die Finger davon! (id facere)
g) Ich bin heute empfindlich. (mē incitāre)
h) Bleibt bei mir! (mē dēserere)
i) Der Friede ist das Wichtigste. (bella gerere)
j) Das war doch selbstverständlich. (grātiās agere)

2. Formulieren Sie alle Verbote auch mit *nōlī/nōlīte* + Infinitiv.

6 Übersetzen Sie und überlegen Sie, worin sich die Aussagen folgender realer, potentialer oder irrealer Konditionalgefüge voneinander unterscheiden.

a) a. Nisī librōs legerem, īnfēlīx essem. – b. Nisī librōs legam, īnfēlīx sim.
b) a. Nisī laudor, nōn studeō multa discere. – b. Nisī laudātus essem, nōn studuissem multa discere. – c. Nisī lauder, nōn studeam multa discere. – d. Nisī laudārer, nōn studērem multa discere.
c) a. Sī Antrōnius tacēret, philosophus manēret. – b. Sī Antrōnius taceat, philosophus maneat. – c. Sī Antrōnius tacuisset, philosophus mānsisset. – d. Sī Antrōnius tacet, philosophus manet.
d) a. Sī librī hominēs fēlīciōrēs reddant, omnēs eōs legant. – b. Sī librī hominēs fēlīciōrēs redderent, omnēs eōs legerent.
e) a. Sī hominēs sapientēs essent, bella nōn gererent. – b. Sī hominēs sapientēs fuissent, bella multa nōn gessissent. – c. Sī hominēs sapientiōrēs fīant, bella nōn gerant.

7 Vergleichen und übersetzen Sie.

a) Plīnius epistulam ad Trāiānum scrīpsisse trāditur. Plīnium epistulam ad Trāiānum scrīpsisse nōvimus.
b) Plīnius dē Chrīstiānīs tractandīs dubitāvisse vidētur. In eā epistulā Plīnium dē Chrīstiānīs tractandīs dubitāvisse legimus.
c) Plīnius officia sua optimē implēre dīcitur. Multī hominēs honestī Plīnium officia sua optimē implēre dīcunt.
d) Plīnius Chrīstiānōs nōnnūllōs ad supplicium dūcī iussisse trāditur. Plīnium Chrīstiānōs nōnnūllōs ad supplicium dūcī iussisse scīmus.
e) Plīnius homō ērudītus fuisse dīcitur. Plīnium hominem ērudītum fuisse nōvimus.

8 Etwas Training im Umgang mit dem Lexikon:

1. Versuchen Sie aus dem Zusammenhang zu erschließen, was die in Kapitälchen gesetzten, bislang unbekannten Vokabeln bedeuten könnten, schlagen Sie diese erst dann im Lexikon nach und übersetzen Sie.

a) Antrōnius voluptātum et OBLECTĀTIŌNUM variārum cupidus fuisse dīcitur.
b) Antrōnius mulierēs librīs legendīs nōn iam pārēre et officia sua atque MŪNERA domestica oblīvīscī dīcit.
c) Antrōnius quemquam doctiōrem PRŪDENTIŌREMQUE quam sē esse nōn vult.
d) Sī tibi sapientia sit, nōnne vīvās suāviter et IŪCUNDĒ?
e) Antrōnius vītam mulierum sapientium et LITTERĀRUM PERĪTĀRUM nōvisse nōn vidētur.
f) Antrōnius linguam Latīnam mulierēs VERĒCUNDĀS decēre negat.

2. Weshalb ist es sinnvoll, sich vor dem Nachschlagen im Lexikon zu überlegen, was das Wort an der betreffenden Stelle bedeuten könnte?

3. Was bedeuten folgende Abkürzungen?
Cic. – m. Gen; m. Inf. od. A.C.I. – abs. – poet. auch Sg. – Ov.

Humanismus und Renaissance

Der moderne Mensch ist daran gewöhnt, dass Wissen und technische Entwicklung stetig fortschreiten. Wir können uns daher nur schwer vorstellen, dass in der Völkerwanderungszeit, nicht lange nach dem Untergang des weströmischen Reiches 476 n. Chr., auf dem *forum Romanum*, dem politischen Zentrum
5 des römischen Reichs, die Schafe grasten. Wenn auch die moderne Geschichts-

wissenschaft in den letzten Jahrzehnten das Urteil über das Mittelalter als *dark ages* relativiert hat, so ist nicht abzustreiten, dass in dieser Zeit Wissen – z. B. die Fähigkeit der perspektivischen Darstellung – verloren ging.

Zwar gerieten viele lateinische Autoren wie Ovid, Vergil, Horaz und Seneca dank der Klöster nicht gänzlich in Vergessenheit, aber die Beschäftigung mit ih-

Palazzo ducale, Urbino.

Woran erkennt man, dass das Gebäude aus der Zeit der Renaissance stammt?

nen blieb auf einen sehr kleinen Kreis beschränkt, die Kenntnis des Griechischen war fast völlig verschwunden. Im 13. Jahrhundert begannen in Oberitalien gelehrte Bürger sich intensiv mit antiken Autoren zu beschäftigen. Diese Entwicklung ging mit politischen Veränderungen einher: Das Emporkommen des Bürgertums lockerte die mittelalterliche Ständeordnung auf und die oberitalienischen Städte erlangten politische Autonomie, indem sie den Feudaladel unterwarfen. Man sah das Lebensziel nicht mehr nur im Jenseits, sondern versuchte das Diesseits selbstbewusst zu gestalten und den Menschen in den Mittelpunkt zu stellen. Zunächst griff man auf lateinische Autoren, besonders auf Cicero, zurück und schrieb selbst in lateinischer Sprache. Francesco Petrarca (1304–1374) aus Arezzo gehörte zu den berühmtesten ersten Humanisten in Italien. Für ihn ist der humanistisch Gebildete der *homo litteratus*, ein Mensch, der am klassischen Latein geschult und selbst literarisch tätig ist. Der Umgang mit den Texten der Antike führte zu einer neuen Auffassung von Bildung und damit auch zu einem neuen Selbstbewusstsein des Menschen.

Mithilfe byzantinischer Gelehrter wandte man sich im 15. Jahrhundert auch wieder griechischen Autoren zu. Mit der Wiedergeburt der Antike, der Renaissance, begann eine Entwicklung in Italien, die das mittelalterliche Weltbild in Europa außer Kraft setzte. Die lateinische Sprache verband die Humanisten in ganz Europa. Die Ausprägungen des Humanismus waren jedoch vielfältig: Unterstützt durch das Fürstenhaus der Medici entwickelte sich Florenz im 15. Jahrhundert zum humanistischen Zentrum. Interessiert waren die Medici nicht nur an der Philosophie der Griechen, sondern auch an deren Wissen über technische und wissenschaftliche Zusammenhänge, das sie für die Wirtschaft und für militärische Ziele nutzten. Viele Humanisten versuchten christliche Überlieferung und antike Philosophie sowie das neue Verständnis vom Menschen zusammenzubringen. In Deutschland besaß der Humanismus eine stark religiöse Ausprägung: Johann Reuchlin (1455–1522) beschäftigte sich intensiv mit dem Hebräischen, um die Heilige Schrift besser zu verstehen. Er setzte sich kämpferisch für kirchliche Reformen ein. Erasmus von Rotterdam (ca. 1466–1536) war nach Aufenthalten in Paris, England, Italien und den Niederlanden in Basel und Freiburg tätig. Als Philologe, Theologe und Dichter kannte er viele europäische Gelehrte und schuf mit der Herausgabe des Neuen Testaments in griechischer und lateinischer Sprache die Grundlage für Luthers Bibelübersetzung ins Deutsche. Als Mann des Ausgleichs hielt er sich jedoch von der Reformation fern. Seine Bemühung, die Lehre Christi mit der antiken Weisheit zu verbinden, wurde für den christlichen Humanismus in Europa prägend.

1. Was versteht man unter »Humanimus«, was unter »Renaissance«?
2. Mit welchen unterschiedlichen Zielsetzungen studierte man in dieser Zeit die antiken Autoren?

Ex Christophorī Columbī epistulā   28

Erste Landung des Kolumbus. Kupferstich von Theodor de Bry (1528–1598). Am 12. Oktober 1492 entdeckte eine kleine Gruppe der arawakischen Lucayos Christoph Kolumbus und seine Seeleute an der Ostküste ihrer Heimatinsel Guanahani.

Vergleichen Sie Text und Bild.

1 Ex Chrīstophorī Columbī epistulā

dē īnsulīs nūper repertīs
ad māgnificum dominum Raphaēlem Sanxis,
serēnissimī Ferdinandī Rēgis thēsaurarium, missā

māgnificus, a, um: erhaben
serēnus, a, um: erlaucht
thēsaurarius, ī *m.*: Schatzmeister

Trīcēsimō tertiō diē, postquam Gādibus discessī,
in mare Indicum pervēnī,
ubī plūrimās īnsulās innumerīs habitātās hominibus repperī.
5 Quārum omnium prō Ferdinandō,
fēlīcissimō Rēge nostrō,
contrādīcente nēmine possessiōnem accēpī.

trīcēsimus, a, um: dreißigster
innumerus, a, um: unzählig

contrādīcere, dīcō, dīxī, dictum: widersprechen

Incolae utrīusque sexūs nūdī semper incēdunt
praeter aliquās fēminās, quae foliīs pudenda tegunt.
10 Saepe ēveniēbat,
cum mīsissem duōs vel trēs hominēs ex meīs
ad aliquās vīllās,
ut cum eārum loquerentur incolīs,
exīsse Indōs et,
15 cum nostrōs appropinquāre vīdissent,
fugam celeriter arripuisse.

folium, ī *n.*: Blatt
pudenda, ōrum *n.*: Scham
ēvenit *hier m. aci*: es ereignet sich
vīlla, ae *f.: hier:* Dorf

Iīs autem, quibuscum verbum facere potuī,
ea, quae habēbam, dedī:
pannum et permulta alia.

    pannus, ī *m.*: Tuch

20 Cēterum, ubī sē crēvērunt tūtōs, omnī metū repulsō,
erant admodum simplicēs ac bonae fideī
et in omnibus, quae habēbant, līberālissimī.
Dabant quaeque māgna prō parvīs,
cum minimā rē contentī essent.
25 Egō tamen prohibuī,
nē hīs tam minima et nūllīus pretiī darentur,
ut sunt vitrī fragmenta, clāvī, lingulae,
quamquam eīs, sī haec poterant adipīscī,
pulcherrimī mundī thēsaurī vidēbantur.

    vitrī fragmentum, vitrī fragmentī *n.*: Glasscherbe
    clāvus, ī *m.*: Nagel
    lingula, ae *f.*: (Schuh-)Riemen
    thēsaurus, ī *m.*: Schatz
    īdōlatrīa, ae *f.*: Götzendienst

30 Nūllam hī nōvērunt īdōlatrīam.
Immō firmissimē crēdunt omnem vim,
omnem potentiam, omnia dēnique bona esse in caelō
mēque inde cum meīs nāvibus et nautīs dēscendisse.
Atque hōc animō ubīque sum acceptus,
35 cum metum reppulissent.
Incolae semper putant mē dēscendisse ē caelō,
quamvīs diū nōbīscum versātī sint hodiēque versentur.
Quae rēs ūtilissima est ad id,
quod, ut cēnseō,
40 serēnissimus Rēx noster praecipuē optat,
scīlicet eōrum ad sānctam Chrīstī fidem conversiōnem.
Cui quidem, quantum intellegere potuī, prōnī sunt.

    conversiō, ōnis *f.*: Bekehrung
    prōnus, a, um: geneigt

Dēnique, ut nostrī discessūs et celeris reditūs
compendium et ēmolumentum brevibus astringam,
45 hoc polliceor:
Egō, cum revertero,
cum nāvēs meae salvae in patriam redierint,
nostrō Rēgī invictissimō
tantum aurī dabō, quantum ei fuerit opus,
50 tantum vērō arōmatum, bombȳcis, mastichis,
tantum servōrum,
quantum eōrum Māiestās voluerit exigere …

    compendium et ēmolumentum: Nutzen und Vorteil
    astringere, stringō, strīnxī, strictum: zusammenfassen
    salvus, a, um: wohlbehalten
    invictus, a, um: unbesiegbar
    opus est: *hier m. Akk.*
    arōma, arōmatis *n.*: Gewürz, Wohlgeruch
    bombȳx, ȳcis *m.*: Seide
    mastix, stichis *f.*: Mastix(harz)

Lektion 28: Ex Christophorī Columbī epistulā

Alcázar de los Reyes Christianos, Sevilla. In diesem Palast empfingen die katholischen Könige Kolumbus zu Verhandlungen vor seinem Aufbruch.

2 Ein historischer Bericht

Trāditum est
Chrīstophorum Columbum trīcēsimō tertiō diē,
postquam Gādibus discessisset,
ut ad Indōs nāvigāret,
5 in mare, quod ab illō Indicum appellābatur, pervēnisse
et aliquārum īnsulārum possessiōnem accēpisse.
Cum īnsulam, cui nōmen Iohannae dedisset, appulisset,
incolās tam territōs esse, ut fugam arriperent.
Illōs autem armīs caruisse,
10 quod nātūrā pavidī et timidī essent.

Columbus scrībit incolās utrīusque sexūs,
quī illam īnsulam habitent,
nūdōs semper incēdere
et omnī metū repulsō līberālissimōs esse;
15 illōs sibi suīsque omnia, quae ab illīs optāta essent, dedisse;
incolās praetereā crēdere Hispāniēnsēs deōs esse,
quī ē caelō dēscenderint.
Itaque facillimum fore, ut illōs ad Chrīstī fidem convertat.
In extrēmā epistulae parte Columbus pollicētur
20 sē post reditum rēgī tantum aurī datūrum esse,
quantum illī fuerit opus.

appellere, pellō, pulī, pulsum *m. Akk.*: an Land gehen

■ Aurī sacra famēs.

■ Caelum, nōn animum mūtant, quī trāns mare currunt.

sacer, sacra, sacrum: *hier*: verflucht
mūtāre, mūtō: (ver)-ändern
trāns *m. Akk.*: über … hin

Zu Text 1

1 1. In welchen Sätzen beschreibt Kolumbus sein Verhalten bzw. das seiner Leute, in welchen das der *incolae*? Ordnen Sie tabellarisch jeweils die aussagekräftigen lateinischen Begriffe zu.
2. Welche Verhaltensweisen der *incolae* findet Kolumbus besonders bemerkenswert?
3. Welches Verhalten und welche Handlungen der Eroberer hebt Kolumbus gegenüber Raphaelis Sanxis hervor?

2 1. Worauf kommt es den Eroberern an? Untersuchen Sie die betreffenden Textstellen auch auf Stilmittel und deren Funktion.
2. Welche Einstellung gegenüber den *incolae* zeigt sich in diesem Brief? Belegen Sie Ihre Ansicht mit lateinischen Zitaten aus dem Text.

Zu Text 2

3 1. Welche Informationen aus Text 1 finden Sie hier wieder?
2. In welcher syntaktischen Form erscheinen diese Informationen hier?
3. Vergleichen Sie die direkte und die indirekte Rede und formulieren Sie eine Regel: In welcher syntaktischen Form erscheinen die Hauptsätze in der indirekten Rede, in welcher die Gliedsätze?

4 1. Im Folgenden sind Verbformen aus dem Text aufgeführt, die ein bestimmtes Zeitverhältnis zum übergeordneten Prädikat ausdrücken. Legen Sie Tabellen nach folgendem Muster an und tragen Sie die Verbformen in die richtigen Spalten ein.

a) discessisset – pervēnisse – accēpisse – dedisset – appulisset – territōs esse – caruisse.

Übergeordnetes Prädikat: trāditum est (ab Z. 1)		
vorzeitig	**gleichzeitig**	**nachzeitig**
Beispiel: discessisset		

Lektion 28: Aufgaben

b) habitent – incēdere – līberālissimōs esse – dedisse – crēdere – facillimum fore.

Übergeordnetes Prädikat: scrībit (ab Z. 11)		
vorzeitig	**gleichzeitig**	**nachzeitig**
	Beispiel: habitent	

c) datūrum esse

Übergeordnetes Prädikat: pollicētur (ab Z. 19)		
vorzeitig	**gleichzeitig**	**nachzeitig**

2. Weshalb werden in den Tabellen einige Kästchen übervoll, warum bleiben andere dagegen leer?

5 Wenn ich einmal reich bin … Denken Sie sich passende deutsche Satzhälften aus.

a) Sī dīves erō, …
b) Cum domum vēnerō, …
c) Sī amīcus mē iterum dēseret, …
d) Sī tū mē nōn adiuvābis, …
e) Cum hodiē officia mea implēverō, …
f) Cum probātiōnem mātūritātis experīmentī cōnsecūtus erō, …
g) Cum artem bonam cōnsecūtus erō, …
h) Cum tribūta beneficia mihi erunt, …
i) Cum mortuus erō, …

probātiō (ōnis *f.*) **mātūritātis experīmentī***: Abitur – **cōnsequī**, sequor, secūtus sum: unmittelbar (nach)folgen; erlangen, erreichen – **ars***, artis *f.*: Beruf – **tribūta beneficia***, ōrum *n.*: Rente

6 Bestimmen Sie (es stehen keine Längenzeichen!).

-i extremi (3), converti (2), facili (6), vi, timidi (3), mari (2), celeri (6), utrique (3), reperi (2), repperi, perveni (2), permulti, crevi, cerni, adipisci, liberali (6), versari.

-e pavide, converte, inde, versare, pollicere, utile (2), mare, celere (2), tute, quisque, nude, incede.

-um exactum (3) – marium – naturarum – maiestatum – sexum – repertum (3) – utrumque (3) – trium (3) – permultorum (2) – admodum – liberalium (3) – nudum (3).

* Neues Latein Lexikon – Lexicon recentis latinitatis. Hrsg.: Libraria Editoria Vaticana. Übersetzung aus dem Italienischen: Stefan Feihl. Bonn 1998.

7 Zum Schluss noch etwas Neulatein* (vgl. Seite 203); ordnen Sie die richtige Bedeutung zu (ziehen Sie, wenn nötig, ein gängiges lateinisches Lexikon zurate).

Zwitter	duplex separatio transmissionis
Wodka	mensura Vattiana
Zwischengas	cella intima
Zigarre	mons ignivomus
Zahnpasta	ambiguus vir
Watt	amplissimus vir
Striptease	dentaria pasta
VIP	sui ipsius nudatio
WC	bacillum nicotianum
Vulkan	apparatus stereophonicus
Tschüss	calcii depositio
Verkalkung	Vale, amice!
Stereoanlage	valida potio Slavica

Latein heute

Während das mittelalterliche Latein häufig eigene Wege gegangen war und sowohl im Vokabular als auch in der Grammatik vom klassischen Latein abwich, gebrauchten die italienischen Humanisten das klassische Latein Ciceros und setzten sich somit bewusst vom Mittellatein ab. In den folgenden Jahrhunderten wurde die Sprache Ciceros die Sprache der Wissenschaft, in der die Gelehrten Europas schrieben und miteinander sprachen. Wissenschaftler, die wollten, dass ihre Werke in ganz Europa gelesen werden konnten, schrieben lateinisch. Noch im späten 19. Jahrhundert war es selbstverständlich, dass Doktoranden ihre Thesen lateinisch verfassten. Viele Bezeichnungen an den Universitäten sind auch heute noch lateinischen Ursprungs und zeigen, dass das universitäre Leben wesentlich von der lateinischen Sprache geprägt wurde: Aula, Rektor, Senat, Kolloquium, Auditorium maximum (der größte Saal an der Universität; meist »Audimax« abgekürzt).

Die anatomischen Bezeichnungen der Medizin sind ebenso wie die pharmazeutischen Ausdrücke fast durchweg lateinisch. Botanik und Zoologie bedienen sich auch heute lateinischer und griechischer Namen für Pflanzen und Tiere. In der evangelischen Kirche wurde nach der Reformation Latein recht bald

Europa auf dem Stier. Mosaik in Aquileia.

durch die Landessprache ersetzt. In der römisch-katholischen Kirche hingegen ist Latein noch heute die offizielle Kirchensprache. Zwar werden nur noch sel-
20 ten Gottesdienste in lateinischer Sprache abgehalten, aber der Papst korrespondiert mit den Bischöfen in aller Welt auf Lateinisch, wenn er in Enzykliken – das sind päpstliche Rundschreiben – Stellung zu Problemen und Fragen der Ethik, der Gesellschaft, der Wirtschaft, der Politik und der Wissenschaft bezieht.
25 Im humanistischen Gymnasium des 19. Jahrhunderts hatte Latein von allen Fächern die meisten Stunden, gefolgt von Griechisch. In der Reifeprüfung waren deutsch-lateinische Übersetzungen oder ein lateinischer Aufsatz Standard. Der Anteil des Lateinunterrichts ging im 20. Jahrhundert zurück, als neben dem humanistischen Gymnasium andere Formen der höheren Schulen entstanden.
30 Als Fundament der europäischen Sprachen und Kulturen behält Latein seinen festen Platz im Kanon der Schulfächer. Die Erkenntnis hat sich durchgesetzt, dass, wer Europa verstehen will, sich mit seinen Wurzeln und seiner Tradition beschäftigen muss.

1. Wie kommt es, dass lateinisch schreibende und sprechende Wissenschaftler sich bis in die Neuzeit an Ciceros Latein orientieren?
2. Weshalb ist es Ihrer Meinung nach sinnvoll, dass auch heute Schülerinnen und Schüler Latein lernen?

Zeittafel

	Geschichte	Literatur
8./7. Jh. v. Chr.		Entstehung der homerischen Epen *Ilias* und *Odyssee*
753 v. Chr.	Gründung Roms (der Sage nach)	
ca. 500 v. Chr.	Vertreibung der Könige, Entstehung der Republik	
ca. 460–370 v. Chr.		Hippokrates von Kos
451/449 v. Chr.	Zwölftafelgesetz	
427–347 v. Chr.		Platon
um 308 v. Chr.	Zenon gründet die stoische Philosophenschule.	
um 307 v. Chr.	Epikur gründet den »Kepos«.	
287 v. Chr.	Die *lex Hortensia* beendet die Ständekämpfe.	
264–241 v. Chr.	1. Punischer Krieg	
241 v. Chr.	Sizilien wird römische Provinz.	
234–149 v. Chr.		Cato
218–201 v. Chr.	2. Punischer Krieg. Danach beherrscht Rom das westliche Mittelmeer.	
149–146 v. Chr.	3. Punischer Krieg	
146 v. Chr.	Eroberung Karthagos	
146 v. Chr.	Zerstörung Korinths	
133–121 v. Chr.	Reformen der Gracchen	
106–43 v. Chr.		Cicero
1. Jh. v. Chr.		Vitruv
100–44 v. Chr.		Caesar
88–82 v. Chr.	Bürgerkrieg Marius – Sulla	
82–79 v. Chr.	Sulla Diktator	
75 v. Chr.	Cicero Quaestor auf Sizilien	
73–71 v. Chr.	Sklavenaufstand unter Spartacus	
70–19 v. Chr.		Vergil

Zeittafel

	Geschichte	Literatur
65 v. Chr.–8 n. Chr.		Horaz
63 v. Chr.	Cicero Konsul, Verschwörung Catilinas	
60 v. Chr.	Triumvirat (Caesar, Pompeius, Crassus)	
ca. 59 v. Chr.–17 n. Chr.		Livius
58–51 v. Chr.	Eroberung Galliens	
49–46 v. Chr.	Bürgerkrieg Caesar – Pompeius	
44 v. Chr.	Ermordung Caesars. Danach Bürgerkrieg	
43 v. Chr.	Ermordung Ciceros	
43 v. Chr.–18 n. Chr.		Ovid
31 v. Chr.	Sieg Oktavians bei Aktium	
27 v. Chr.–14 n. Chr.	Herrschaft des Augustus	
ca. 4 v. Chr.–65 n. Chr.		Seneca
1. Jh. n. Chr.		Columella
1. Jh. n. Chr.		Celsus
14 n. Chr.–68 n. Chr.	Herrschaft der julisch-claudischen Kaiser (Tiberius bis 37, Caligula bis 41, Claudius bis 54, Nero bis 68)	
ca. 33 n. Chr.	Jesus von Nazareth gekreuzigt	
ca. 40–104 n. Chr.		Martial
ca. 54–120 n. Chr.		Tacitus
ca. 60–140 n. Chr.		Juvenal
ca. 61–114 n. Chr.		Plinius
64 n. Chr.	Brand Roms, erste Christenverfolgung. Tod der Apostel Petrus und Paulus	
69 n. Chr.–96 n. Chr.	Herrschaft der flavischen Kaiser (Vespasian bis 79, Titus bis 81, Domitian bis 96)	
79 n. Chr.	Untergang Pompejis	

	Geschichte	Literatur
98 n. Chr.– 180 n. Chr.	Herrschaft der Adoptivkaiser (Trajan bis 117, Hadrian bis 138, Antoninus Pius bis 161, Mark Aurel bis 180)	
160–215 n. Chr.		Clemens von Alexandrien
ca. 160–220 n. Chr.		Tertullian
193–283 n. Chr.	Soldatenkaiser	
284–305 n. Chr.	Diokletian	
306–337 n. Chr.	Konstantin	
313 n. Chr.	Mailänder Edikt Konstantins: Das Christentum wird toleriert.	
330 n. Chr.	Konstantin verlegt die Hauptstadt des Römischen Reichs nach Byzanz (Konstantinopel).	
ca. 339–397 n. Chr.		Ambrosius
ca. 348–420 n. Chr.		Hieronymus
2. Hälfte 4. Jh. n. Chr.	Beginn der Völkerwanderung	
354–430 n. Chr.		Augustinus
379–395 n. Chr.	Theodosius	
391 n. Chr.	Verbot sog. heidnischer Kulte; das Christentum wird Staatsreligion.	
395 n. Chr.	Teilung des Römischen Reichs	
410 n. Chr.	Einnahme Roms durch die Westgoten	
476 n. Chr.	Ende des Weströmischen Reichs	
ca. 485–555 n. Chr.		Benedikt von Nursia
529 n. Chr.	Erstellung des *codex Iustinianus*	
1304–1374 n. Chr.		Francesco Petrarca
1453 n. Chr.	Untergang des Oströmischen Reichs	
1455–1522 n. Chr.		Johannes Reuchlin
ca. 1466– 1536 n. Chr.		Erasmus von Rotterdam
1492–1504 n. Chr.	Fahrten des Christoph Kolumbus	

Alphabetisches Verzeichnis der Vokabeln

Die erste Ziffer bezeichnet jeweils die Lektion, in der die Vokabel eingeführt wird. Die zweite Ziffer bezeichnet jeweils die Lektion, in der eine zweite Bedeutung oder die Stammformen eingeführt werden.

ā 7	von	adventus 25	Ankunft
ab 7	von	adversārius 19	Gegner
abdūcere 9	entführen	adversus 25	gegen
abesse 7	abwesend sein	advolāre 12	herbeifliegen
abīre 7	weggehen	aedēs 15	*Sg.:* Tempel; *Pl.:* Wohnhaus
ac 11	und		
accēdere 18	herankommen, sich nähern	aedificāre 11	bauen
		aedificium 21	Gebäude
accendere 17	anzünden, entzünden, entflammen	aegrē 11	kaum; mit Mühe
		aegrōtāre 22	krank sein
		aegrōtus 4	krank
accidere 25	vorfallen, sich ereignen	aemulus 17	Nebenbuhler, Rivale
		aequē 18	in gleicher Weise, ebenso
accipere 9	annehmen, empfangen		
		aequus 18	gleich; gerecht
accūsāre (dē) 20	anklagen (wegen)	aequus animus 18	Gelassenheit, Gleichmut
ācer 16	scharf, heftig, erbittert		
		āēr 21	Luft
ad 2	zu, an, bei	aes 15	Erz, Bronze
ad rem pūblicam accēdere 19	sich der Politik widmen, sich politisch betätigen	aeternus 26	ewig
		afferre 18	herbeibringen
		afficere *m. Abl.* 6, 14	*mit etw.* versehen
addere 10	hinzutun, hinzufügen	affirmāre 23	versichern
adesse 5	da sein; helfen	ager 13	Acker, Feld
adicere 22	hinzufügen	agere 3, 24	tun, machen; (be)treiben
adimere 27	wegnehmen; an sich nehmen		
		agricola 13	Bauer
adipīscī 28	erlangen, erreichen, bekommen	āiō *usw.* 15	ich sage *usw.*
		alere 16	ernähren
		aliēnus 16	fremd
adīre 7	aufsuchen	aliī … aliī 2	die einen … die anderen
adiuvāre 3, 10	unterstützen, helfen		
administrāre 27	leiten, verwalten	aliquandō 11	einst, irgendwann
admīrātiō 17	Bewunderung	aliquem certiōrem facere dē 18	jdn. benachrichtigen über, mitteilen
admittere 3	zulassen		
admodum 28	sehr	aliquī, aliqua(e), aliquod *adj.* 15	irgendein, irgendeine, irgendein
admonēre 26	erinnern; ermahnen; warnen		
		aliquid 9	etwas
adōrāre 8	anbeten, verehren	aliquis, aliqua, aliquid *subst.* 15	irgendeiner, irgendeine, irgendetwas; jemand, etwas
adulēscentia 22	Jugend		
advenīre 2, 18	her(bei)kommen, ankommen		

aliter 21	anders	audīre 1	hören, zuhören
alius 2	ein anderer	auferre 15	wegtragen, wegschaffen
alter 13	der eine (von beiden), der andere	augēre 23	vermehren, vergrößern
amāre 2	lieben, mögen	aureus 17	golden
ambulāre 2	spazieren gehen, schlendern	auris 24	Ohr
amīca 2	Freundin	aurum 28	Gold
amīcus 2	1. Freund 2. befreundet, freundschaftlich gesinnt	aut ... aut 7	entweder ... oder
		aut 3	oder
		autem 1	jedoch, aber
āmittere 14	verlieren	auxilium 13	Hilfe
amor 9	Liebe	avāritia 16	Habgier
an? 11	oder (etwa)?	avārus 13	habsüchtig, gierig
angustus 26	eng, schmal	āvertere 25	abwenden, abkehren
anima 26	Seele	avus 12	Großvater
animadvertere 24	bemerken; tadeln; bestrafen	barba 20	Bart
animus 10	Geist, Sinn	beātus 8	glücklich
annus 6	Jahr	bellum 13	Krieg
ante 7	vor	bellum gerere 14	Krieg führen
antīquus 12	alt, altertümlich	bene 5	gut
ānulus 25	Ring	benīgnus 23	gütig, freundlich
aperīre 10	öffnen	bēstia 16	(wildes) Tier
appārēre 20	erscheinen	bibere 19	trinken
appellāre 15	nennen	bis 22	zweimal
apportāre 2	her(bei-)bringen, -tragen	bonus 2	gut
		bōs 12	Rind, Ochse
appropinquāre 8	sich nähern	brevis 16	kurz
apud 2	bei		
aqua 8	Wasser	caedere 14	fällen; töten
arbitrārī 27	meinen, glauben	caedēs 25	Gemetzel, Morden
arbitrium 26	Urteil; (freie) Entscheidung	caelum 8	Himmel
		callidus 10	schlau
āridus 25	trocken; lechzend	campus 4	Feld
arma 10	Waffen	candidus 21	weiß
armātus 15	bewaffnet	cantāre 10	singen
arripere 26	an sich reißen, ergreifen	capere 6, 14	fassen, fangen
		capillus 21	Haar
ars 17	Kunst	capitis damnāre 18	zum Tode verurteilen
ascendere 25	hinaufsteigen	caput 8	Kopf
at 10	aber, jedoch	carēre 16	entbehren
atque 11	und	cārissimus 19	liebster, teuerster
auctor 15	Urheber, Veranlasser, Anstifter; Schriftsteller	carrus 3	Karren
		cārus 23	lieb, teuer
		causa 7, 20	Grund, Ursache; Fall
auctōritās 23	Ansehen, Einfluss	causā	wegen ... willen
audācia 12	Kühnheit	*nachgestellte Präp.* 13	
audāx 27	kühn; frech	cavēre 3	sich hüten, sich in Acht nehmen
audēre 9	wagen		

Alphabetisches Verzeichnis der Vokabeln

cēdere 7	gehen; weichen, schwinden	concursus 15	das Zusammenlaufen; Angriff
celebrāre 10	feiern	condere 12	gründen
celer 28	schnell	cōnficere 14	zustande bringen, vollenden; erschöpfen
cēna 2	Essen, Mahlzeit		
cēnāre 8	essen, speisen		
cēnsēre 20	meinen	cōnfitērī 23	gestehen, bekennen
cernere 28	wahrnehmen; entscheiden	coniūnx 10	Ehemann; Ehefrau
		conquīrere 23	aufspüren; zusammensuchen
certāre 12	(wett-)kämpfen, streiten	cōnscius 18	bewusst, mitwissend
certē Adv. 12	sicher, bestimmt	cōnsentīre 12	übereinstimmen, einer Meinung sein
certus 12	sicher, bestimmt		
cēterī 24	die Übrigen	cōnsilium 8	Rat, Plan
cēterum 28	übrigens	cōnsistere 19	Halt machen, stehen bleiben
cibus 2	Speise		
circumīre 5	herumgehen	cōnspectus 11	Blick, Anblick
cīvis 13	Bürger, Bürgerin	cōnstāre 13	kosten
cīvitās 17	Bürgerschaft, Stadt, Staat	cōnstat 23	es ist bekannt, es steht fest
clādēs 25	Niederlage; Unglück; Schaden	cōnstituere 21	aufstellen, festsetzen, errichten
clāmāre 1	schreien, rufen	cōnstruere 21	(er)bauen, errichten
clāmor 3	Geschrei	cōnsuētūdō 20	Gewohnheit
cōgere 13	zusammentreiben; zwingen	cōnsul 5	Konsul
		cōnsulere 4, 10	1. m. Dat.: sorgen für
cōgitāre 7	überlegen		2. m. Akk.: um Rat fragen
cōgnitiō 23	Kenntnis; gerichtliche Untersuchung		3. sich beraten
		cōnsūmere 2	verbrauchen
cōgnōscere 9	erfahren; kennen lernen	contemnere 27	verachten, gering schätzen
colere 13	bebauen; pflegen; verehren	contendere 27	sich anstrengen; behaupten; kämpfen; eilen
colligere 4	(auf)sammeln		
collocāre in aliquō locō 21	an einem Ort aufstellen, einrichten	contentus 2	zufrieden, froh
		continentia 25	Selbstbeherrschung, Enthaltsamkeit
colloquium 9	Gespräch		
color 21	Farbe	continēre 23	enthalten, umfassen
comes 17	Begleiter(in)	contrā 18	gegen
cōmis 17	freundlich, charmant	contrārius 19	gegenüberliegend
committere 14	veranstalten; anvertrauen	contrōversia 12	Streit, Meinungsverschiedenheit
commodum 19	Vorteil	contumēlia 19	Beleidigung
commovēre 7, 14	(innerlich) bewegen	convenīre 9	zusammenkommen; treffen
comparāre 25	zusammenstellen, vergleichen	convertere 28	umwenden, verändern; bekehren
cōnātus 22	Versuch, Bemühung		
concidere 10	niederstürzen; zusammenfallen	convincere 23	(eines Verbrechens) überführen

convīvium 27	Gastmahl	decōrus 27	anständig, passend
convocāre 16	zusammenrufen	dēcrētum 24	Beschluss, Anordnung
cōpia 14	Vorrat, Menge	dēdere 14	übergeben, ausliefern
cōpiae *Pl.* 14	Truppen	dēesse 8	fehlen
cor 26	Herz	dēfendere 12	abwehren, verteidigen
cōram 26	in Gegenwart von, vor		
corpus 8	Körper	dēferre 23	überbringen; anzeigen
cōttidiē 25	täglich, Tag für Tag		
crās 13	morgen	dēficere 25	abnehmen; mangeln; ausbleiben
creāre 16	wählen; erschaffen		
crēdere 10	glauben, meinen; vertrauen	dēlectāre 1	erfreuen
crīmen 23	Beschuldigung, Vergehen	dēlēre 13	zerstören
		dēlīberāre 5	überlegen; sich beratschlagen
crūdēlitās 13	Grausamkeit		
culpa 20	Schuld	dēnique 14	schließlich, endlich
cultus 17	Pflege; Verehrung; Lebensart	dēns 7	Zahn
		dēpellere 13	vertreiben
cum *m. Abl.* 6	mit	dēscendere 28	herabsteigen
cum *m. Ind.* 4, 10	als, wenn, immer wenn; als plötzlich	dēserere 16	verlassen, im Stich lassen
cum *m. Konj.* 19	als, nachdem; weil; obwohl	dēsīderium 26	Sehnsucht, Wunsch
		dēsinere 10	aufhören
cūnctī 4	alle	dēspērāre 18	verzweifeln
cupere 5, 10	wünschen, wollen	dētinēre 10	abhalten
cupiditās 17	Begierde, Leidenschaft	dētrahere 18	wegziehen, -nehmen
		dētrīmentum 25	Schaden
cupīdō 12	Begierde, Leidenschaft	deus 8	Gott
		dīcere 9	sagen
cupidus 15	(be)gierig	diēs 5	Tag
cūr(?) 3	warum(?)	differre 23	verbreiten; einen *Termin* verschieben; *(nur im Präsensstamm:)* verschieden sein
cūra 9	Sorge; Sorgfalt		
cūrāre 9	besorgen, sich kümmern um		
cūriōsus 9	neugierig		
currere 20	laufen	difficilis 16	schwer, schwierig
cursus 21	Lauf, Bahn	dīgnitās 16	Würde
cūstōdīre 4	be-, überwachen	dīgnus 16	würdig
cūstōs 15	Wächter	dīligere 13	schätzen, lieben
		dīmittere 3, 23	entlassen, fortschicken
damnāre 18	verurteilen		
dare 4, 10	geben	discēdere 28	weggehen
dē 6	von (... herab); über	discere 1	lernen
dea 8	Göttin	discessus 28	Weggehen, Abreise
dēbēre 1	müssen; schulden	discipulus 1	Schüler
decem 6	zehn	dispōnere 21	verteilen, ordnen, anlegen
decet 27	es gehört sich; es ziemt sich		
		disputāre 5	diskutieren, streiten
decimus 10	zehnter	distāre ab 21	entfernt sein von; sich unterscheiden von
dēcipere 10	täuschen		

Alphabetisches Verzeichnis der Vokabeln 213

diū 6	lange
dīves 16	reich
dīvīnus 21	göttlich
docēre 18	lehren
doctus 27	gelehrt
dolēre 10	Schmerz empfinden; traurig sein; bedauern
dolor 8	Schmerz
dolus 10	List
domesticus 27	häuslich; zum Haus gehörend
domī 11	zu Hause
domina 2	Hausherrin
dominus 2	(Haus-) Herr
domō 11	von zu Hause
domum 10	nach Hause
domus 11	Haus
dōnum 10	Geschenk
dormīre 3	schlafen
dubitāre 23	zweifeln; zögern
dūcere 17	führen
dum *m. Ind. Präs.* 7	während; solange
duo 15	zwei
duodecim 12	zwölf
dūrus 4	hart
dux 14	Führer, Heerführer
ē 7, 25	aus … heraus; von; seit
ē contrāriō 19	im Gegenteil
ēbriētās 22	Trunkenheit
ēbrius 22	betrunken
ēducāre 13	aufziehen, erziehen
efficere 18	bewirken, hervorbringen
effugere 11	(ent)fliehen
egēre 22	entbehren; nötig haben
egō 3	ich
ēgregius 21	ausgezeichnet, hervorragend
ēlegāns 27	elegant; auserlesen
ēligere 2	auswählen
ēmendāre 26	verbessern
emere 2	kaufen
enim 4	nämlich
epistula 24	Brief
eques 13	Reiter, Ritter
equus 10	Pferd
ergō 25	also
errāre 1	einen Fehler machen, (sich) irren
error 1	Irrtum, Fehler
ērudītus 27	gebildet
esse 1	sein
est 1	er, sie, es ist (*Inf.*: sein)
et … et 4	sowohl … als auch
et 1	und; auch
etiam 1	auch; sogar
etsī 14	auch wenn
ex 7, 25	aus … heraus; von; seit
excitāre 15	aufwecken, antreiben
exemplum 23	Beispiel
exercēre 22	üben
exercitus 11	Heer
exhaurīre 21	ausschöpfen, leeren
exigere 28	fordern; ausführen, vollenden
exiguus 21	klein, gering, unbedeutend
exilium 6	Verbannung
exīre 7	hinausgehen
exīstimāre 25	glauben, meinen
expellere 16	vertreiben
explicāre 21	erklären, ausführen
explōrāre 14	erkunden, erforschen
expōnere 9	darlegen; erklären
expūgnāre 10	erobern
exspectāre 2	erwarten
exstruere 14	aufbauen, errichten
exsultāre 20	jubeln, ausgelassen sein
extrēmus 28	äußerster, letzter
faber 20	Handwerker
fābula 1	Geschichte, Fabel
facere 12	machen, tun; herstellen
facilis 28	leicht
facilius 17	leichter
factum 26	Tat; Tatsache
facultās 24	Möglichkeit
fallere 23	täuschen, betrügen
falsus 11	falsch; treulos
fāma 15	Ruf; Gerücht
famēs 13	Hunger
familiāritās 27	vertrauter Umgang; Freundschaft
fānum 15	Heiligtum, Tempel

fātum 18	Schicksal	genus 17	Geschlecht, Art
favēre 6	jdn. unterstützen, jdm. gewogen sein	gerere 14	tragen; (aus)führen
		gignere 19	erzeugen, hervorbringen
fēlīcitās 17	Glück		
fēlīx 16	glücklich	gladiātor 6	Gladiator
fēmina 9	Frau	gladius 6	Schwert
ferē 19	ungefähr, etwa	glōria 13	Ruhm
ferre 15	bringen, tragen; ertragen	gradī 26	(be)schreiten
		gradus 22	Schritt, Stufe
ferrum 18	Eisen, Schwert	Graecus 1	griechisch
fessus 3	müde, erschöpft	grātia 24	Ansehen; Dank; Gunst
fidēlis 23	treu, zuverlässig; aufrichtig		
		grātiās agere 24	Dank sagen
fidēs 9	Treue, Zuverlässigkeit; Vertrauen; Glaube	grātuītō 20	unentgeltlich, umsonst
		gravis 26	schwer
fierī 23	werden; geschehen; gemacht werden	grex 9	Herde
fīlia 8	Tochter	habēre 5, 9	haben, halten
fīlius 8	Sohn	habitāre 12	wohnen
fīnīre 12	beenden	herī 9	gestern
fīnis 12	Sg.: Grenze, Ende; Pl.: Gebiet	hībernus 25	winterlich, Winter-
		hīc 3	hier
firmāre 22	kräftigen, stärken	hic, haec, hoc 12	dieser, diese, dieses
firmus 9	fest; zuverlässig; sicher	hodiē 2	heute
flectere 7	(um)drehen, biegen	homō 5	Mann, Mensch
flēre 7, 18	(be)weinen	honestus 15	ehrenhaft
flūctus 11	(Meeres-)Woge, Flut	honor 14	Ehre, Ehrung
fōrma 17	Gestalt, Form; Schönheit	hōra 18	Stunde
		horreum 4	Scheune
fortasse 13	vielleicht	hortus 4	Garten
fortis 21	tapfer	hospes 9	Gast(freund); Fremder
fortitūdō 21	Tapferkeit		
forum 10	Marktplatz	hospitium 9	Gastfreundschaft
frāter 12	Bruder	hostis 12	Feind
frīgidus 21	kalt	hūmānus 23	menschlich; gebildet; freundlich
frūmentum 4	Getreide, Weizen		
frūstrā 7	vergeblich		
fuga 6	Flucht	iacere 6	schleudern, werfen
fugere 5	fliehen	iactāre 20	werfen
fundere 21	ausgießen; zerstreuen	iam 6	schon, jetzt, gleich
fūrtum 23	Diebstahl	ibī 3	da, dort
futūrus 9	zukünftig	īdem, eadem, idem 20	derselbe
		idōneus 12	geeignet
gaudēre 5, 22	sich freuen	igitur 12	also
gaudium 4	Freude	īgnāvia 22	Trägheit
gemere 10	seufzen; stöhnen	īgnāvus 14	träge; feige
genius 24	Geist, Schutzgeist	īgnis 25	Feuer
gens 11	Volk(sstamm); (vornehme) Familie	īgnōrāre 8	nicht kennen, nicht wissen

Alphabetisches Verzeichnis der Vokabeln 215

ille, illa, illud 12	jener, jene, jenes Bild	innocentia 25	Unbescholtenheit, Rechtschaffenheit
imāgō 23	Bild	inquit *eingeschoben* 7	er/sie sagt(e)
imber 25	Regen	īnsānus 27	verrückt, wahnsinnig
imitārī 26	nachahmen	īnscrībere 19	mit einer Inschrift versehen, betiteln
immō 28	im Gegenteil		
imperātor 6	Kaiser, Feldherr	īnstruere 23	unterrichten, unterweisen
imperītus 18	unerfahren		
impetus 15	Angriff, Ansturm, Überfall	īnsula 28	Insel
		intellegere 27	erkennen; verstehen, einsehen
impius 10	gottlos; frevelhaft		
implēre 19	erfüllen	inter 9	unter, zwischen
impōnere 12	auf *etw.* setzen, stellen, legen	interdum 5	manchmal
		intereā 6	unterdessen, inzwischen
improbus 15	schlecht, unredlich; unverschämt		
		interesse 8	dabei sein, teilnehmen
in animō habēre 10	beabsichtigen	interficere 14	töten
in diēs 13	von Tag zu Tag	interim 2	inzwischen, unterdessen
in fugam dare 6	in die Flucht schlagen		
in *m. Abl.* 6	in, auf	interitus 11	Untergang
in *m. Akk.* 5	in (... hinein); nach	interrogāre 9	fragen
in mātrimōnium dūcere 17	heiraten *(vom Mann aus gesehen)*	intrāre 1	betreten
		invādere 12	eindringen, einfallen; angreifen
in tempore 20	rechtzeitig		
incēdere 28	einhergehen; eindringen	invenīre 1, 10	finden
		invidia 17	Neid
incendere 11	anzünden, in Brand stecken	invītāre 2	einladen
		invītus 27	wider Willen, ungern
incertus 22	unsicher, ungewiss	ipse, ipsa, ipsum 13	selbst, gerade
incipere 12	anfangen, beginnen	īra 9	Zorn
incitāre 19	antreiben, erregen, aufhetzen	īrātus 1	zornig
		īre 3	gehen
incola 28	Einwohner	is, ea, id 7	dieser, diese, dies(es); er, sie, es
incommodum 25	Nachteil; Niederlage		
incultus 16	unbebaut, brachliegend	iste, ista, istud 12	dieser (da), diese (da), dieses (da)
inde 28	von dort; von da an	ita 19	so
indīgnus 16	unwürdig	itaque 2	und so, daher, deshalb
īnfēlīx 27	unglücklich	item 21	ebenso, auch
īnferre 25	hineintragen; zufügen	iter 16	Weg, Reise
		iterum 10	wiederum
īnfimus 25	unterster, niedrigster	iubēre 2, 12	beauftragen, befehlen
ingenium 12	Anlage, Begabung, Talent	iūdex 20	Richter
		iūdicium 20	Urteil, Gericht; Meinung
ingēns 16	riesig		
ingrātus 11	undankbar	iugum 12	Joch
inimīcus 26	feindlich; *subst.:* Feind	iūrāre per 24	schwören bei
iniūria 20	Unrecht, Ungerechtigkeit	iūs 20	Recht
		iussū 11	auf Befehl
innocēns 25	unschuldig, rechtschaffen	iūstus 24	gerecht

iuvat 1	es bereitet Freude	māiōrēs 5	Vorfahren
iuvenis 20	junger Mann	maledīcere 23	jdn. schmähen, beleidigen
iuventūs 17	Jugend		
		mālle 24	lieber wollen
labor 3	Arbeit; Anstrengung, Mühe	malus 14	schlecht
		mandāre 25	übergeben, anvertrauen
labōrāre 3, 8	1. arbeiten; sich bemühen		
		manēre 7, 20	bleiben
	2. leiden	manus 11	Hand; Schar
lacerāre 19	zerreißen, zerfleischen	mare 28	Meer
		marītus 17	Ehemann
lacrima 7	Träne	māter 25	Mutter
laedere 7	verletzen	mātrimōnium 17	Ehe
laetus 9	froh, fröhlich	mātrōna 27	(verheiratete/ ehrbare) Frau
latēre 22	verborgen sein		
latrōcinium 23	Raub	mātūrus 22	reif; früh
laudāre 1	loben	maximē 4	besonders
lavāre 22	waschen	maximus 8	größter
lavārī 22	sich waschen, baden	mē 3	mich
lectus 2	Bett, Sofa	medicus 22	Arzt
legere 1, 23	lesen	melior 18	besser
leō 25	Löwe	melius 20	besser
levis 25	leicht, geringfügig	memor 18	sich erinnernd, denkend an
lēx 16	Gesetz		
libenter 1	gern	mēns 21	Verstand, Gedanke, Sinn
liber 19	Buch		
līber *Adj.* 8	frei	mēnsa 2	Tisch
līberālis 28	vornehm; freigebig	mercātor 2	Kaufmann
līberāre 8	befreien	merīdiēs 21	Mittag; Süden
līberī 13	Kinder	mētīrī 25	abmessen
lībertās 16	Freiheit	metus 11	Angst, Furcht
licēre 1	erlaubt sein	meus 7	mein
licet 1	es ist erlaubt, man darf	mihi 8	mir
		mīles 13	Soldat
lingua 27	Zunge; Sprache	mīlle 18	tausend
loca 6	Gegend	minārī 23	(an)drohen
locus 6	Ort, Platz, Stelle	minimē 23	keineswegs, überhaupt nicht
longē 15	weit, fern		
longus 7	lang, weit	minimus 23	kleinster, geringster
loquī 26	reden, sprechen	minus 15	weniger
lūcēre 19	leuchten, scheinen	mīrārī 22	sich wundern
lūdere 5	spielen	mīrus 25	wunderbar, erstaunlich; sonderbar
lūx 6	Licht		
		miser 3	arm; elend
maestus 11	traurig	miseria 16	Unglück, Elend
magister 3	Lehrer	misericordia 20	Mitleid
māgnus 1	groß	mittere 13	loslassen, schicken
māiestās 28	Größe, Würde, Majestät	mōbilis 22	beweglich
		modestia 17	Bescheidenheit, Mäßigung
māior 13	größer		

Alphabetisches Verzeichnis der Vokabeln

modo ... modo 22	bald ... bald	necāre 6	töten
modus 12	Art und Weise; Maß	necessārius 16	notwendig
moenia 25	Stadtmauer	necesse est 13	es ist notwendig
molestia 19	Unbehagen, Ärger	necessitās 24	Notwendigkeit
monachus 26	Mönch	nefārius 15	frevelhaft, verbrecherisch
monastērium 26	Kloster		
monēre 26	erinnern; ermahnen; warnen	negāre 15	verneinen, bestreiten
		neglegere 6	nicht beachten, vernachlässigen
mōns 9	Berg		
mōnstrāre 4	zeigen	nēmō 2	niemand
mora 24	Aufschub, Zeit(raum)	nēmō nostrum 24	keiner von uns
		neque ... neque 8	weder ... noch
morbus 15	Krankheit	neque 8	und nicht, auch nicht, aber nicht
mōre 20	nach (der) Sitte		
mors 10	Tod	nescīre 13	nicht wissen
mortem obīre 18	sterben	niger 21	schwarz
mortuus 10	tot	nihil 3	nichts
mōs 20	Sitte	nihil nisī 19	nichts außer
movēre 21	bewegen	nisī 19	wenn nicht
mox 12	bald (darauf)	nōbīs 4	uns
muliebris 27	weiblich	nocēre 26	schaden
mulier 9	Frau	noctū 15	nachts
multīs diēbus post 7	nach vielen Tagen	nōlle 24	nicht wollen
multitūdō 12	Menge, Masse	nōmen 8	Name
multō *beim Komparativ* 23	um vieles, viel	nōn 1	nicht
		nōn iam 1	nicht mehr
multum 18	viel	nōn īgnōrāre 8	genau kennen
multus 2	viel	nōn numquam 17	manchmal
mundus 8	Welt(all)	nōndum 9	noch nicht
mūnītiō 14	Befestigung; Schanzarbeit	nōnne? 3	denn nicht? (etwa) nicht?
mūrus 22	Mauer	nōnnūllī 4	manche
		nōs 3	wir; uns
nam 1	denn	noster 12	unser
		novus 5	neu
nārrāre 9	erzählen	nox 3	Nacht
nātūra 28	Natur, Wesen	noxius 26	schuldig
nātus 21	geboren	nūbere 17	*jdn.* heiraten *(von der Frau aus gesehen)*
nauta 28	Seemann, Matrose		
nāvigāre 22	segeln, mit dem Schiff fahren	nūdus 28	nackt
		nūllus 19	kein
nāvis 11	Schiff	num(?) 3	etwa?; ob
nē ... quidem 4	nicht einmal	nūmen 8	(göttliche) Macht, (göttlicher) Wille
-ne *angehängt* 3	*(Fragezeichen);* ob		
nē *m. Konj.* 17	1. dass nicht, damit nicht	numerāre 5	zählen
		numerus 12	Anzahl
	2. wenn nur nicht, hoffentlich nicht	nummus 20	Münze
		numquam 9	niemals
nec 17	und nicht, auch nicht, aber nicht	numquam nōn 17	immer
		nunc 1	jetzt, nun

nūntius 11	Bote, Botschaft	ōrnāre 2	ausstatten, schmücken
nūper 16	neulich	ōs 8	Mund, Gesicht
		ōtium 4	freie Zeit
ō! 7	o! ach!		
obīre 18	entgegengehen	paene 7	fast, beinahe
oblīvīscī 27	vergessen	palam 15	offen, vor aller Augen
oboedientia 26	Gehorsam	pār 18	gleich
obsecrāre 16	beschwören, dringend bitten	parāre 2	vorbereiten
		parātus 6	bereit
observāre 26	beobachten; beachten, befolgen	pārēre 11	gehorchen
		parere 27	hervorbringen, erzeugen
obsīdere 14	besetzen	pariter 18	gleich, in gleicher Weise
obsidiō 14	Belagerung		
obstringere 23	verpflichten	pars 5	Teil
obtinēre 16	erhalten, bekommen	particeps 24	beteiligt, teilnehmend
obviam 19	entgegen	parum 27	zu wenig
occidere 10	untergehen; sterben	parvus 4	klein
occupāre 26	einnehmen, besetzen; beschäftigen	pāstor 9	Hirte
		pater 8	Vater
oculus 7	Auge	patria 11	Vaterland
odium 10	Hass	patricius 16	Patrizier
offendere 17	verletzen, beleidigen	patrius 15	väterlich, angestammt
offerre 15	anbieten	paucī 5	(nur) wenige
officium 19	Pflicht, Dienst	paulō post 6	kurz darauf
omnīnō 26	ganz und gar, völlig	pauper 25	arm
omnis 16	ganz, jeder; *Pl.:* alle	pavidus 28	furchtsam, ängstlich
onerāre 14	belasten, beladen	pāx 27	Friede
onus 18	Last	peccāre 26	sündigen; eine Verfehlung begehen
opera 24	Arbei, Mühe		
operam dare 24	sich bemühen	pecūnia 2	Geld
oportet 15	es ist nötig	pedes 13	Fußsoldat, Infanterist
oppidum 12	(befestigte) Siedlung, (kleine) Stadt	per 2	durch ... hindurch
		perdere 13	zugrunde richten, vernichten
opprimere 3, 14	überfallen; niederdrücken	perfectus 25	vollendet, vollkommen
oppūgnāre 10	bestürmen, angreifen	pergere 23	fortfahren
optāre 17	wünschen	perīculōsus 20	gefährlich
optimus 21	bester; sehr gut	perīculum 10	Gefahr
opulentus 9	reich; üppig	perīre 11	zugrunde gehen
opus 16	Werk	permittere 11	erlauben, zulassen
opus est 16	*(eine Sache)* ist nötig	permultī 28	sehr viele
ōra 11	Küste	persevērāre 23	fortfahren, weiterhin tun
ōrāre 7	reden, bitten		
ōrātiō 5	Rede	perturbāre 22	(völlig) verwirren
ōrātiōnem habēre 5	eine Rede halten	pervenīre 28	hinkommen, (hin)gelangen
orbis 9	Kreis		
orbis terrārum 9	Erdkreis	pēs 7	Fuß
ōrdō 26	Ordnung; Stand, Klasse; Orden	pessimus 23	schlechtester

Alphabetisches Verzeichnis der Vokabeln

petere 13	suchen, aufsuchen, erbitten	praesidium 14	Schutztruppe, Posten
petere aliquid ab amīcō 13	einen Freund um etw. bitten	praestat 18	es ist besser
		praeter 17	außer
philosophia 18	Philosophie	praetereā 8	außerdem
philosophus 18	Philosoph	premere 21	drücken, drängen
piger 4	faul	pretium 13	Preis, Wert; Geld
pila 20	Ball	prīmō 21	anfangs, zuerst
plācāre 25	besänftigen, versöhnen	prīmus 6	erster
		prīnceps 17	der Erste, Anführer; *adj.:* erster; *Titel der röm. Kaiser*
placēre 1, 9	gefallen		
placet 24	man beschließt		
plēbs 5	(einfaches) Volk, Plebs	prīncipātus 12	führende Stellung, Vorrang
		prius 9	früher
plēnus 5	voll *von*	prīvāre 21	berauben, befreien
plūrimī 19	die meisten	prīvātus 17	privat, persönlich
plūs 16	mehr	prō 16	für; anstelle von
poēta 27	Dichter	probus 25	rechtschaffen, anständig
pollicērī 28	versprechen		
pōnere 5, 12	setzen, legen, stellen	procāx 20	frech, unverschämt
populāris 25	Volks-, des Volkes	prōcōnsul 24	Prokonsul, Statthalter
populus 4	Volk	procul 7	fern
porta 7	Tür, Tor	prōdere 8, 15	verraten
portāre 2	tragen, bringen	prōdesse 22	nützen
poscere 15	fordern	proelium 14	Schlacht, Gefecht
posse 3	können	proelium committere 14	ein Gefecht beginnen/schlagen
possessiō 28	Besitz		
possidēre 8	besitzen	prohibēre, nē 17	verhindern, dass
post *Adv.* 7	danach	prōmittere 9	versprechen
post *Präp.* 3	nach, hinter	properāre 5	eilen, schnell gehen
posteā 5	später	prōpōnere 2, 23	ausstellen; vorschlagen
postquam 11	nachdem		
postrēmō 18	schließlich	proprius 26	eigen; eigentümlich
postrīdiē 4	am folgenden Tag	propter 15	wegen
postulāre 10	fordern	prōvincia 15	Provinz
potentia 8	Macht	prūdentia 10	Klugheit
potius 24	vielmehr, lieber	pūblicus 5	öffentlich
prae 7	vor	pudor 27	Scham(gefühl); Ehrgefühl
praebēre 24	hinreichen, darreichen		
		puella 27	Mädchen
praeceptum 18	Vorschrift, (An-)Weisung	puer 18	Junge
		pūgna 6	Kampf
praecipuē 26	besonders	pūgnāre 6	kämpfen
praeclārus 14	herrlich; berühmt	pulcher 8	schön
praedicāre 27	rühmen; laut verkünden	pulcherrimus 9	schönster; sehr schön, wunderschön
	(nach außen hin) zeigen	pūnīre 23	bestrafen
praeferre 17		putāre 8	glauben, meinen; *mit doppeltem Akk.:* halten für
praeficere 17	an die Spitze stellen		
praemium 16	Belohnung		

quā dē causā(?) 21	weswegen(?)	recitāre 1	vorlesen
quaerere 5, 11	suchen, fragen nach	recordārī 24	sich erinnern; bedenken; nachdenken
quam 14, 23	1. wie		
	2. *nach Komparativ:* als	rēctē 21	richtig
	3. *m. Superlativ:* möglichst	reddere 16, 22	1. zurückgeben
			2. *m. dopp. Akk.:* zu etw. machen
quamobrem? 27	weshalb?		
quamquam 9	obwohl, obgleich	redīre 7	zurückgehen
quamvīs *m. Konj.* 28	obwohl	reditus 28	Rückkehr
quantus(?) 14	wie groß(?), wie viel(?)	redūcere 14	zurückführen
		referre 15	bringen; berichten
quārē? 19	warum?	referre in aliquid 15	unter etw. verbuchen
quasi 14	gleichsam, wie	rēgia 9	Königsburg, königlicher Palast
-que 4	und		
querī 25	sich beklagen	rēgīna 11	Königin
quī, quae, quod 8	welcher, welche, welches; der, die, das	regiō 12	Gebiet
		rēgnāre 11	regieren, herrschen
quia 12	weil	rēgnum 7	Königreich
quid? 3	was?	rēgula 26	Regel
quīdam, quaedam, quiddam *subst.* 14	jemand, etwas; *Pl.:* einige	religiō 24	Frömmigkeit; Religion
quīdam, quaedam, quoddam *adj.* 14	ein gewisser, (irgend)ein	religiōsus 15	ehrwürdig, verehrt
		relinquere 10	verlassen; zurücklassen
quidem 6	zwar, wenigstens, allerdings	reparāre 4	reparieren, ausbessern
quiēs 19	Ruhe	repellere 14	zurückschlagen
quiēscere 22	ruhen	reperire 28	finden, entdecken
quīn etiam 11	ja sogar	repōnere 20	zurückbringen, -stellen
Quirītēs! 16	Bürger! *(Anrede an die röm. Bürger)*		
		requiēscere 14	sich ausruhen
quis? 9	wer?	rēs 5	Sache
quisquam, quicquam 26	(irgend)jemand, (irgend)etwas	rēs novae 5	Umsturz
		rēs pūblica 5	Republik, Staat
quisque 28	jeder	respondēre 20	antworten; Bescheid geben
quō ... eō 27	je ... desto		
quō modo? 13	auf welche Weise?	restāre 18	übrig bleiben
quō? 19	wohin?	retinēre 18	zurückhalten
quod 2	da, weil; dass	reverentia 11	Ehrfurcht, Respekt
quoniam 24	da ja	revertī 28	zurückkehren
quoque *nachgestellt* 25	auch	rēx 9	König
quot(?) 14	wie viele(?)	rīdēre 7, 12	lachen
		rīsus 11	Lachen, Gelächter; Spott
rādere 20	rasieren		
rapere 10	eilig ergreifen; rauben	rītus 24	Brauch, Ritus
rārō 17	selten	rōbur 10	Kraft
ratiō 27	Vernunft	Rōmānus 4	1. Römer
rē vērā 6	tatsächlich, in Wirklichkeit		2. römisch
recēdere 26	zurückweichen; sich zurückziehen	rūrī 22	auf dem Land

Lateinisch	Deutsch	Lateinisch	Deutsch
sacer 15	heilig	sentīre 7	fühlen, merken; meinen
sacrāmentum 23	Eid	sequī 22	folgen
sacrum 24	Heiligtum; Gottesdienst	sermō 17	Gespräch, Rede; Sprache
saeculum 23	Zeitalter, Jahrhundert		
saepe 1	oft	sērō 20	(zu) spät
saepius 22	öfter	serva 2	Sklavin
saevus 11	grausam	servāre 13	retten, bewahren
salūs 4	Wohlergehen	servīre 16	dienen, Sklave sein
salūtāre 1	(be)grüßen	servus 2	Sklave
salūtem dīcere 14	grüßen	sevērus 23	ernst, streng
salvē! 3	sei gegrüßt! Guten Tag!	sex 12	sechs
		sextus 21	sechster
sānctus 15	heilig	sexus 28	Geschlecht
sanguis 21	Blut	sī 7	wenn, falls
sānus 22	gesund	sibī 7	Dat. des Reflexiv- pronomens
sapere 27	weise/klug sein, seinen Verstand gebrauchen	signum 6, 15	Zeichen; Götterbild, Statue
sapiēns 19	weise	silentium 5	Ruhe, Stille, Schweigen
sapientia 8	Weisheit		
satis 18	genug	simplex 24	einfach, ehrlich
scelus 15	Verbrechen	simplicitās 24	Einfachheit, Aufrichtigkeit
scelus committere 15	ein Verbrechen begehen	simulācrum 15	(Stand-) Bild
scīlicet 28	nämlich, das heißt; natürlich	simulāre 17	vortäuschen; so tun, als ob
scīre 5, 20	wissen	sīn 23	wenn aber
scītō 14	du musst/sollst wissen	sine 6	ohne
scrībere 1, 9	schreiben	sitis 13	Durst
sē 7	Akk. und Abl. des Reflexivpronomens	situs 14	gelegen, liegend
		socius 11	Gefährte, Kamerad; Bundesgenosse
sē exercēre 22	sich üben, trainieren		
sēcrētus 26	(ab)gesondert, getrennt	sōl 7	Sonne
		solēre 22	pflegen, gewohnt sein
secundum 26	gemäß	sollicitāre 19	beunruhigen
sēcūrus 16	sorglos, sicher	sōlum 3	allein, nur
sed 4	aber; sondern	sōlus 10	allein
sedēre 1	sitzen	somnus 3	Schlaf
sēdēs 12	Sitz, Wohnsitz	sordidus 17	schmutzig, gemein
sēdulus 4	fleißig	sors 10	Los; Schicksal
sella 20	Stuhl, Sessel	spatium 24	Raum, Zeitraum
semel 22	einmal	spectāre 3	betrachten; schauen
semper 3	immer	spēs 6	Hoffnung, Erwartung
senātor 4	Senator	stāre 8	stehen
senātus 19	Senat	statim 24	sofort
senectūs 18	(hohes) Alter	stringere 12	(eine Waffe) ziehen, zücken
seniōrēs 26	die Älteren		
sententia 26	Meinung; Stimme; Satz	studēre 1, 5	1. sich bemühen, versuchen

	2. *m. Dat.:* sich bemühen *um*	tempore 20	rechtzeitig
		temptāre 5	versuchen; angreifen
studiōsus 25	eifrig bemüht	tempus 8	Zeit
studium 20	Eifer, Beschäftigung; Studium	tenebrae 18	Dunkelheit, Finsternis
stultissimus 18	dümmster, sehr dumm	tenēre 1	halten
		terra 9	Erde
stultus 18	dumm	terrēre 13	erschrecken
stupidus 21	dumm, stumpfsinnig	terror 6	Schrecken
suāvis 27	süß, angenehm	tertiō 23	zum dritten Mal
sub 21	unter	tertius 23	dritter
subicere 21	unterwerfen	tibi 7	dir
subīre 19	unter etw. gehen, auf sich nehmen	timēre 1	fürchten
		timēre, nē 17	fürchten, dass
		timēre, ut 17	fürchten, dass nicht
subitō 4	plötzlich	timidus 28	furchtsam
sūmere 6	nehmen	timor 1	Furcht
summus 20	höchster	tollere 14	auf-, emporheben; beseitigen
sunt 2	sie sind		
super 8	oberhalb von, über	tondēre 20	scheren, abrasieren
superāre 8	übertreffen	tormentum 23	Folter
superesse 27	übrig sein; überleben; (reichlich) vorhanden sein	tot *undekliniert* 15	so viele
		tōtus 6	ganz
		tractāre 20	behandeln
superstitiō 23	Aberglaube	trādere 26	übergeben, anvertrauen; überliefern
suppeditāre 19	zur Verfügung stellen		
supplicāre 24	beten		
supplicium 23	Todesstrafe	trahere 10	ziehen; schleppen
suus 5	sein, ihr	tranquillitās 19	Ruhe
tabula 24	Tafel	tranquillus 19	ruhig
tacēre 3	schweigen; verschweigen	trānsīre 12	(hin)übergehen; überschreiten
tālis 26	so beschaffen, derartig	trēs 28	drei
tam 2	so	tribūnus 16	Tribun *(röm. Beamter)*
tamen 5	dennoch, trotzdem	tribūnus plēbis 16	Volkstribun
tamquam 23	gleichwie, gleichsam	trīgintā *undeklinierbar* 24	dreißig
tandem 7	endlich, schließlich		
tangere 7	berühren	tū 3	du
tantopere 19	so sehr	tum 2	da, dann, darauf; damals
tantum 19	nur		
tantus 10	so groß; so viel	tunc 25	damals, dann
tē 3	dich	turba 5	Schar, (Menschen-)Menge
tēctum 4	Dach		
tegere 28	(be)decken	turbō 22	Wirbel(wind), Sturm
tellūs 21	Erde		
tēlum 15	Waffe	turpis 22	schimpflich, schändlich
temperāre 21	mäßigen		
tempestās 11	Unwetter, Sturm; Wetter	turris 14	Turm
		tūtus 28	geschützt, sicher
templum 15	Tempel	tuus 7	dein

Alphabetisches Verzeichnis der Vokabeln

ubī prīmum 11	sobald	venerārī 23	verehren, anbeten
ubī(?) 11	1. wo(?)	venīre 2, 20	kommen
	2. sobald	verbum 6	Wort
ubīque 4	überall	vērē 14	wirklich, tatsächlich
ūllus 15	irgendein	verēcundia 22	Scheu, Scham
ultimus 10	letzter		(gefühl)
umbra 7	Schatten	verērī 22	fürchten
umquam 17	je(mals)	vērō 19	aber
ūnā cum 7	zusammen mit	versārī 28	sich aufhalten
unde(?) 26	woher(?); daher	vērus 6	wahr, echt, aufrecht
ūniversus 24	gesamt; *im Pl.*: alle	vesper 20	Abend
ūnus 12	ein, einer	vesperī 20	am Abend, abends
urbs 6	(Groß-)Stadt	vester 8	euer
ūsque ad 9	bis zu	vestis 5	Kleidungsstück
ut ... ita 21	zwar ... aber	vetus 25	alt
ut 9, 17, 18	1. wie	vexāre 13	quälen
	2. *m. Konj.:* dass, damit; (so)dass	via 2	Weg, Straße
		vīcīna 3	Nachbarin
ut nōn *m. Konj.* 18	(so)dass nicht	vīcīnus 3	Nachbar; benachbart
uterque, utraque, utrumque 28	jeder (von beiden)	victōria 6	Sieg
		vidēre 4, 10	sehen
ūtī 22	benutzen, gebrauchen	vidērī 22	scheinen
ūtilis 28	nützlich	vigilāre 3	wachen, wach sein
ūtilitās 19	Nutzen	vīlica 4	Gutsverwalterin
utinam *m. Konj.* 17	wenn doch, hoffentlich	vīlicus 4	Gutsverwalter
		vīlla 4	Landhaus, -gut
utinam nē *m. Konj.* 17	wenn nur nicht, hoffentlich nicht	vincere 10	(be)siegen
		vīnum 5	Wein
utique 27	jedenfalls	vir 5	Mann
uxor 2	(Ehe-) Frau	vīrēs 27	Kräfte
		virtūs 8	Tapferkeit, Tüchtigkeit, Leistung
vacāre 26	Zeit haben, sich widmen		
		vīs 28	Kraft, Gewalt
vacuus 16	leer, frei	vīsitāre 3	besuchen
valdē 1	sehr	vīta 4	Leben
valē! 3	leb wohl!	vītāre 27	(ver)meiden
valēre 3	gesund sein, stark sein	vitium 17	Fehler, Laster
varius 22	bunt; verschieden	vituperāre 1	tadeln
vās 15	Gefäß	vīvere 11	leben
vehemēns 27	heftig	vix 12	kaum
vehere 3	transportieren; fahren	vōbīs 7	euch
		vocāre 3	rufen
vel 16	oder	volāre 20	fliegen
vēlāre 17	verhüllen, verdecken	voluntārius 22	freiwillig
velle 24	wollen	voluntās 26	Wille, Wunsch
velut 22	wie zum Beispiel; gleichsam	voluptās 19	Vergnügen, Lust
		vōs 3	ihr; euch
vēnārī 22	jagen	vōx 6	Stimme
vendere 2, 14	verkaufen	vulnerāre 14	verwunden, verletzen
venēnum 18	Gift	vulnus 8	Wunde

Bildnachweis

akg-images/Erich Lessing: 165
akg-images/Jean-Louis Nou: 156
akg-images/Nimatallah: 85
akg-images/Pirozzi: 185
akg-images/Robert O'Dea: 169
akg-images: 29, 56, 92, 184, 199
Archäologisches Institut der Universität Göttingen (Fotos: Stephan Eckardt): 10, 15, 48, 61, 62, 67, 93, 100, 101, 157
Archäologisches Institut der Universität zu Köln: 110
Archivi Alinari, Firenze: 176
BAV/Helga Lade: 37
Bayerische Staatsgemäldesammlungen in der Alten Pinakothek, Foto: Blauel/Gnamm, Artothek: 132
Firenze, Biblioteca Medicea Laurenziana, ms. Plut. 74.7, c.207; mit Genehmigung des »Ministero per i Beni Culturali e Ambientali«: 163
Jan Carls, Göttingen: 145
DAI Rom: 144
Photo Deutsches Museum München: 77
dpa: 139
Foto EDMZ B. Nicod: 80, 86
Markus Eidt, Göttingen: 191, alle Vignetten
Fototeca Unione – AAR: 98
Claus Frank, Ottersweier: 197
Dietmar Griese: 57
Hamburger Kunsthalle/bpk, 2004: 79
Dorothea Heise: 21
Elmar Hensen: 38

Hirmer Fotoarchiv: 107
Klett-Perthes Verlag GmbH, Gotha: 76 o.
HELGA LADE FOTOAGENTUR: 152 l. o., r. o., l. u.
KaKi/Helga Lade: 193
Tschanz-Hofmann/Helga Lade Fotoagentur: 109
Welsh/Helga Lade: 76 u., 84
Eckart Märkel, Berlin: Umschlagabbildung
Hubert Müller, Sasbach: 19, 22, 25, 43, 44 (2), 54, 69, 114, 115, 124, 125, 130, 133, 137, 149, 170, 177, 201, 205
Musée du Petit Palais, Paris (EtJ. E. Bulloz): 26
Museum für Antike Schifffahrt, Mainz: 75
OKAPIA KG: 152 l. o.
RLMT/Thomas Zühmer: 31, 53, 95
© 1990, Photo Scala, Florenz/mit Genehmigung des Ministero Beni e Att. Culturali: 39, 117 (2)
© 1990, Photo Scala, Florenz: 179
© Photo SCALA, Florence: 122
Horst Stelter (Landschaftsverband Rheinland: Archäologischer Park/Regionalmuseum Xanten): 32
Stiftsbibliothek St. Gallen (Carsten Seltrecht): 186
E. Thiem, Lotos-Film Kaufbeuren: 45
Photo Leonard von Matt, Gemeinnützige Stiftung, CH – Buochs: 14

Alle anderen Abbildungen: Verlagsarchiv